Centrality

Control Coordination

Comprehension

Contingency

Creativity

Cessation

理論
——易經管理哲學

成中英　著

東大圖書公司

國家圖書館出版品預行編目資料

```
C理論：易經管理哲學／成中英著.－－二版一刷.－－
臺北市：東大，2016
  面；   公分.

  ISBN 978－957－19－3137－1   (平裝)

  1.易經 2.研究考訂

121.17                            105019576
```

© 　C理論
　　──易經管理哲學

著 作 人	成中英
發 行 人	劉仲文
著作財產權人	東大圖書股份有限公司
發 行 所	東大圖書股份有限公司
	地址　臺北市復興北路386號
	電話　(02)25006600
	郵撥帳號　0107175-0
門 市 部	(復北店)臺北市復興北路386號
	(重南店)臺北市重慶南路一段61號
出版日期	初版一刷　1995年7月
	二版一刷　2016年11月
編　　　號	E 520670

行政院新聞局登記證局版臺業字第○一九七號

ISBN　978-957-19-3137-1　(平裝)

再版說明

　　成中英先生師從方東美先生，亦在陳康先生門下學習，作為新儒家的傳承者，成中英先生開辦《中國哲學季刊》、成立「國際中國哲學會」，向國際宣達中國哲學，並且以《易經》為主軸，提出「C 理論——易經管理哲學」、「本體詮釋學」等獨創體系。

　　本書乃成中英先生獨創「C 理論——易經管理哲學」之文稿，書中將陰陽五行、易經、儒法道墨兵五家、禪宗結合起來，賦予「管理」全新的詮釋，創造了前所未有的管理哲學。

　　本次再版，除了修改訛誤疏漏之處，並且搭配敝局自行撰寫之字體編排，期待能帶給讀者舒適的閱讀體驗！

東大圖書公司編輯部　謹識

中國管理之道的現代詮釋——自序

　　1699 年德國哲學家萊布尼茲在《中國最新事物》一書序言中特別提到，中國的治國之道強於西方，而西方對於自然的知識強於中國。所以他希望西方傳教士們在向中國傳授自然知識的時候，不要忘記把中國的治國之道傳回西方。——這代表了 17 世紀一代啟蒙思想家對於中國政治、道德、文化的景慕和嚮往。

　　中國的 17、18 世紀正是所謂「康乾盛世」，是中國封建社會後期的鼎盛時期。一方面是專制政體，另一方面又包含著治理國家之道。這就說明了管理之道——它體現著一整套的哲學、思想、制度和技術——的普遍性。從另一個角度看，中國的封建專制制度能夠維持如此之久，不能不說有這一管理哲學治國之道的一份「功勞」。

　　當然，專制制度是必然要失敗的，再「開明」的專制制度也不能取代健全的民主制度，因為所謂的「開明君主」並不等於社會公共意志的結合。所以好的管理之道仍然需要開放的、和諧的、民主的社會制度相配合，才能充分發揮它的作用。

　　國家是一個集體組織，企業也是一個集體組織，二者的不同在於國家是全面性的生活，包含政治、經濟、社會、文化等，而企業組織只是以經濟發展為終極目標。但是，有關治國之道的政治文化及其所

包含的價值文化，完全可以為企業的發展帶來更大的活力和更高的境界。簡言之，現代的企業組織，已經處在民主和諧開放的環境中，如果又能夠運用宏觀的管理理念和價值觀念來完成其價值目標，才能更加符合開放社會的需要，真正走向高度和諧、高度繁榮的真善美的人類社會境界。

　　為什麼幾個世紀以前西方啟蒙思想家讚嘆不已的中國治國之道，近代以來卻走向衰落，既為西方人所否定，也使中國人失去信心了呢？為什麼它非但不能促進中國的現代化反而使中國一步一步地落後了呢？這同與之緊密結合的封建專制政治制度有關。如果把專制制度與管理制度分開，博大精深的中國文化及其所孕育的管理之道，仍然可以成為現代社會發展的重要力量。我們知道，管理之道具有工具性，可以和不同的社會制度相結合；而專制制度只不過是家族式的政治權威，必須經過現代民主制度的洗禮。但是，專制制度的衰亡並不意味著管理之道的失敗，後者可以經過「淨化」，成為新社會制度的管理工具。因此，中國哲學文化傳統及其管理之道並不因為中國在近代史中政治上的失敗而喪失其內在的價值。

　　另一方面，西方從 17 世紀開始，民主國家興起，提倡科學理性、工業革命、資本主義、市場經濟，推翻了封建專制制度，而尋找新的社會政治權威。盧梭的《民約論》說明真正的權威來自於社會的群體意志，從而奠定了法國大革命的理論基礎，同時也就奠定了現代民主社會的思想基礎。但是，它並沒有真正解決社會的管理問題。如何使社會真正走向有秩序而又充滿發展的活力，這就需要考慮管理的問題。

　　韋伯因此提出「新教倫理與資本主義發展的關係」問題。他認為，在西方資本主義經濟的發展中，沒有宗教改革所賦予的個人的終極權威，其發展是有限的。西方社會肯定個人創造力和自由發展的權威，這就是資本主義得以發展的最根本的祕密。在這個意義上說，西方的發展就是憑藉個人的理性、科學的知識、宗教的信念，從而設計出一

套管理的方法，去推動和控制社會經濟的發展。因此，管理科學在西方的誕生不是偶然的，它是工業革命、經濟發展、個人主義、資本主義的必然產物。

與此相反，中國的管理理念是憑藉對人性的反省與思考，提倡集體主義，突出人的社會價值，結合人的感情需要，運用共同的價值觀念和社會責任感去實現管理並推動社會的發展。比較東西方的管理理念，前者是人性的社會的發展，後者則是理性的個人的發展；前者曾經同封建專制制度結合在一起，後者則在資本主義的伴同之下發展出來。東西方管理理念上的差異本質上是東西方文化的差異，東西方社會組織的差異，東西方哲學思維方式、價值體驗和歷史經驗的差異。

到了 20 世紀後半葉，東西方兩種管理思想體系風雲際會，其標誌就是由於日本和東亞四小龍（韓國、臺灣、香港和新加坡）這些具有中國哲學文化背景的國家和地區，在經濟上取得的巨大成功，使得西方管理學界對於源遠流長的東方管理之道不得不刮目相看。特別是日本，在其工業化和現代化過程中，比較自覺和完整地保存了源自中國古代的東方管理之道，把其從政治層面成功地轉移到經濟層面，取得了舉世矚目的成績。日本和東亞其他國家和地區的經驗表明，現代化並不意味著一定要走西方發展的道路。在現代管理的理論與實踐中，古老的東方管理之道依然有著不可埋沒的價值。

自 1970 年代後期開始，我就一直思考著如何以中國哲學文化為基礎，結合東西方兩大管理思想體系的長處，而發展出一套能夠為現代人（包括東方人和西方人）所接受的新的管理哲學。它既能夠包含西方科學管理的精神，又能夠汲取中國哲學管理的智慧，更能夠洞察當代西方管理科學的局限性而加以改進。我所思考的問題並不是當時人們所熱中討論的美日管理孰優孰劣的問題，而是把管理的問題放到更大的歷史空間與現實空間去加以哲學的反省，從而提出一條新的管理學之道。

　　這一條新的管理學之道，這一套新的管理哲學，我命名為「C理論」。所謂「C」指中國 (China) 的《易經》(*Change*) 的創造性 (Creativity)。它表明，這套新的管理哲學是以中國的文化歷史經驗為背景，以中國哲學思想為基礎，對於現代管理問題所作的思考和回答。中國哲學特別是《易經》哲學是「C理論」的哲學基礎。根據個人的長期研究和體會，《易經》哲學具有宏大的開放性、包容性和創造性，足可以容納古今中外一切有價值的管理思想和哲學思想。例如，西方的管理具有理性的權威、科學的基礎，但卻缺乏人性的靈活，從個人主義的角度切入，社會的諧和力明顯不足；日本的管理注意人與人之間的協調，卻過分壓抑了個人的活力和獨創性，同樣缺少靈活性和包容性。而《易經》哲學講「一陰一陽之謂道」，據此我們可以把西方的理性管理作為「陽」，而把日本的人性管理作為「陰」，使二者相互結合，在整體性的基礎即「道」的基礎上把握全面的管理。

　　本書就是我對管理問題進行長期哲學思考的結果，從 1979 年我在臺灣正式提出「中國管理科學化，管理科學中國化」的主張迄今已經十五年。在這期間，我來往於美國、日本、新加坡、臺灣、香港和中國大陸等地，為建立中國化的管理哲學，為推進中國式的管理教育，而奔走呼籲。1983 年，我應（高雄）中山大學李煥校長的邀請，到該校作「中國現代化管理模式的發展問題」的學術演講。1985 年，我在美國創辦了「遠東高級研究學院」，在臺灣建立了「國際中國管理文教基金會」及研究所（後發展成為「國際中國管理研究學院」）。1989 年，我作為臺灣大學哲學系的客座教授，應臺大商學院的邀請，為他們的研究生和大學部的學生開設「中國管理哲學」課程，進行「C理論」的系統教育和實用研究；講課內容並在臺灣《經濟日報》和《實業家》雜誌連續發表。1989 年，我應美國電話電報公司 (AT&T) 的邀請，在該公司的「名人週」作有關東西方管理哲學比較的演講。1992 年，我分別應新加坡華文報業集團和《易經》學會的邀請，先後兩次

赴新加坡作「《易經》與中國管理哲學」的講座。從 1990 年開始，遠東高級研究學院同在北京的中國科技大學研究生院合作，舉辦每屆兩年的高級管理人才研究班，此後，廣州的中山大學、瀋陽的遼寧大學以及上海的華東師範大學、華東理工大學等院校也陸續加入這一管理人才培育計劃。在這些教學和研究的過程中，作為中國式管理哲學的「C 理論」得到了不斷的充實和發展。

1993 年初，我的學生（廣州）中山大學哲學系副教授黎紅雷博士，為教學需要，將我有關中國管理哲學的部分論文整理成《C 理論：易經管理系統》一書，打印作為內部教材，在上述廣州、深圳、瀋陽、上海等地的高級管理人才研究班中使用，受到了歡迎。1994 年 6 月，黎君應邀來美國夏威夷大學作訪問學者，期間更進一步抽出時間幫助我充實整理本書。

這次整理，我們主要進行了兩個方面的工作。第一，由我口述，黎君根據錄音編寫成文，最後再由我審定，形成本書的〈本論　C 理論的基本內涵〉部分，作為全書的主幹與靈魂。第二，把我歷年來發表的有關論文和講演稿，目前能夠收集到的，進行加工整理，分別編入書中的〈分論　C 理論要素分析〉、〈比論　C 理論與東西方管理〉、〈綜論　C 理論的管理境界〉和〈附論　C 理論講演與答問〉部分；有兩篇用英文發表的論文，也由黎君翻譯成中文並編為〈比論〉最後兩章。

黎紅雷君學術思路開闊，思維敏捷，尤其熱心於中國管理哲學的研究事業，近兩年來，他已在中國大陸、香港、臺灣等地出版了四部有關專著。在本書的整理和編輯過程中，黎君付出了大量的心血和辛勤的勞動，特別是在全書的內容架構、篇章標題、論點闡發、論據充實、文字表述等方面，融進了他本人的許多獨到見解和智慧，對於本書得以完整的形式問世，貢獻良多。

最後，希望讀者不僅把本書作為一部管理學著作，而且作為一部

哲學著作。實際上，哲學研究是我的本行。在三十多年的學術生涯中，我覺得我做了兩個重要的理論建樹工作：一個是我提出的「本體詮釋學」；另一個就是本書所闡發的「C理論」。前者重於哲學思辯，後者重於管理理論，實際上二者是互相聯繫互為體用的。哲學為管理之體，它是管理的理論基礎和最高表現形式；而管理又為哲學之用，它可以作為哲學思想靈魂的運作之所。我歷來主張，用哲學來闡發管理而又用管理來闡發哲學，用理論來啟發實用而又用實用來啟發理論，最後達到二者並進共榮的化境。是為序。

成　中　英

1995 年 5 月 15 日於美國夏威夷大學

【C 理論——易經管理哲學】

目 次

中國管理之道的現代詮釋——自序

本書參考文獻

本論

C 理論的基本內涵

 一、

管理的哲學省察

從哲學的角度來考察，管理是一個複雜的過程，它具有一定的發展階段，分為不同的層次，並形成一個整體的系統，以達到一個綜合的管理目標，而決策則是管理活動的靈魂。

(一)管理過程論

管理是一個複雜的動態發展過程，它具有以下五個特點：**目標性、方法性、投入性、時空性和發展性。**

首先，管理具有目標性，它體現著管理的方向和價值。

其次，為了目標的實現，就必須有計劃和方法。

再次，管理是一種意志的投入，也就是說，管理是一種人的意志的行為，這種行為是在知識和智慧基礎上的應用。因為管理之達到目標，乃是有組織、有系統、有計劃的行動，同時是一種理性的選擇，是一種理性和意志結合的行為。

又次，管理需要在時間和空間中去實現自己的目標。管理當然需要一定的空間，但這裡需要強調的是，時間比空間更重要，因為時間可以展開空間，如何掌握時間，掌握未來，這才是關鍵。例如，所謂

市場的佔有率，包含著時空性，是一種用時間開拓空間的行為。

最後，管理是一種不斷改善、不斷完美的過程，是一個「淨化」的過程，即在管理經驗的學習當中，自覺地去做一種改良和改善，因而使管理達到比較完善的目標。

總而言之，管理是一個複雜的、動態的過程，它是人類改變生活環境，提升生活品質，開拓生活空間，創造生活價值的行為過程。如果用在個人身上，則是一個改善自我，創造自我，提升自我的行為過程。

這裡，我們特別要強調管理的創造性，因為管理是人的意志和智慧的投入。通過管理，人們去改變環境，改造世界，創造新的生活，也創造了新的自我。

同時，還要強調管理的整體性，因為管理是各種要素的綜合。以上說的五個特點，以往人們都分別涉及到，但我這裡把它們綜合起來說，從管理的目標出發，講到計劃和方法，講到意志的投入，講到時間和空間，最後講到完善和發展。這就在總體上把管理當作一個複雜的、動態的、不斷創造、不斷發展的過程。

(二)管理階段論

從歷史上看，有目標有組織的行為即為管理，但是高度自覺的管理則要有一個發展的過程。這一過程可以分為三個階段，即為：**文化管理階段、科學管理階段和哲學管理階段。**

第一階段為管理的文化時代，也可以稱為文化管理時代。這一階段管理的主要內容是個人管理與國家管理。其特點一是倫理性，講個人的修身養性；二是整體性，從個人講到國家與社會的管理。這一階段的管理以中國古代諸子百家的「治國治人之道」為代表。

第二階段為管理的科學時代，也可以稱為科學管理時代。這一階

段的管理內容主要是經濟管理。其特點一是理性，二是分析性。這一階段的管理即以 20 世紀以來的現代西方科學管理模式為代表。

第三階段為管理的哲學時代，也可以稱為後現代管理、超現代管理、管理的後科學時代，即哲學管理時代。這一階段的管理，是要綜合文化管理與科學管理的長處，把倫理與管理、文化與科學、感性與理性、整體與分析通通結合起來。這就是本書所要談的「C 理論」的管理模式。古代的管理是在文化的基礎上發展起來的。到了現代，由於工業革命，目標性的突出，對效果的追求，管理在經濟發展當中扮演了很重要的角色。古代的文化管理在政治等領域發揮了很大作用，而現代管理顯然是以經濟發展目標為重點。科學管理一開始就是經濟發展的結果，是把科學的因素應用到經濟事業中去。這就是所謂現代的管理。在這種現代管理的理念之下，工業化、市場的相對自由化，具體性的知識得到加強和發展。在這些條件之下，管理出現了專業化的趨勢。與此同時，由於科學技術的發展，使生產方式發生了很大變化，產品的質和量都有很大的提高，形成了管理的現代化。所謂管理的現代化就是科學管理，從文化的基礎走向科學的基礎。

科學管理的局限性在那裡呢？首先是它的目標太單純，就是為了經濟發展，追求利潤，是一種功利主義的目標，經濟上的功利主義，對於社會、文化上的發展不是很講求。第二從方法上看，它只利用到科學的方法，就是運用科學知識和技術來建立管理模型，甚至把人、財、物、事都納入到管理模型中去，來達到一定的目標。當然它講究效率，但它的短處就在於不能在方法上運用和發揮各種管理資源，不能兼顧各種管理對象的特性，尤其是人的特性。第三在投入方面，它基本上是以科學作為基礎，所以完全是理性的，對於人的精神作用不夠重視，所以在主動性、推動性、自我的啟發性方面有很大的限制。最後在自我完善方面，它受技術面的影響，儘管有組織的系統工程，但它對人的多方面的潛能的開發，還是欠缺的。所以這種科學管理是

現代化的成果，同時也就帶上了現代化的缺點。

　　現在我們進入第三個階段，管理應該同時結合文化與科學，對文化有新的自覺，對科學也有新的自覺。如何掌握文化資源和科學資源，來達到管理的目標，使管理本身成為一種生活的學問，文化生命高度創造開發的一種學問，同時也是科學技術高度利用開發的一種學問。一方面可以說是後現代的，另一方面也可以說是超現代的，是結合古代與現代、文化與科學的管理，我稱之為哲學的管理，或後科學的管理。

　　哲學管理是在後科學管理階段來重新吸收古代文化管理的精華。在古代，存在著許多管理的智見和義理資源，例如中國古代的治國之道、治民之道，在18、19世紀以前就發揮了很大的作用，只是後來被科學管理所掩蓋了。我們對歷史文化中的管理資源要作新的認識、新的覺醒，對其中所包含的積極因素，例如人的因素、整體的因素，要有一個新的認識。科學管理的最大問題在於沒有關於「整體的人」的理念，因此往往帶來對環境生態的破壞，對人的自然本性的扭曲和壓抑。就是說，既破壞了人的外在環境，又破壞了人的內在心靈——一些人只向錢看，只是為了錢的單一的目標，造成一個商業化的、消費型的，以及權益獨佔和金錢主宰一切的社會，這是科學管理所帶來的必然後果，也是它的局限性。在這種情況下，我們要有一個新的自覺，回過頭來看看文化管理過程中的人的因素，對人的重視，對環境的重視，我們要用這種文化的覺醒和從新體驗來補救科學管理所帶來的外在的和內在的生態危機。

　　如果完全講科學管理的話，就不必要考慮到環境的因素，就會造成生態的不平衡，破壞了海洋，破壞了空氣，破壞了河流、水資源，破壞了人的很多美感因素，而不自知且不自覺。但人類需要生活在一個美好的整體環境之中，需要整體感，需要內在的主體感；而在科學的管理當中，只有客體感，只有部分感，只有一個單一的目標，這是它的缺點，現在我們應該加以克服。

文化管理的特點在於它沒有經過一個工業革命，不能夠運用嚴密的科學技術和嚴格的科學方法來達到目標。在我們今天看來，科學技術還是需要的，但應該把它結合在文化的目標裡面。這就是我所說的後現代或者超現代的管理。

哲學管理是文化管理與科學管理的綜合。從管理系統來看，它是結合科學與文化，結合獨特性與一般性，結合理性與歷史經驗。從發展來看，它是鑑於科學管理所帶來的兩種危機——人文危機與生態危機，而做的一種反省。

我們知道，管理所包含的東西是十分複雜的，它是人改變自然、改變社會、改變生活、提升自我的一個複雜的過程。在這樣一個前提之下，管理不能只有一個單一的經濟目標。在第一階段的文化管理當中，涉及到自我修養的問題；也有國家管理，所謂「治國平天下」，涉及到社會責任意識問題；但就是缺少一個突出的、專業化的經濟管理。與之相對，科學管理突出了經濟管理這一層次，但它缺少了個人修養和社會責任的管理。文化管理也可以說是一種倫理型的管理，而科學管理卻是一種非倫理的管理，把倫理因素通通打掉了。

今天我們所說的哲學管理，是結合文化管理與科學管理的超現代管理，結合倫理管理與經濟管理的綜合型管理，再加上對整個社會與國家的目標做長遠考慮的這樣一種管理。其中包含著大系統、中系統和小系統的聯繫。這樣的管理結合文化與科學、倫理與知識、個人與社會，同時達到個人目標與群體目標，乃至更大的社會文化目標。

換言之，我們必須瞭解，經濟管理也好，企業管理也好，都必須要有文化的基礎。因為任何管理的目標、企業的目標，最後都應該是為了推動社會的進步，改善人類的生活環境。從現實來看，有些企業顯然需要淘汰，但由於我們正在發展中，故我們不知道那些企業該如何控制。譬如核子發電，即使排除它用於戰爭的可能性，也要考慮它對環境所帶來的威脅。我們要考慮整個生態的平衡問題，有些企業雖

然很賺錢，能夠推動短暫的經濟發展，但他對我們長遠的社會發展、文化發展是否有利，這是我們需要考慮的。我們要發展出那些不破壞生態環境的企業、保護生態環境的企業、節省能源的企業、推進生活發展的企業，既能維護生態平衡，又能促進人類生活的逐步改善。維護生態平衡方面，企業要考慮資源的再生和利用，他所排出的廢料、廢氣、廢水，不至於把我們生活的環境變成一個「垃圾場」。企業在促進生活的改善方面，其正面的作用要大於負面的作用。

對上述問題的思考，標誌著管理走向了哲學的時代，或曰哲學的管理時代，超過了科學管理，並不是要放棄科學管理，而是把科學管理與文化管理結合在一起，從而使每個民族能夠利用它自己的文化歷史經驗，產生一種管理特色。這種特色管理至少對它自己有用，而且包含著一定的普遍性，也可以逐漸世界化，成為一般的管理經驗和管理理論。科學管理只是一般性的管理，它不考慮到文化因素，只是純粹理性的考慮。但如果我們把它結合到文化因素的話，一方面使管理變得更加有效，而且考慮到長遠的利益，維護到生態平衡，能夠促進社會的更好的發展；另一方面管理本身是多元的，不同文化可能會有不同的管理特色。就中國而言，中國文化一定有中國的管理特色。我們千萬不能抄襲，以為管理就是科學的管理。其實管理是人的高度發展的一種自覺的行為，我們應該把科學管理和中國文化的經驗相結合，展現出中國的一種管理特色、管理精神。這種中國特色的管理精神，就是本書所要討論的「C理論」。

當然，每一種文化都有自己的特色，都能夠發展出自己的管理精神，但這種精神能否對世界管理有所貢獻，就要看它是否具有某種普遍的人性基礎，是否更適合人類發展的需要。我們中國的管理精神──C理論，就具有這樣的品質，因此它的適用性很強，既具有中國的特色，又具有人類的普遍性；既具有文化因素，而又包含了科學精神，同時具有一種對世界的吸引力、世界化的潛力。美國管理代表了科學

管理，日本管理比美國管理更進一步結合了一些中國文化的因素，也展現了日本民族的文化精神，但它所能夠挖掘和展現的文化資源還不夠深，也不夠廣。基於中國文化和中國哲學的中國管理體系應該具有更多的活力，因為它可以參考美國管理和日本管理而建立起來。就此而言，一個理想的中國管理，應該是管理哲學時代的理想典型。

(三)管理層次論

從縱向看，管理是一個動態的發展過程；而從橫向看，管理則是一個複雜的結構。這一結構由手、腦、心、道四個層次組成，涉及到管理的運作與組織等各個方面。

第一個層次是手的層次，這是管理的最基本的層次。實際上，西方語言中的「管理」一詞，Manage，本身就是來源於手 (Manus) 的動作，指手的運用、操縱、控制、駕馭等，後來才演化成管理、處理、經營、安排等涵義。以此為詞根的詞還有：Manipulation（操作、操縱、控制），Manoeuvre（運用、運作）等。這些，都與手有關。管理就是一種佈局的能力、操作的能力、控制的能力、指揮的能力、推動的能力，簡言之，是手的運作能力。

工具則是手的延伸，人用手來製造工具、使用工具、操縱工具。管理就是運用工具來發揮效益，所謂「工欲善其事，必先利其器」，工具是管理的硬件設施。人類的發明，從簡單的工具到複雜的機器，直到今天進入電子時代、信息技術、辦公室自動化、多媒體傳播等等。

但是，工具和機器都是由人來操作的，人通過手來操作機器，具有操作的技術、技巧、技能。因此，手（包括手的延伸──工具與機器）可以看作是管理的第一個層次。

管理的第二個層次是腦的層次。手的操作是由腦來控制的，需要腦來作出決定，進行指揮。腦這個層次的管理是更廣泛的管理，它的

發展性更高，靈活性更高。腦所具有的能力是一種知識的能力，它能夠進行研究和探討，開發知識，發展知識。腦可以自覺地掌握現實，計劃未來。

西方的管理哲學其重點放在腦和手上，從 19 世紀末到現在，可以說都是腦和手的高度發展，科學技術的發展就是腦的發展，所以也可以說西方的管理是一種腦的管理，用腦來操縱手，用手來操縱機器。正因為有腦，才有手的提升、工具和機器的現代化。腦在管理中的重要作用是顯而易見的。

腦之上還有一個層次，就是心的層次。所謂心的層次，就是要掌握人的主體性和主體之間的互動性。人不僅具有腦的理性活動，而且具有心的情性活動。這種情性活動，透過心靈的感受和經驗，能夠產生管理的能力，在行為上能夠發生作用。

人與人之間的溝通，不僅限於腦的溝通、手的協作，而且是心靈的感應、情意的互動、相互的協調。心是一種歷史經驗和價值理念的運用，從這個意義上說，心的管理更廣泛更具有整體性，很難脫離歷史的經驗和傳統，以及群體的文化精神。

心的管理與腦的管理的關係，大致相當於哲學管理與科學管理的關係。哲學不僅可以包含物質，包含科學，而且可以包含精神，包含藝術，包含宗教，具有整體性的人生觀和宇宙觀。因此，心的管理是一個更大的層次、更完整的層次。

在心之上則是道的層次。道是一種本體的存在，它是自我圓滿的、自我創造的。心可以把道作為模範，來發展管理；即可以通過吸收道的精神，來充實心，並用之於管理。從宇宙發生論來講的話，心的原始根源就是道。中國的哲學，特別是《易經》哲學、道家哲學，就是從這個角度來看的。道對於心來講，既是一個源泉，又是一種模範、一個理想，同時也是一個可以學習、吸收、借鑑的對象。

道是管理的內在基礎。雖然，在實際的管理操作中，道不是一個

管理的具體層次；但是，它是管理的一個理想境界。就此而言，道是管理的最高層次。達到了這樣一個層次，這麼一種境界，管理就變成一種不需要管理的管理了，「無為而無不為」，自然就做得最好了。

對此，我們在法家與道家的比較中可以看得更清楚。在韓非子的法家哲學中，為君者即主政者自覺地建立法律，推行法治，就可以達到「無為而無不為」的理想管理境界。但是，法家與道家有所不同。法家是以「法」作為管理的理想境界，強調法治的基礎；而不能像道家那樣完全放棄法，聽任道本身自我的發展。如果真正達到了道的境界，人的因素應該減少，甚至完全放棄，無私無欲，道法自然，這就是管理的理想境界。

上述手、腦、心、道四個層次可以分別從主觀和客觀兩個方面加以討論與瞭解。

從主觀方面看，第一個層次的管理可以說是信息管理，主要是運用信息、運用工具、運用機器。信息管理可以自動化，不牽涉到思想的作用，完全是一種行為的安排。第二個層次我們稱之為技術管理，它主要是瞭解信息、組合信息、優化信息、發展信息。如果說信息管理好像是設計好的程序，技術管理則是創造新的程序。就像使用電腦，一般人只是使用設計好的程序；如果沒有技術，已有的程序一改變或者情況發生了變化，電腦就無法使用。而電腦工程師則可以創造新的程序，所以技術還是很重要的。第三個層次是知識管理，就是掌握知識的理論來改進技術、發展技術。就像電腦運用，可以建立基本語言並發展新的語言程序來改變技術，這就是知識的運用。它可以掌握更多的概念來達到技術的改進。第四個層次則是智慧管理，就是運用智慧來發展、發揮、運用知識。智慧管理是整體的，它能夠統合不同的經驗和知識來逐漸發展一個活動性的、開放性的、有效性的知識系統。它使知識能夠合用，能夠舉一反三，具有推展性。

主觀的信息、技術、知識、智慧都是管理人的一種心知狀態，是

一種管理的主體結構。它必須成為一套能夠學習、運作的東西,別人能夠遵循的東西,這就是管理的客體化。從這個方面看,第一個層次是程序,即可以把處理信息的方法變成程序。第二個層次叫規律,即能夠把技術變成規律(規則),規律可以掌握程序,就像技術可以掌握信息一樣。第三個層次是原理,即把知識變成原理,原理可以掌握規則,就像知識可以掌握技術一樣。第四個層次是體系,這是智慧的運用,是客觀化的可以遵循的根本性的持久性的法則,不但可以維護原有的法則,而且可以產生新的法則。

從主客觀的結合來說,體系和智慧是相配合的、原理和知識是相配合的、規律和技術是相配合的、程序和信息是相配合的,它們相互結合的基礎是作為本體的道。道是宇宙人生最根本的真實,最後的根據,它來自於客觀的宇宙和人的本性。從中國哲學來看,道的本體同時表現在宇宙、生命和人性上,這正是道之所以為道的特點。

(四)管理系統論

管理是一個系統,管理系統由以上四個層次所構成,圖示如下:

客觀方面	層次	主觀方面
體系	道	智慧
原理	心	知識
規則	腦	技術
程序	手	信息

如圖所示,這是一個上下互通、左右互動的系統。所謂上下互通,從上到下看,是道控制心,心控制腦,腦控制手;智慧影響到知識,知識影響到技術,技術影響到信息;體系能夠帶動原理,原理能夠帶

動規則，規則能夠帶動程序；從下到上看，信息的吸收能幫助我們改進技術，技術的實踐能夠幫助我們帶來新的知識，知識的發展則代表著智慧的增長；程序的需要能夠幫助我們改進規則，規則能夠幫助我們發展新的原理，原理能夠幫助我們重新規劃體系；手能促進腦的發展，腦能促進心的發展，心能促進道的發展。

　　從左右互動看，信息和程序能夠互動，技術和規則能夠互動，知識和原理能夠互動，智慧和體系能夠互動。作為主體的管理人和作為客體的管理實踐也是互動的，管理人能夠制定管理的各種規章制度、程序規則；而規章制度、程序規則也能夠規範教育管理人。就此而言，左右互動也是內外互動，主客體互動。

　　在上述互動和互通過程當中，管理的結構和過程獲得了一種創新發展的活力。因為這種互動，不論是從上而下，從左而右，從內而外，還是從下而上，從右而左，從外而內，其信息的來源都是一個客觀的外在的世界，在主觀上表現為新的信息、新的技術、新的知識、新的智慧。外在的世界之所以能夠不斷被表現，是因為它本身是一個變動不居的世界，其變化的因素在人的主觀層面就表現為信息的變化、技術的變化、知識的變化、智慧的變化；與此同時，也就產生新的程序的需要、新的規則的需要、新的原理的需要、新的體系的重新組成的需要。換言之，管理系統正是因應外在世界變化和需求的結果。如圖所示：

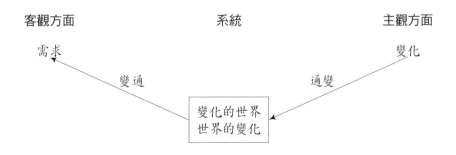

　　此外，在上述系統中，不僅存在著上下互通、左右互動，而且還存在著多層面的互通與互動。例如，體系不僅可以影響到原理（上下互通）和智慧（左右互動），而且可以影響到知識、技術與信息；智慧不僅可以影響到知識（上下互通）和體系（左右互動），而且可以影響到原理、規則與程序。其餘類推，就是說各個層次之間都可以溝通與介入，多向的介入與溝通。

　　由此我們看到，管理所涉及的面是相當廣泛的，不僅是同一個層面的互通與互動，就是不同層面的互通與互動也是可能的。換句話說，這裡面涉及到管理的切入與超越的問題。管理的問題不能只在一個層面上解決，例如，解決技術的問題就不能只停留在技術的層面，也可以從其他層面來解決。我們要提倡從多層次上去考慮解決不同層次的問題。因為管理是一個過程，其中一定會產生大小不同的衝突與矛盾。這些問題不管是哪方面，市場方面的、生產方面的，還是人事方面的，都可以通過上述不同層次與面向的互通，來取得更好的解決。具體來說，對於管理上的問題，我們首先要看這些問題發生在哪一個層次、哪一個方面，或者哪幾個層次、哪幾個方面，從而作出正確的「診斷」，找出問題的所在，提出解決的方案。

　　概而言之，我們要建立管理的動態系統觀，來幫助我們解決管理的各種問題，使管理本身得到完善的發展。這樣，管理也就獲得了本體論的意義，從而發展出一個既平衡而又具有動態性的管理體系。這一體系能夠形成管理系統內在的和諧，從而發揮整體性的持久的功效。對於管理系統的觀察，還有一點重要的補充，那就是在這一個系統之內，越低的層次越能自動化，越高的層次越能自覺化。低的層次，像信息─程序層次，很容易自動化，輸入電腦，自動操作。所以，管理應該形成這樣的原則，那就是低層次的管理應該盡可能自動化，高層次的管理則盡量自覺化。必須指出，目前關於管理問題的討論中，這兩者往往不分開，例如，許多學者主張「自動化管理」，這個見解當然

是很好的，但所謂「自動化」只是相對機械而言、工具而言、信息而言，而相對於人的心智、智慧、知識而言，那就很難談什麼「自動化」，因為它一定涉及到選擇意志和意識修養的問題。所以高層次的管理我們必須講「自覺化」，它是一種經過內涵的修養所進行的隨機而又具有自律性的管理行為和管理活動。這種最高的境界用孔子的話來說，就是「隨心所欲不逾矩」。我們在要求管理者做到自覺的自我管理的同時，對被管理者也施以適當的教育，鼓勵他們自覺地解決自身的問題，也許這就是一種自覺化的「自動化管理」吧！

(五)管理目標論

科學管理只講單一的目標，而哲學管理卻強調目標的多元性，但多目標並不是一種散漫的目標的排列，而是一種有機性的目標的結構。在管理當中我們一定要掌握一種目標結構，形成一個內涵豐富的目標結構模型。這一目標結構至少包括三個層次。

首先，在管理目標中最重要的層次是**終極目標**，即管理的宗旨，也就是管理的精神方向。日本管理雖然很強調精神目標、最高指導原則，但往往表現為口號，作為方法的運用。例如澀澤榮一的「《論語》與算盤」，這當然是一種發現，以《論語》作為民間倫理的界定，能夠幫助我們達到一種具體的成功獲利的目標；但它突出的還是算盤的作用，把《論語》也當作算盤，把文化當作工具，並沒有真正掌握文化的精髓。日式管理和美式管理不一樣，就在於它把文化問題提出來了，但它把文化看成是工具，把倫理也看成是工具，把哲學也看成是工具，並沒有看到倫理、哲學、文化本身所包含的更深刻的價值、人的價值。正因為如此，日本管理雖然也講文化，所謂「企業文化」，但不能有效地促進日本社會創造性的發展，也不能對人類社會作出提升性的貢獻。所以，日本可以成為一個經濟強國，但不能成為一個文化強國。他的

經濟管理雖然很強，但政治管理還是問題多多，從自民黨內部的腐敗，到新黨的搖擺懦弱，他找不到自己的文化目標和文化理想。

美國管理所追求的終極目標，則是以經濟來掌握權力，具有很強的權力欲，一方面是掌握經濟實力，發展科學技術，另一方面從經濟權力轉向政治權力的擴大，經濟意志變成政治意志、權力意志，這正是西方文化發展的潛在的欲望。由於沒有深厚的人文文化與道德哲學，必然會帶來自我發展和擴張的限制，因為世界不可能永遠屈服在權力意志之下，也不可能永遠在爭權奪利中求取生存。

中國管理即我所說的「C 理論」，在結構上更深刻地考慮到管理的終極目標，因為它能夠深刻地瞭解文化管理和科學管理的長處及其所帶來的問題，更能夠完整地涵蓋科學管理和文化管理，因而更具有普遍性和世界性。我們所強調的管理的終極目標，就是要為提升人類生活品質，促進人類社會共同的進步服務。任何管理組織、管理行為，都應該考慮這一終極目標；任何管理方法、管理方式，都不應該離開這一終極的目標。「道也者，不可須臾離也，可離非道也。」

管理目標的第二個層次，就是**專業的工作目標**，這是基於知識、基於現實所發展起來的目標，是一種實踐的目標。任何一個企業或事業的目標，除了一般的文化性和終極價值性之外，都有自己的專業性，這一專業目標是企業或事業的規劃、分類的基礎，就是你選擇做什麼行業。現在人類從生產事業慢慢發展到服務事業，生產事業有很多分類，服務事業也有很多分類。這種目標是基於人對生活的追求，專業化的追求，基於人的知識和需要，成為一種工作的目標。這種工作目標有兩個作用，一是能夠有所收益，就是能夠帶來經濟的利益，滿足生存和生活的需要；二是反過來又能夠促進知識的發展、技術的發展。例如選擇電腦作為企業的發展目標，製造電腦、軟件和硬件，它會帶來經濟利益，因此人們就有積極性，不斷提高和改進技術。

第三個管理目標的層次，是**時間性的目標**，就是在一定的時間過

程當中要完成什麼項目、什麼工作。

　　管理的目標結構至少要考慮到以上三個層次。目標結構健全，才能更進一步適應環境，利用環境，促進管理的發展，達到管理的目的。

(六)管理決策論

　　管理是一個不斷決策的過程。如果說，目標是管理的終點的話，那麼，決策就是管理的起點，它是在對管理目標認識的基礎上所作的決定。管理必須以決策作為基礎，一方面要有正確的對外在世界和自我能力的認識，同時還要把握特殊的環境和條件，來創造實踐目標的基礎和根據，並且要建立一定的組織來推動和發展，來實現管理的目標。從這個角度來說，決策確實是管理的靈魂、管理的核心，西蒙關於「管理就是決策」的觀點是正確的。

　　而我要進一步強調的是，決策是管理的起點，任何管理都必須從決策開始，並且要在決策中不斷加以考察。再者，所謂「決策」也不是單純的作決定，而是明智地去認識客觀的環境、主觀的條件，進而創造一定的組織來達到選擇的目標；因之它本身又代表目標的選擇、方法的選擇，在一定時間空間中實踐的推動能力。從這個意義上來講，決策也可以說是整盤的計劃、通盤的把握。

　　管理是一個從決策，到實現決策，到再決策的過程。所謂決策就是尋求一種價值來作為改變環境、提升生活的一種方案，這一方案必須通過一定的時間過程來完成，這就必然牽涉到起點和終點的問題。起點和終點之間具有連續性，管理就是一個連續的決策和實踐的過程。

　　這一過程，我們可以借用《易傳·繫辭上》的一段話加以描述，它談到人類社會的發展，對天地之道的認識所產生的一種人文的創造，就是一種管理哲學的認識：

> 化而裁之謂之變，推而行之謂之通，舉而措之天下之民謂之事
> 業。
> 化而裁之存乎變，推而行之存乎通，神而明之存乎其人，默而
> 成之，不言而信，存乎德行。

在這裡，「化而裁之」說的是管理的開始，有一個整體性的決策。這種決策實踐起來，就是「推而行之」；決策實踐用之於人，就是「舉而措之天下之民」；然後我們對自己行為、實踐的過程做一個檢討、評估，就是「神而明之」；在此基礎上再決策、再實踐，取得成功，就是「默而成之」。所以管理行為應該從「化而裁之」的「變」，到「推而行之」的「通」，「舉而措之」的「用」，再到「神而明之」的「明」，「默而成之」的「成」的過程。

這一過程也涉及到實際的利益和功用，用〈繫辭上〉的話來說，就是「變而通之以盡利」，「變」和「通」結合在一起，就能夠產生利益和功用。

這樣，我們通過對《周易》人文化成的認識，來說明管理的深層次的哲學意義，即從決策、實踐，到再決策、再實踐，以達到改善人生，促進人文發展的最高目標。

二、

易經哲學的管理學詮釋

《易經》哲學是一個理想管理系統的基礎，這同《易經》哲學本身的特點是分不開的。《易經》哲學把宇宙看作是一個動態的整體，提出陰陽對立、兩極一體的宇宙模型、創造性的辯證思維、「觀」的認識論、感應價值論，再加上一整套成熟的預測決策方法，這些，都為管理提供了有益的啟示。

(一)整體宇宙論

從哲學的觀點看，整個宇宙自然是一個最真實的、複雜的、具有生命力和發展性的動態的存在系統。就其運行發展、新陳代謝來看，宇宙自然也可以說是一個具有內在結構的管理體系。當然，這樣說是把自然宇宙擬人化、人為化，是把管理的概念運用到宇宙自然上面去。這樣說是否可以？我認為是可以的。自然宇宙生生不已，不斷更新，就像有一個內在的力量在推動著它的變化；同時它的新陳代謝也代表著一種深層的內在平衡，時間上的循環和空間上的對稱，以及所包含的動態的和諧。凡此種種，都證明它確實存在著一種管理上的智慧。

我們可以從自然宇宙中看到動態的管理系統，同樣反過來我們也

可以把管理建立在對自然宇宙的瞭解的基礎上，當然這種瞭解要具有管理的價值，要有發展性、創造性，這正是中國《易經》哲學精髓之所在。

我們知道，關於自然宇宙的哲學有很多，有的認為宇宙是一個趨向死亡的寂滅系統，有的認為宇宙是一個作為工具的機械系統等等。像這類的自然宇宙哲學是無法作為管理的基礎的，因為它們不能夠突現出管理的內在特性。從這裡我們也可以看出中國《易經》哲學的現代價值。中國的管理經驗就是來自《易經》哲學，來自《易經》哲學所表現出來的一種深度的智慧。《易經》哲學所具有的生命力和創造精神，不但根植於對宇宙的瞭解之中，而且還來自於對人生、人性的瞭解之中。它不僅把握了宇宙自然的本質，而且把握了人存在的本性及其特質，再把它延伸到管理，說明管理的經驗及理想。

管理是一種人的行為，但最高的管理在其人為當中又具有一種自然。換句話說，在人的有意識的行為當中實現一種意志的自由，而又合乎存在的自然原理，既具有一種內在的約束而又具有一種內在的自由。所謂「無為而無不為」，自然而又自由的理想，這正是《易經》哲學的深度所在。

現代人的現代性在於人如何對自然既馴化又融合。人從自然而來，又改造自然以適應自己的生存需要，而在改造自然的活動當中，又必須保護自然，才能真正保護人類的存在。這就是所謂的「生態倫理」。現在人們開始瞭解到生態平衡的重要。人可以促進乃至實現宇宙的內在平衡卻絕不應破壞宇宙的內在平衡。現代西方的文化往往過分機械化、理性化和權力意志化，表現在大量的工業污染問題上，以致往往破壞了宇宙的生態平衡，所以它的「現代性」是有局限的。真正「現代性」的現代化也就是「後現代化」和後現代化所包含的「現代性的人文化」，為了解決這方面的問題，需要更全面的管理哲學。《易經》哲學正好提供了適應這種「現代性的人文化」需要的管理哲學的理論

基礎。

　　《易經》哲學最根本的思想就是認為宇宙是一個整體，是一個動態的、開放的，而又內外、上下、左右各部分相互聯繫、相互貫通的整體。所謂「動態的整體」，就是指宇宙的事物不管如何的繽紛繁多，都是密切的互動和相互的影響，每個事物都在自己運動，而都有一定的背景和網絡，別的事物影響著它，它也影響著別的事物。個體性和整體性是相互聯繫的。整體性不能用封閉的態度去瞭解，因為整體包含著時間和空間，包含著時間的流動和空間的整合，所以不應該有任何的限制。整體不應該限制於任何固定的格局，而應該不斷打破格局。

　　《易經》哲學的整體宇宙觀包含著五個原則：

　　⑴**同一根源**的原則，就是認為世界上的任何事物都是來自於共同的本源。

　　⑵**相互依持**的原則，就是認為世界上的任何事物都是相互聯繫相互影響的。

　　⑶**動態發展**的原則，就是認為世界上的任何事物都是處在運動變化開放發展之中的。

　　⑷**深度和諧**的原則，就是認為事物的發展是以和諧與平衡為目標的。

　　⑸**循環回歸**的原則，就是認為事物的發展是回歸到原始的根源，然後再發展、再創造，循環往復，不斷發展。

　　這種動態的整體宇宙觀是中國人在其長期的文化經驗和文化實踐中體驗出來的，具有中國的特色，任何中國人及其管理活動都不可能不受到這種宇宙觀的影響。與此同時，由於這種宇宙觀正確地表達了宇宙的內在特性，體現了人與自然之間以及人與人之間的相互交往，一種互動的關係，具有明顯的或潛在的全人類性（世界性），同樣為現代人所必需，為現代管理所必需。

㈡兩極一體論

　　《易經》哲學的整體觀必須從兩個對立面去瞭解。《易經》哲學的特點就是把整體看成是事物之間的一種關聯，而事物之間的關聯最根本的就是兩極之間的對立和聯繫，從而形成一體。佛學講緣起之說，重因重緣，因此認為事物本身沒有本性，沒有主體性，最後的結論是萬事虛無，萬物皆空。而《易經》看到事物相互聯繫相互影響，其目的就是要說明事物的實在性、包含性和創造性。事物由於各種原因而結為一體，從而發揮內在的潛力，產生一種創造力，這種創造力從根本上說就是一種生命的活力。萬物相互依持，互為條件，相互作用，相互影響，互為背景，正說明了事物的實際存在，以及事物本身具有創造力。人就是這樣一種創造物。人是萬物的精華，是宇宙裡頭各種條件、因素相互結合的最高產物；而人在宇宙中演化出來之後，又能夠進一步去發揮宇宙的創造力。肯定萬物的實在及其創造性，正是《易經》哲學與佛教哲學的根本區別。其實這種區別也可以看成佛教哲學中的「空」就是《易經》哲學中的生命創造力；佛學以回歸於空寂為善，易學則以發揚生命創造力為善。

　　在西方哲學中，亞里士多德有「四因說」，即用「質料因」、「形式因」、「動力因」、「目的因」去說明世界萬物之間的聯繫。《易經》哲學的創造論的宇宙發生論，則認為萬物都是創造發生出來的，而以兩極一體作為其存在的形式。換句話說，事物都是由兩種力量組成起來的，這兩種力量不斷分化，不斷組合，再分化，再組合，事物就不斷地向前發展。這種陰陽結合的兩極一體觀念，就成為宇宙發展的基本形式。兩極一體的動態發展過程，就是《易經》哲學的基本思想。

　　那麼，怎樣去瞭解「兩極一體」的基本思想呢？所謂「兩極」，就是根據中國文化經驗的觀察，萬物皆可以從「陰」和「陽」兩個角度

來瞭解，就是說任何一個整體都可以看作是陰陽的結合，找到陰陽就可以找到整體，找到整體就可以找到陰陽。什麼是「陰」和「陽」呢？「陰」就是陰影，「陽」就是陽光。陽光投射在地面上，顯現出萬物的形象和背景，沒有這樣的投射和顯現方式，萬物也就不成其為萬物。實際上，陰陽既具有現象論又具有本體論的意義。我們可以把現象的東西本質化，從而成為存有論或本體論。因此，我們可以把「陰」理解成一種靜態的、無形的力量，「陽」則相反，是一種動態的、有形的力量；「陰」具有潛化的作用，「陽」則具有實化的作用。按照《易經》的概括，「陰」是靜、柔、無形，陽是動、剛、有形。

　　陰陽的配合是多方面的。首先體現在宇宙發展中，陰陽表現為許多對應的事物，例如水與火、山跟谷，都是陰陽對立的關係，「八卦」之間的關係都是陰陽關係。但陰陽本身又是一個和諧的整體，是為「太極」。陰陽對立和諧還可以進一步體現在人事、人生、歷史、社會、政治、經濟各個方面。就此而言，陰陽是具有不同的層次、不同的階段的，它本身從結構來講具有不同的層次，從發展中來講則是多元的表現，必須這樣來瞭解陰陽，我們才能從陰陽來瞭解世界的事物。

　　進而言之，《易經》「兩極一體」的宇宙系統，其涵義有很多，不同的平面上有不同的兩極一體，而各種平面合起來也構成兩極一體。從哲學上看，《易經》的宇宙系統是一個動態的、複雜的、多層次的系統。作為系統，它是一個整體性的結構，又是一個發展的過程。從空間來看，它作為一個根源性的系統，其生命力和創造力都是沒有極限的，所謂「於穆不已」，「生生不息」，就說明天道之創造生命是無窮的、沒有止境的。在這個動態系統中，其根源就是「太極」，這個根源不斷發展下去，就成為宇宙之道、天地之道，「道」是指動態的意思，「太極」是指根源的意思，太極和道相合為一，就是《易經》的系統。這是一個唯一的系統，也是一個變化的系統，它呈現在天地和萬物的構成之中，並且有其內部的力量在不斷地推動著它的發展。

　　由於宇宙的發展是一個動態的過程、自然的過程，這就構成了它的時間性。時間是生命創造發展的過程。《易傳·繫辭》裡強調所謂「時」是一種活動，這種活動所創造出來的價值對於人具有莫大的意義。時間實際上是宇宙的生命力所表現出來的一種活力。時間不是抽象的，而是具體的並具有創造性的。時間本身就包含著空間，《易經》的宇宙系統就是一個時間包含空間的系統，也就是從時間展開空間的系統。

　　正因為宇宙是一個動態的過程，所以萬物都有來有去，有成有毀，有生有死，整個是一個周流的體系，推陳出新的體系。這就是宇宙表現它自身的最重要的方式，只有在這種方式之下，宇宙才能夠達到它本身的價值，表現出一種最高的境界。

　　「兩極一體」的整體宇宙觀，表現在實體宇宙的形象上，既是整體性的，又是多元性的，具有相當複雜而又相當豐富的關係，而最基本的陰陽對應關係永遠在不同的層次中表現出來。在這樣的形象宇宙中，每樣事物之間都有一種多元的相對、相應、對立、互補、互成的關係，同時也表現出衝突、緊張、相互抵消、相互平衡的作用。從整個生命宇宙的發展來看，對立、緊張、衝突都是達到更高層次和諧的過程和方式。總而言之，我們可以把事物之間的關係看成是一體分化成兩極，兩極經過對立、衝突，再互補互化為一體的關係。

㈢五段辯證法

　　《易經》哲學兩極一體的整體宇宙觀，體現出一種辯證的邏輯。這種辯證邏輯同黑格爾的三段論的辯證法不完全一樣。從一分為二到合二為一，對立相反到互補互化，再產生新的事物，應該說有五個層次，即：**整體創化 ⟶ 陰陽分化 ⟶ 多元發展 ⟶ 衝激補充 ⟶ 推陳出新**。

　　這五個層次具體體現在《易經》的宇宙模式之中，如下圖所示。

　　這裡的五個層次也可以說是五個過程，這五個過程也可以說是內在的，即：**整體化，兩極化，多元化，互補化，再整體化**。這五個過程對於管理來說是很重要的，舉凡組織更新、市場發展、生產活動、人事調理、規劃決策都要經過這五個過程。這五個過程是宇宙事物發展的根本過程，也是管理活動的根本過程。

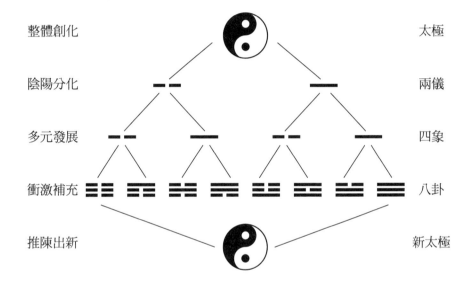

整體創化　　　　　　　　　　　　　　　　　　太極

陰陽分化　　　　　　　　　　　　　　　　　　兩儀

多元發展　　　　　　　　　　　　　　　　　　四象

衝激補充　　　　　　　　　　　　　　　　　　八卦

推陳出新　　　　　　　　　　　　　　　　　　新太極

　　需要注意的是，這五個過程是相互聯繫的，你中有我，我中有你，在每一個具體過程中，整體化不能取消，兩極的分化不能取消，進一步的多元化，多元之間的實際的矛盾與差異，以及多元之間所引起的衝激，衝激之後的調和等等，都是不能取消的。

　　衝突之後的和諧，也是我們特別要強調的。不是沒有衝突，衝突之後還要和諧。西方的特別是馬克思的辯證法，其重點是放在衝突上面，但衝突只能當作一種用。所謂「和」，並不是和稀泥，而是一個過程，它並沒有否定經過競爭、衝突、緊張、矛盾的階段，而達到和諧，

沒有矛盾沒有衝突，怎樣達到和諧？但我們不能因此而否定和諧作為內在的目標。宇宙作為一個整體，存在著陰陽的對立，由於多元化而產生衝突，最後一定走向新的和諧，建立新的整體。

我們這裡的「整體化」包含著不同的個體。如上所述，原始整體要經過多元化，而多元化就是多元個體化。整體與個體之間的關係，並不是有整體就沒有個體，或者有個體就沒有整體。整體是個體形成的根本條件，個體則要結合成更高的整體，二者之間是相互需要的。我們要發展動態的立體的思考。如果只是從非動態的平面的思考出發，往往就會認為有整體就沒有個體，或者有個體就沒有整體。那是把整體和個體抽象化了。把整體抽象化，有整體就沒有個體；把個體抽象化，有個體也就沒有整體。

實際上，個體和整體是在事物的具體發展過程中發生的一種關係。整體一定引起個體，一定引起多元的個體化；而多元的個體一定會經過衝激與和諧化的過程，衝激產生和諧，和諧產生新的整體，新的整體創造新的價值、新的文化，然後又出現多元化的現象，這就是宇宙的發展過程，人類歷史文化的發展過程，也是管理的發展過程，因為管理就其本質來說是創造性的，它的特徵是通過經濟、政治、社會的角度來處理一些人類的行為，來達到一種既定的理想的目標。就此而言，這一過程所體現的辯證法可以稱之為「創造辯證法」。

《易經》哲學的創造辯證法與西方傳統的衝突辯證法相比，如上所述，同黑格爾的辯證法是不一樣的，同柏拉圖的辯證法倒有接近之處。柏氏的辯證法是往上升，最後掌握整體。它並不否定整體，並且是多元的，其包含性與融通性比較強，而且不那麼機械。這些，同《易經》哲學的創造性辯證法有著某種共通之處。但柏拉圖的重點放在抽象的提升，《易經》的重點卻放在具體的落實，二者是不一樣的。

㈣「觀」的認識論

《易經》哲學形成的過程是一個長期觀察、體驗、認識宇宙的過程，經過了充分的考察、觀察和認識。這種認識的可能性是由於它所認識的對象宇宙是一個整體。所謂「觀」的認識是由整體到細部，再由細部到整體，就是在整體與部分之間的融合來瞭解事物。中國人從《易經》的角度認識事物，其最大特點是一定要抓住整體，從事物的個別部分來瞭解整體，抓住了整體再來看事物，從前後左右來考慮整面性、完整性，以及個別事物在整體中的地位。

「觀」作為整體性的認識過程和認識方法，它既是人類認識事物的能力，也是事物展開從而表現自己的方式。因此「觀」有兩個方面：一個方面是「觀」是從人來觀物，另一方面物能夠被人所觀，那就是物有可觀之處。可觀的東西一定是整體的，從整體掌握部分，從部分掌握整體。所以，宏觀和微觀總是相互依存的。人們觀察事物首先總是從宏觀出發，瞭解整體；然後再從整體來瞭解部分的能力，這就是微觀。所謂微觀看到的也是部分的整體性，是從整體性來瞭解部分。

「觀」的認識論與現代科學的認識論不完全一樣。《易經》的「觀」主要是宏觀，即為整體觀，所強調的是不斷地在整體和部分之間去造成一種平衡與相互瞭解，這比較接近現代詮釋學的觀點。科學的「觀」卻總是分門別類的，雖然也追求一個統一的觀點，但卻是化約論的，而且是化約在物理科學的層次上。另外，「觀」的對象是形象宇宙，帶有人的主體的心靈感應，而科學的認識論是首先掌握部分，然後再掌握整體，即首先瞭解部分的知識，然後再把它們擴大拼合成整體的知識。但是，在擴大拼合的時候，小的整體裡面有部分的知識可以運用，而在大的整體裡面，原有的部分知識就不夠用了。所以，科學的發展，到一定的程度就需要更新，因為面對的整體擴大了，原

有的認識就需要重整。從托勒密的天文學，到牛頓的物理學，到愛因斯坦的相對論，再到當代的新物理學，都是這樣逐漸地推展起來的。

科學的認識一靠客觀的觀察，因而否定主觀性；二靠抽象的原理，因而否定形象性。科學的知識是一種抽象的知識，它具有控制的能力，但是它不考慮、不包含主體的活動（包括主體的感受能力和思維能力），如果要包含，則把主體物體化。同時，它也不包含形象的宇宙，因為在科學的認識看來，所謂「形象的宇宙」只不過是人的主觀感覺，例如「太陽從東邊升起，從西邊下山」之類，實際上從科學的觀察來看則剛好相反，是地球而不是太陽在運動。當然對人的視覺和人的主觀知覺，科學也有一套非主觀的解釋。

《易經》哲學的「觀」的認識論則包含了形象宇宙，即包含了主體對客體宇宙的主觀感受，其特點在於不去把握實體化的結構，不去把握部分事物背後的抽象規則。《易經》的這一特質說明它要發展的是「生態學」而不是「物理學」。但是生態學可以包含物理學，而物理學則不能包含生態學。同理，「觀」的認識論可以包含科學認識論，而科學認識論則不能包含「觀」的認識論。

從管理上看，如果從物理學的觀點出發，就會否定人的主體活動，不重視形象或者行為的後果，弱化人的主觀感受。像西方早期的管理（工廠管理），就屬於這類物理學的管理。中國的管理重人，但卻不是狹隘的「人事主義」。所謂「狹隘的人事主義」乃是完全忽視外在環境的感應因素，一切以人的感覺為準，在市場開拓上面，在生產發展上面，就不那麼積極，而中國《易經》管理哲學是生態學的、宇宙學的，它把人的因素、互動的因素、主觀與客觀的不同因素，完全包含在一起，進而在統一協調的基礎上尋求一定目標的實現。

這種「觀」的認識論，同《易經》哲學的整體宇宙論、兩極一體論以及創造辯證法結合在一起，構成了《易經》哲學的獨特的思維方式。這一思維方式具有兩個過程，一是分化的過程，從一分為二到二

分為四，四分為八，八分為六十四，等等；另外一個是融合的過程，從多融合為六十四，六十四合為八，八合為四，四合為二，最後融合為一。分化的過程是從客觀的事物當中找出差異、察覺差異，從理念上看，是在進行分析；融合的過程則是在不同的事物當中找出彼此的關係，進而逐漸形成一個整體，從理念上看，是在尋求統一。從分化到融合，而又從融合到分化，正是事物發展的內在形式。必須注意的是，分合是同時進行的：分在顯中進行，合則在隱中進行；分在隱中進行，合則在顯中進行。我們往往知顯不知隱，知分不知合，這是不符合易的整體動態思維方式的。

這種分與合、顯和隱的動態思維方式在決策上是很重要的。因為決策包含了確定目標與實現目標兩個方面，確定目標就需要分析環境和各種條件，這是一個分化的過程，而又隱含了融合的可能性；實現目標則要投入到實踐當中，結合主客觀條件加以實現，這是一個融合的過程，而又隱含了分化的可能性。前一個過程就是計劃，後一個過程就是實行。這兩個過程正是《易經》思維方式的展開與運用。

㈤感應價值論

萬物在其發展過程中，有的能夠充分發揮其內在的創造力而得到發展，有的卻不能發揮其內在的創造力而有所偏失，這就產生了一個好壞利害吉凶禍福的問題，也就是價值論的問題。人為萬物之靈，能夠趨利避害，能夠進德修業，能夠把握自己的生命；而這些都是通過作為主體自我的人與作為客體的天地萬物之間的感應而體現出來的。從根本上說，《易經》的價值論實際上是一種主客互動、相互決定的感應價值論，它體現了主客體之間是和諧還是不和諧、有衝突還是無衝突、趨向和諧還是趨向衝突的感應關係。這種感應價值論具體體現在**功利價值**（趨利避害）、**道德價值**（進德修業）與**本體價值**（把握生命

本體）等三個層面上。

　　《易經》具有強烈的功利價值，其六十四卦，三百八十四爻，卦卦言吉凶，爻爻言禍福。所謂吉凶禍福，說到底是對人的利害關係的評估。從《易經》的卦辭爻辭來看，人們所得到的為「吉」，所失去的為「凶」，而得到的是有利於人的生命發展的，失去的是有害於人的生命發展的，「悔」是人們沒有獲得利益時的心理感受，「吝」則是人們沒有避免傷害時的心理感受。推而廣之，整個《易經》中的價值判斷用語都是對人們利害得失關係的描述。「吉」就是得、利，「大吉」就是大得、大利，「无咎」就是無利無害、無失無得；「凶」就是失、害，「大凶」就是大失、大害，「厲」就是得小失大、利小害大；「悔」和「吝」都是小失，「悔」是沒有得到利時的小失，「吝」則是沒有得到大害時的小失。

　　在現實中，功利價值的實現總是受到一定的客觀條件、時間空間及因果關係的影響和限制，可以說是一種結果主義或後果主義。但是人的行為還有另一個向度，即可以從人的內在生命出發而作出一種主體性的價值性的選擇。這種人的主體性的價值性的決定，基於人的自由意志的決定，正是道德行為的基礎。所謂「自由意志」，就是人可以依據其內在的本性和認同的目標，來作出選擇和決策。就此而言，所謂「道德價值」就是生命主體自我創造的價值。現在的問題是，這種體現在人們內心的道德價值究竟有沒有行為的有效性？答案是肯定的。因為在《易經》的宇宙觀裡面，人是宇宙生命的延長和突出的體現，所以人就能夠基於其內在的本性，來參與並實現一種創造性的活動，盡己之性，盡物之性。

　　《易經》對道德價值的重視，表現在強調生命的創造不已，即「生生之謂易」，而「繼之者善也，成之者性也」，生生不息、創造不已，這就是善，就具有道德的價值。如何達到善，關鍵在於人們能否掌握宇宙變化之機。《易傳・乾卦・文言傳》透露了這種宇宙變化之機，也

就是善的四種方式，即「元亨利貞」。「元者善之長也，亨者嘉之會也，利者義之和也，貞者事之干也。」如果人能夠把握這種宇宙變化之機，這種原始的善，並在實際生活中加以發揮，這就是「體仁」。「君子體仁，足以長人，嘉會足以合禮，利物足以合義，貞固足以干事。君子行此四德者，故曰元亨利貞。」所謂君子，就是以人的自覺，來處事處物，把宇宙的價值轉換為道德的價值。所謂「體仁」就是體天地之仁，就是依據元者之善來盡人之性；「嘉會」就是把宇宙萬物的和諧運用到人事上，從而產生一種協調的禮樂社會；「利物」就是把萬事萬物之間相互依存的關係運用到人類社會，從而產生一個合情合理的社會組織；「貞固」就是體會天地長久之道，從而從事各種社會活動，讓社會不斷發展下去。

由此看來，道德價值實際上是人對宇宙本體價值的體驗，並進行創造性投入的體現。從根源上看，這就是所謂「天人合一」，從自覺的天人合一來實現理想的天人合一，從盡物之性到盡人之性，最後達到盡己之性的最高道德目標；而這個最高的道德目標實際上也是最高的宇宙目標：**與天地同生，與天地同化，與天地同創。**

所謂「本體價值」，即為宇宙生命本體達到和諧的潛力，即生命自身的創造力。本體自身就具有價值，它是人可以追求的目標，可以享受的狀態，可以安頓的境界。價值具有本體性，它是生命存在的方式、理解的方式、發展的方式。我們一般說的價值就是真善美，而真善美三者是統一的，它們從不同的角度體現了本體的存在；「真」體現了本體存在的一致性，「善」體現了本體存在的和諧性，「美」則體現了本體存在中主體的完整性。同時，也可以把三者都看作是一種和諧，「真」是事物內在的和諧，「善」是部分與整體的和諧，「美」則是主體與客體之間的和諧。總而言之，真善美都是本體創造性和諧的體現。

本體價值、道德價值、功利價值三者是相互聯繫的。其中，本體價值是前提，是一切價值的內在基礎，是最高的價值。道德價值則是

主體的行為方式，它是作為主體的人在對宇宙生命本體取得認識之後所選擇的行為方式，是人的投入和參與，要全面考慮到人的行為的動機與效果。而功利價值在其現實的層面上往往只是考慮行為的效果。為了達到既定的目的，有人往往可以不惜採取任何必要的手段。所謂「兵不厭詐」，就是純粹以後果來要求方法，為了達到好的後果而採取欺詐的手段。這從純粹功利上講當然是可以想像的，這等於是採用了一個 Rule，一個遊戲規則或一個策略。既然是一個遊戲規則或策略，那麼就誰都可以採用。然而，這種遊戲規則或策略的採用，應該而且必須有一個必要的底線（下限）。這個底線，就要由《易經》所強調的道德價值和本體價值來把握。在商場，我們還要講商業倫理；在戰場，我們也要講戰爭倫理，講國際公法，包括不能夠任意殺人，不能夠殺平民，不能夠用殘酷的手段殺傷對方，不能夠毀滅與戰爭無關的文化與歷史古蹟，等等。而這些也正是生命、文化、價值轉化提升之道。這表明，即使是在功利的價值裡面還是有倫理制約與本體精神的。

　　這在管理上很有意義，它警示我們，只有把握本體價值，才能把握道德價值；而只有把握道德價值，才能把握功利價值的下限。這樣，我們才能夠維護經濟活動的一定範圍，使它不會因為手段而喪失目的，使人不至於在經濟活動、管理活動中變成機械性的工具。現在我們在管理活動中的最大問題就是把人工具化、機械化。這就是我們現在之所以要強調人性管理的根本原因。所謂「人性管理」就是在肯定功利價值的同時特別強調道德的價值。而從《易經》的觀點看，我們還要進一步強調本體的價值，所謂「人性管理」必須建立在「本體管理」的基礎上，才能使人性永保善性、真性和美性。

　　這裡我們需要做一個特別的分析。為了取得更高的功利價值，我們應該運用道德，應該講究人性，應該發揮內在的倫理關係。也就是說，我們應該而且可以運用倫理來促進管理，來達到經濟發展的目標。但是，從一個本體的眼光來看，倫理應該是在管理之上的更高的目標。

人性是管理的一個重要的因素並且是能夠使管理獲得成功的重要因素，但是管理並不是人性的最終的目標，人性用於管理最終是為了實現人性。我們既可以用人性來達到管理的目標，更應該用管理來達到人性的目標。換言之，我們可以運用倫理的手段來促進企業公司的發展；但企業公司的發展，其最終的目標卻在於實現人類社會的倫理價值或文化價值，從而達到一個真善美的人類社會。

(六)預測決策論

　　傳統的看法是把《易經》看成一部占卜之書，對此我們要具體分析。

　　首先，不能把《易經》僅僅看成是一部占卜之書。不錯，《易經》的確具有占卜的功能；但是，它的價值卻又不僅僅在於占卜。《易經》的價值主要在於它揭示了宇宙萬物的本相，提供了一個整體和諧發展的宇宙觀，從而幫助人們瞭解世界、把握未來。這樣，它能夠作為占卜之用也是很自然的了。因為宇宙萬象的變化包含了過去現在未來，人為了把握未來就利用《易經》來占卜。占卜作為一種實用的預測方法，是從《易經》的宇宙觀中自然發展出來的，當然也是人們所可以應用的一面。所以，《易經》具有占卜之用，但又不能僅僅限於占卜之用。從管理哲學的觀點來看，我們應該著重把握的是《易經》對於宇宙萬象的說明性，以及它在本體論架構和方法論上的意義。這樣，我們才能把《易經》正確地運用到管理上，使之發揮廣泛的作用。

　　其次，我們不能把《易經》的占卜看成是神祕主義的。《易經》之所以能夠發揮預測的作用，並不是它本身有什麼神祕的力量在幫助我們去揣測未來，而是有其內在的哲學理由和根據，否則就變成迷信了。在今天科學昌明的時代，我們一定要強調《易經》哲學本身所包含的基於周遍觀察和動態思維的科學性與邏輯性，從而正確把握占卜的預

測功能，把它作為掌握世界變化的可能方法之一而適當地體現出來。現代的預測，例如經濟景氣預測、氣象預測等，都是基於科學的定理而對事物或事件發展的可能性所做出的推斷。一般地說，對於自然現象的預測準確率很高，但也存在「測不準」的情況（在現代物理學中，就有所謂「測不準定律」：當你固定一個變數時，就不能固定另一個變數）；對於社會現象的預測，由於其變數複雜，其「測不準」的情況就更多了。占卜是對人際關係的社會現象的預測，存在著極高的不準確性。這樣，占卜還有沒有意義呢？答案是肯定的。占卜對未來事物的發展所作出的預測與瞭解，是在沒有確定知識的條件下，並在發展的過程中，不斷自我審定和自我修正，提供一個擬似的信息參考系統，一個事物可能變化發展的方向，並為人們基於社會現象的不準確性而採取主動的態度，積極參與事物的變化，而達到發展的目標。

　　需要強調的是，我們必須真正把握《易經》占卜的精神實質。如上所述，占卜並不是要我們去掌握事物發展的具體過程，而是要我們去掌握事物發展的方向、事物發展的格局、事物發展之理，從而站在理性的立場，在經驗和知識的基礎上，發揮人的主動性，積極參與和推動事物的發展，這才是《易經》占卜的精神所在。《易經》占卜主要是運用在人事方面，如果把人事問題完全看成是客觀的，就會陷入命定主義。實際上《易經》並不主張命定主義，它提倡「天行健，君子以自強不息」，強調的是人的主動性、開拓性、創造性，而不是引導人們去尋求玄妙的命運。占卜就是要人們掌握事物發展的機緣，再進一步去創造與開拓，而不是被動地等待和接受命運的安排。正因為如此，我們把占卜本身看作是具有啟發性的行為，是作為主體性的人與客觀事物之間互動的方式。

　　總而言之，對《易經》占卜採取正確的態度，就是要發揮決策的精神。所謂決策，是一種主體的行為方式，是在對外界事物認知的基礎上所採取的理性的、主動的決定和選擇──方向的選擇和價值的選

擇。《易經》占卜作為一種預測方式，目的是為了使人們作出更好的決策。換言之，就是以預測來啟發決策，而以決策來實現預測。從《易經》的角度看，預測與決策實際上是一陰一陽的關係。人的行為要達到既定目標，就要兼顧預測與決策，使預測與決策產生一種一陰一陽的互動作用，既使預測發揮決策的作用，又使決策發揮預測的作用，二者互補而互成。而二者的緊密結合正是管理獲得成功的保證。我們可以用下圖表示：

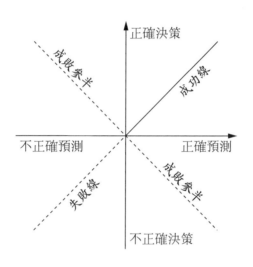

《易經》占卜具有宇宙論的背景，它假設並描述了萬事萬物在宇宙中的存在和發展情況。《易經》的系統，從八卦到六十四卦，都是基於陰陽互動、剛柔相推、兩極一體的模式來瞭解事物的。它所描述的宇宙變化，有其內在的變化邏輯，是一種辯證的過程，最後都可以看成整體之道的分化與整合，表現為陰陽的互動、乾坤的激蕩、人事的剛柔、事物的進退，以及各種現象的隱顯等等。宇宙萬物的變化是一個複雜的過程，但就其陰陽互動、乾坤激蕩這一基本點而言，又是十分簡明的。只要我們抓住這一基本點，就可以把握和預測事物的變化。

這就是所謂「乾以易知，坤以簡能」；「易簡而天下之理得矣」（《易傳‧繫辭上》）。

《易經》占卜的方法論特點，則在於它是宇宙圖象的投射。占卜是一種選擇，但它比一般的隨機性選擇更有哲學的意味。這是因為占卜實際上是把整個宇宙的圖象投射到某個現實的事物之中，使我們對所處的境地產生形象化的瞭解，啟發我們對現實作出深度的解釋，有意義的探索，從而幫助我們作出相關的預測，進行正確的決策。這一過程是主客觀的統一，是已有經驗、現實情況和未來發展的結合。宇宙廣瀚無垠，存在著發展的各種可能性。在各種可能性即各種境地當中，我究竟處在於哪一種境地？這就好比在茫茫大海之中，我所駕馭的這一葉扁舟究竟位於何處，走向何方？既沒有指南針，也沒有航海圖，這時候就要觀察天象，憑藉天上的星座來確定自己在大海中的位置。《易經》就是一幅「天象」，一幅周天的圖象，其六十四卦代表著宇宙中的六十四種可能性。占卜作為實際的操作方法，就是在缺乏知識及緊要的情況下，從各種可能性中凸顯出一種現實的可能性，從而使我們得到一種觀照，幫助我們作出相應的決策，化而裁之，推而行之。

總之，《易經》占卜是管理預測決策的一種重要的輔助手段，它作為主體認知的方式進行預測，啟發決策。只要我們正確把握占卜的精神實質，依據《易經》所揭示的宇宙圖象，瞭解客觀事物，並發揮主體的能動性與創造性，就一定能夠充分發揮《易經》在管理決策中的重要作用。

三、
C 理論的理論架構

　　「C 理論」是上述管理與哲學相互詮釋的產物。它以中國的《易經》哲學為基礎，以陰陽五行為主幹，融合中國古代哲學的諸子百家，統合現代東西方的各種管理理論與學說，從而形成一個具有中國特色與時代特色的嶄新的管理哲學系統。

㈠陰陽五行論

　　五行同《易經》陰陽八卦的關係是很密切的，但傳統的理論對此卻不甚瞭解。

　　八卦系統圖示如下：

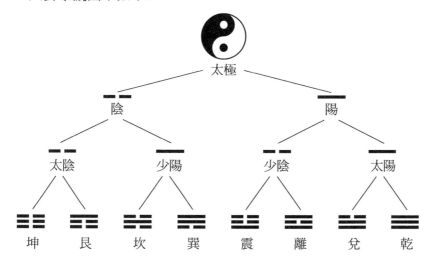

五行系統圖示如下：

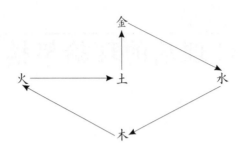

　　對於上述兩個系統，以往人們只是分別地來談，並沒有把它聯繫起來。而我認為，這兩個系統之間存在著哲學上的內在聯繫。

　　一是在「氣」的方面的聯繫，它們都是對宇宙原始之氣（元氣）的認知。陰陽八卦系統認識的元氣的動態過程，重視的是縱的層面、時間的過程，從一到二，二到四，四到八，如此等等。五行系統認識的元氣的動態過程，重視的是橫的切面、空間的定位，品物類聚，橫貫鋪呈，東西南北中，如此等等。二者從不同的角度，展現出宇宙萬物多元分化、相互衝激、相互補充的客觀過程。

　　二是在「理」的方面的聯繫，它們體現的都是宇宙萬物發生、發展、對立平衡的內在規律。陰陽八卦系統側重從事物的整體著眼，揭示出宇宙變化的宏觀規律；五行系統則側重於說明個別的事物，揭示事物存在的微觀規律。

　　還有更進一步的假設，五行也可以同上述《易經》哲學的「五段辯證法」聯繫起來，把它看成是宇宙創造力的五種表現方式，五種發展過程。「土」代表原始整體的原則，「金」代表陰陽分化的原則，「水」代表多元發展的原則，「木」代表衝激補充的原則，「火」代表新的整體的原則。經過這樣的詮釋，五行同《易經》哲學的關係就更加密切了。

　　根據《易傳・說卦傳》，八卦與五行是互相包含、互為說明的。所謂「乾為天，為金」，「坤為地」，「震為雷」，「巽為木」，「坎為水」，「離為火」，「艮為山」，「兌為澤」。在這裡，明確指出了乾卦對應於金，坤卦對應於土（地），巽卦對應於木，坎卦對應於水，離卦對應於火。至於其他三卦，震為雷屬於火，艮為山屬於土，兌為澤屬於水，整個八卦都可以用五行來加以說明，反過來也同樣如此。

　　五行與八卦的相互包含，即是五行與陰陽的相互溝通，例如，我們可以把震卦（雷）稱為陽火，而把離卦稱為陰火；把艮卦（土）稱為陽土，而把坤卦稱為陰土；把兌卦（水）稱為陽水，而把坎卦稱為陰水；如此等等。

　　五行與八卦的對應關係如下所示：

```
金 ──────────────────────── 乾
木 ──────────────────────── 巽
水 ──────────────────────── 坎（陰水）
                           兌（陽水）
                           離（陰火）
火 ──────────────────────── 震（陽火）
                           坤（陰土）
土 ──────────────────────── 艮（陽土）
```

　　現在我們再從數字的內在聯繫來談談「五行」與「八卦」的關係。五與八是不同的數字，代表了兩種不同的思考。五是二（陰與陽）和三（陰陽及陰陽所形成的交合）的綜合，包含了平衡對稱（陰）和交融創新（陽）這兩種力量的交互為用。有人特別指出，八是三和五的綜合，三和五都是奇數，兩奇相加反而形成了偶數，表現出最大的平衡性和穩定性，卻又包含了最豐富的生命力和創造力。以八為基礎的六十四更有生命體的內在結構，不但形成了生命體的多樣發展，也展

示了人生和人文世界的多樣狀態和境界。總的來說，五行是事物橫向的動態結構，八卦則是宇宙縱向的動態結構，五行表現為實體，八卦表現為現象，兩者相互介入，不可分割。在卦象中找尋五行的實體，而又在實體的五行中尋找卦象，這正是陰陽五行論的中心主旨。值得提出的是，陰陽五行的交互作用中包含了整體分化和分化整合的太極原理，也包含了有無相生與陰陽轉化的原則，包含了「道即太極—太極即道」以及「無極即太極—太極即無極」等形上學理解。

㈡五行功能論

陰陽五行構成了完整的形象宇宙體系。在這個體系之內，五行代表著五種功能，它們息息相關，共同構成了一個有機整體的功能宇宙。在這個功能宇宙當中，萬事萬物不能只看成是靜態的物體，因為根據《易經》哲學的理念，宇宙事物永遠處在相互影響和不斷變化之中。五行所以稱之為「行」，就是說明它們在不斷變化。當然，變化的過程離不開實體的宇宙，而實體的宇宙也離不開變化的過程。事物是變化過程的成果，而五行所代表的五種功能則是宇宙萬物發生發展的基本動力。

對於事物發生發展的原因，西方哲學家亞里士多德歸納為「四因」，即：質料因、形式因、目的因、動力因。而我們在這裡所說的「功能」(Function)，指的是一個事物能夠對其他事物發揮功用的能力，通過它能夠促進其他事物的發生和發展。在中國哲學看來，五行是構成世界萬事萬物的基本原素、基本類型、基本動力，通過五行的相互結合，最後形成了千姿萬態的宇宙事物。就此而言，五行的功能涵蓋了亞里士多德的「四因說」。

五行的功能在中國哲學的發展當中，逐漸發展成為五種範疇，成為事物的五個基本類型，例如，五聲、五色、五味、五氣、五臟，如

此等等。這樣的事物分類，既可以看作是經驗歸納的結果，也可以看作是五行的演繹。五行作為一種思考方式，把任何東西都納入這五個角度來瞭解。五行具有一種規範作用，因為五行作為五種功能創造形象宇宙，而我們要瞭解形象宇宙，當然也可以從這五種範疇（規範、類型）入手。因此，五行用在功能分析、目的分析方面比用在經驗描述方面還要更加恰當。因為它本身的完整性，讓我們更能夠掌握規範的作用。這是一個整體性的規範，由於有這五種功能，我們才能夠談到一個整體的宇宙、整體的體系。

金木水火土都是形象宇宙中的事物，所以可以用來說明形象宇宙，就像陰陽都是形象宇宙中的現象因而可以用來說明形象宇宙一樣。陰陽五行是說明形象宇宙的基本範疇，其中陰陽為基礎，五行為主體來說明宇宙。這種說明是規範性的說明，但在經驗上取得證實，因而作為一種傳統的宇宙觀，也可以說是經驗性的描述。這就是說，陰陽五行之說明宇宙，一方面是經驗歸納，任何事物都可以歸納為陰陽五行。從思考方式上看，這是一種關聯對應思考，即把相關的事物加以分類，然後一一納入相應的範疇。這也是後天的經驗與先天的概念之間的一種互動。另一方面是組織規範，任何事物都可以用陰陽五行來加以規範，這就可以起到一種組織的作用、指導的作用、系統化的作用。這正是陰陽五行所以能夠在管理上發揮的作用。

在金木水火土五種功能系統中，土居於中心的地位，土作為一種根源，一種原始的創造力，而發展出金木水火這四種功能，再加上原始創造力，即為五行。其中，水與火是一種陰陽關係，金與木也是一種陰陽關係，它們都統一在包容一切的「土」的原始創造力之中。

五行之間的關係，一是相生相成，二是相剋相制。五行相生，就是土生金，金生水，水生木，木生火，火又回歸土，這是一個循環系統。五行相剋，就是土剋水，水剋火，火剋金，金剋木，木又剋土，這也是一個循環系統。這種相生相剋，顯然是中國人長期經驗歸納的

結果，是對自然現象觀察的印象，是對事物相互關係的描述。所謂「生」就是能夠帶動，能夠促進發展，能夠成為所生對象的必要條件。要成為充分條件，還必須考慮到量的問題，例如土生金，少量的土就不行，必須有充足的土才能生金。量的要求不夠的話，也不能達到相生的效果。相剋也一樣，如果量的條件滿足的話，相剋的關係才能成立。而把量的條件擺進去，又產生能剋和反剋的關係。例如，水可以剋火，但如果水的量少而火的量大的話，則不但剋不了火，反而被火所剋。至於生，如果把量的條件擺進去，則存在著能生和所生的關係，例如，水可以生木，但如果水的量多而木的量少的話，則不但生不了木，反而把木淹死。所以，相生相剋是一種質和量的互補關係，由於質和量的變化，就會出現生或不生、剋與反剋等不同的情況，以及不同的程度，儘管不一定完全量化。

五行功能系統是太極陰陽《易經》系統的延伸，是後者的現實表象，作為一種規範性的思考，能夠發揮很大的作用。換言之，我們可以在五行中尋找規範行為的意義。運用到管理系統中，五行代表著管理的五種功能或五種作用：

「土」具有統合一切的功能，因而在管理中代表決策、思考、計劃、統合的作用。

「金」具有剛健主動的功能，因而在管理中代表控制、主宰、裁決、推動的作用。

「水」具有變化不居的功能，因而在管理中代表應變、競爭、開拓、生成的作用。

「木」具有生長發展的功能，因而在管理中代表生產、製作、成長、創新的作用。

「火」具有融合凝聚的功能，因而在管理中代表人事、協調、溝通、和諧的作用。

　　五行的每一種功能本身都存在陰和陽的關係，據此我們也可以對五行在管理中的功能進行陰和陽的劃分。例如，土有陰土和陽土（卦象為坤卦與艮卦），在管理上，計劃是陰而決策是陽，當然，在現實中計劃離不開決策，決策也離不開計劃。但是，計劃偏向於知，注意信息的收集，屬於靜態的一面，故屬於陰，是陰性的決策；而決策則是實際意志的投入，擬定方向的選擇，強調意志的決定，屬於動態的一面，故屬於陽，是陽性的計劃。

　　同樣，金有陰金、陽金，我們可以把組織看作是陰，而把領導看作是陽，陰陽相輔相成。如果領導者不注意組織結構問題，那就會帶來麻煩，不能真正發揮領導的功能；同樣，如果考慮組織而不考慮組織所蘊涵的領導作用，那就不能真正發揮組織的功能。應該運用組織來領導，同時利用領導來實現組織的功能。

　　水外柔內剛，既有動態的水也有靜態的水，故水也有陰陽，其變化功能也有陰陽。變化有兩種，一種是知道變，另一種是因應變，因應變又有兩種，一種是被動地適應變化、接受變化，另一種是積極地控制變化，創造新的形勢，故知變與應變，應變與制變，都互為陰陽。

　　木有陰陽，其創造功能也有陰陽。創造有兩種，一種是基於已有成規的創造，是一種改良或改善；另外一種是打破常規的創造，新的典型、新的設計、新的創造。

　　火有強火與弱火，其調和功能也有陰陽。弱勢的協調表現為一種溝通，相互之間的溝通；強勢的協調則表現為一種凝聚、一種融合。溝通與凝聚即為人事協調功能的陰陽兩面。

　　如上所述，我們把陰陽與五行相結合，就可以得出五對十種相互對應的管理功能。從規範的意義上，我們可以說任何管理活動都不外乎這些內容。之所以有這麼大的包容性，就是因為陰陽五行理論本身具有的宇宙性、整體性。更重要的是，我們一直強調把「土」作為根源點、中心點，正體現了我們重視決策功能的宇宙論根據。決策是一

切活動的開始，是所有管理活動的中心。

(三)倫理管理論

　　傳統的中國管理並沒有提到管理的概念，而具有管理的事實。中國歷史中傳統的政治哲學就是一種管理哲學。其中以儒家哲學為代表。儒家的「為君之道」、「為政之道」就是一種管理哲學。儒家講為政在己，「子帥以正，孰敢不正?」按照儒家的設計，理想的君主應該是天下的表率，他受到人民的愛護，而他又愛護人民，關心大眾福利的發展，就像天生育萬物而又扶養萬物一樣，現實社會中的統治者必須朝著這個「仁義之君」、「聖賢之主」的方向去努力。因此，現實的管理活動就演變成一種主要是管理者自身的修養行為，通過這種自我修養，管理者在實際的管理活動中才能夠做到大公無私，因人施教，因事施理，正確處理好人與人之間的關係，從而發揮出人的積極性，把事情辦好。對於廣大老百姓，則是要「庶之，富之，教之」，強調教化的作用，最後達到一種人文化成的目標。顯然，這可以說是一種典型的倫理管理哲學。

　　儒家倫理管理哲學的基本信條是「仁、義、禮、智、信」，對此，我們可以從五行的角度來加以說明。

(1)「信」的功能可以用「土」來加以說明：

　　土具有包容性。具有人道思想的領導者，能夠對下屬產生吸引力、親和力，建立起相互信賴的關係。「人無信不立」，統治者要取信於民，必須具有仁智禮義的品德。信包含了其他四德，就像土包含了其他四種功能一樣。

⑵「義」的功能可以用「金」來加以說明：

金具有控制性。管理者要實現對組織的控制，就要做到處事恰當，名實相符，這就是「義」，是一種正名主義。而儒家「正名說」的內涵就是「五倫」，五倫是一種社會組織，一種合乎人性的組織，從個人到社會，個體性與群體性結合在一起，從內在的人性結構到外在的社會組織，並發展出各種制度。

⑶「智」的功能可以用「水」來加以說明：

水具有開拓性。為政者要安定百姓，使人民過上豐衣足食的生活，就不得不考慮到外在的條件和資源的開發，以及環境的處理和人口等問題，而這些都需要通過智慧的安排。所謂「智」就是要想得周到，能夠掌握外界的變化，具有充分的知識。這裡特別要指出，不像有些人的誤解，其實孔子也是十分重視對外界事物的知識的。所謂「智者不惑」是因為他具有知識，而不僅僅是主觀的信念。「智」就是要體現為知識，並運用知識來解決生活上的問題。「智」體現了水的特點，「子在川上曰：逝者如斯夫！」水變化不居，而「智」（知識）則是對世界變化的把握，故孔子說：「智者樂水」。

⑷「仁」的功能可以用「木」來加以說明：

木具有創造性。人的道德修養，最終要體現在充分發揮自己，實現自我創造。要做到這一點，當然也需要別人的鼓勵和愛護，並形成一個有利於創造的環境，這就是領導者的作用。所謂「己欲立而立人，己欲達而達人」，其最終目標就是讓下屬能夠自我實現。所謂「仁者」必須幫助別人得到成長，嘉惠於人，這就要強調教化的作用。所謂「十年樹木，百年樹人」說的也就是這個意思。

⑸「禮」的功能可以用「火」來加以說明：

　　火具有凝聚性。「禮」不僅是一種外在的禮儀，而是人們發自內心的具有美感的行為規範。「禮」教人如何做人做事，具有高度的社會性，群策群力，使每一個個體都感受到集體的溫暖，從而增強了凝聚力。「禮」與「樂」相結合，是善與美的結合，更加容易感動人心，使人有歸屬感、滿足感、實現感。這就是「其樂也融融」，就像融融大火的燃燒一樣。

　　綜上所述，「五行」可以用來說明儒家的管理。儒家的管理是一種倫理型的管理，倫理與管理相互發生作用。傳統的儒家哲學是以倫理作為管理的工具，來達到管理的目的。現代人由於社會的組織不一樣，工業化、專業化、目標多元化、社會複雜化，所以管理本身可以獨立於倫理而存在，我們可以把管理作為一個客觀的社會活動來加以瞭解。但是，倫理作為一種價值因素，對於管理具有一種提升的作用，這種提升的作用就是在現代管理活動中也是不可忽視的。由於中國人具有傳統文化的倫理精神，所以我們可以把倫理與管理相互結合，發展出一套具有中國特色的現代管理模式。

㈣五家整合論

　　五行理論具有極大的包容性，一方面如上所述的可以說明儒家的倫理管理哲學，另一方面它更可以涵蓋中國古代的諸子百家的管理思想，特別是其中的五家即儒家、道家、法家、兵家和墨家的管理思想。也就是說，我們可以借助五行的模式，把這五家思想加以整合。

⑴道家體現了「土」的決策功能：

　　道家所考慮的是如何掌握外界的事物而作出正確的決定。外界的

事物既可能是客觀宇宙的，也可能是人文社會的。道家強調知性、智慧性、自我的無欲無私，更能體現現代決策者的需要。

⑵法家體現了「金」的控制功能：

法家特別強調領導者的推動、號召、獎懲的能力，強調組織的作用，強調規章制度和法律的作用，強調法律的公正性、平等性，充分體現了「金」作為管理功能的特點。

⑶兵家體現了「水」的應變功能：

兵家強調策略、戰略、戰術以應變、制變的能力。現代的管理者面對著廣大的群眾、顧客、下屬，面對著瞬息萬變的市場，必須具有應變制變的能力，運用相應的戰略與策略。

⑷墨家體現了「木」的創造功能：

人類創造了物質文明與精神文明，而現代社會更強調「開物成務，利用厚生」的實務性的創造和發明。就此而言，墨家哲學具有極大的合理性和現代性。墨家強調生產，重視經濟，提倡科學研究，具有實事求是的精神、理性思考的能力，以及邏輯的探討，再加上它的兼愛精神，表現出一種高度群體性的功利主義。這些，都可以成為現代科技發展的促進力量。

⑸儒家體現了「火」的協調功能：

我們在前面已經提到，儒家的倫理管理哲學可以用整個五行理論來加以說明，而與其他各家相比，儒家在人事的凝聚、人力資源的開發、人性的引導、人群的融合方面，即在建立一個合乎人類價值標準的人文社會方面，具有更加突出的貢獻。

關於儒、道、法、兵、墨這五家所體現的五行管理功能，我們將

在本書的〈分論〉裡詳細說明。

㈤中西融合論

　　現代西方管理理論對於管理功能的認識有一個逐漸發展的過程，最早是法國的管理學家法約爾 (H. Fayol) 提出管理的五功能說：計劃、組織、指揮、協調、控制。又有人提出七功能說：計劃、組織、人事、指揮、協調、報告、預算。後來發展越來越多，甚至有人把管理功能劃分為十幾二十個。當代美國管理學家孔茨 (H. Koontz) 等人則把管理功能再次簡化為五個：計劃、組織、人事、領導、控制。最近又有人提出「7S 理論」：結構 (Structure)、制度 (System)、策略 (Strategy)、技術 (Skill)、風格 (Style)、人員 (Staff)、最高目標 (Supergoal)。

　　我們從五行的角度來看，計劃屬於土的作用，土統合一切，故包含計劃與決策；人事屬於火的作用，火具有凝聚力和親和力，故代表人事；領導屬於金的作用，金剛健有力，故代表領導；組織也屬於金的作用，因為金永不腐敗變質，具有穩定性，故也可以代表組織；控制則是反饋性的，體現了五行相生相剋的特點。

　　由此看來，五行可以包含、修正乃至加強傳統西方理論，更能夠表現出管理功能之間的相互制衡的關係。用五行來規範管理功能，具有新的整合作用，也就是說，通過五行，我們能夠更邏輯性更整體性地掌握管理的功能。與傳統西方理論相比，五行理論具有以下幾個特點：

　　⑴**完整性**，能夠更加全面地包容和規範管理的功能與作用。

　　⑵**有機整體性**，能夠把各種管理功能的關係在一個有機的網絡裡聯繫起來。

　　⑶**動態發展性**，體現出管理是一個不斷求精、不斷總結經驗、不斷自我完善的發展過程。

　　因此，我們完全可以把五行理論同西方管理理論相結合，而形成一套中西交融的新的管理哲學。具體來說，就是把五行所代表的五種功能進一步抽象，並用字母「C」開頭的英文單詞來表示，從而形成一種「5C 系統」，使它更能夠包含和說明現代的管理理論與實踐，更容易為現代的管理者所理解、接受和運用。

　　「土」在五行中居於中心的地位，故我們用英文 Centrality (C1) 來表示，它相當於「7S 理論」中的 Supergoal（最高目標），但後者只突出目標性，而前者除了目標性之外還強調動源性，既是目標又是動源，所以前者比後者更具有動態性。

　　「金」具有控制性，英文即為 Control (C2)，從系統論來講的話，這是一種控制體系，在一定的動力推動之下，能夠把人組織起來，把事情辦好。

　　「水」具有變化性，萬物變動不居，而我們要知道這種變化，適應這種變化，控制這種變化，這種權變性英文即為 Contingency (C3)。

　　「木」具有創造性，英文即為 Creativity (C4)，廣義的創造性就是能夠產生新的境界、新的事物、新的產品，其中也包含了不斷改良、不斷改進的過程。

　　「火」具有協調性，英文即為 Coordination (C5)，協調既是目標也是方法，人與人、人與事之間的協調是任何組織存在和發展的必要基礎。

　　由於五行的規範性和抽象性，它包含和容納西方管理精華的潛力是很大的。例如，有關決策戰略理論可以包含在 C1 之中，有關行政領導理論可以包含在 C2 之中，有關市場策略理論可以包含在 C3 之中，有關生產技術理論可以包含在 C4 之中，有關人事管理理論可以包含在 C5 之中，如此等等。這就充分表明了 5C 系統的適用性與開放性。

　　以五行為基礎，並融合古今中西管理精華的 5C 系統圖示如下：

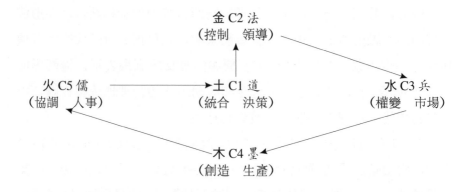

㈥「易」、「禪」統合論

　　5C 系統基本上涵蓋了管理的主要功能與作用，但對於現實的管理活動來說還是不夠的。因為管理不是孤立的，不是某一項管理功能的單兵突進，而是多項功能的相互影響和相互結合；管理也不是靜止的，它需要不斷地總結經驗教訓，不斷適應新的情況，有所前進，有所突破。為此，我們必須在 5C 的基礎上進一步引進「易」的融合與轉化功能和「禪」的超越與切入功能。

　　「易」即《易經》，或稱《周易》，《易》為群經之首，也是中國古代哲學諸子百家思想的源頭活水。如上所述，儒、道、法、兵、墨各家實際上都是來源於《易》，都可以用《易》的陰陽五行系統來加以說明。因此，用《易》來融合上述各家所體現的管理功能，實在是順理成章的事情。

　　「易」具有融合與轉化的功能，英文即為 Comprehension/Change (C6)。金、木、水、火、土，相生相剋，儒、道、法、兵、墨，互補互用，而管理中的各種功能，不論是決策、領導、生產、行銷或人事，皆應融合運作，否則不足以成事。

　　「禪」為禪宗，乃是中國化的佛教哲學。和《易經》一樣，禪是中國管理哲學的重要資源。它汲取了儒、道、佛思想的精華，而又超越了儒、道、佛思想的局限。把禪引入管理，有助於開拓和提升管理的精神境界，使管理充滿靈感與活力。

　　「禪」具有超越與切入的功能，英文即為 Cessation/Cut-in (C7)。管理是一個不斷提升的過程，由手的管理，到腦的管理，再到心的管理。由於心的活動面廣，難免被迷惘、偏執所蒙蔽，這就需要管理者有一種超越、淨化的能力，以保持內心清明純淨的境界，掌握人心及自己的心，並且在千變萬化的環境中，保持超然灑脫的心態，把握時機，適時切入，最終達到真善美的目標。易、禪功能的引入，由 5C 擴大為 7C，這就構成了「C 理論」的完整體系，圖示如下：

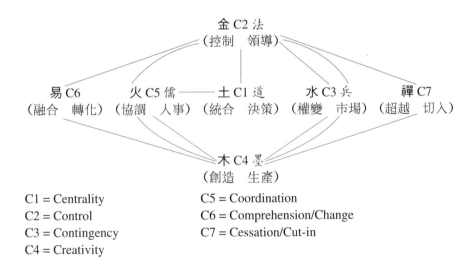

C1 = Centrality
C2 = Control
C3 = Contingency
C4 = Creativity
C5 = Coordination
C6 = Comprehension/Change
C7 = Cessation/Cut-in

　　如圖所示，C 理論的管理系統實際上包含了三個層次。第一個層次為核心層，即「土」居中心所體現的決策管理，一切管理活動都以決策為中心。第二個層次為運作層，決策、領導、權變、創造、協調等功能相互配合。第三個層次為監護層，融合與轉化、超越與切入形

成一種所謂「超管理的管理」。一個高明的管理者，首先必須具有決策的智慧，進而具備系統運作的能力，最後在更高的層次上達到超管理的自我約束。這樣，才能使他的管理進入化境，即達到天地人合一的美好境界。

分論

C 理論要素分析

一、
認識易經管理

　　符合現代需求的中國管理哲學，不應是純粹復古或閉門造車，而是與中國企業成功經驗結合驗證所得的一套完整系統與實用模式。除此之外，中國管理哲學更需將中國管理優良傳統與西方科學結合，如此才能建立一個一鳥兩翼、一車兩輪的理想運轉制度，同時兼具智慧與資訊，人性與理性。

　　西方管理以理性、知識為起點，中國管理以人性、智慧為中心，兩者結合互動，便構成一種陰陽互補、相輔相成的管理體系，由於這正是《易經》的基本精神，所以我認為《易經》管理應是這種理想的中國管理體系的基礎模式，也就是說從《易經》出發，便不難發展出一套理想的管理架構。

　　在談到《易經》的運用之前，應先對它有所瞭解。《易經》綜合了儒道法三家，是中國哲學的基礎，雖然由於時代的久遠，及內容文辭的深奧，現代中國人不是排斥，就是誤用或小用，但實際上，中國人不論是在語言或價值判斷上，往往深受其影響而不自知。關於這點，由中國人常用的一些語彙皆出自《易經》，便不難看出。

　　比方說：「革命」出自革卦、「無妄之災」出自无妄卦、「觀光」出自觀卦、「制度」出自節卦、「否極泰來」出自否卦、泰卦等。

　　卦是《易經》本身的組織，每個卦都代表一個結構和變化，在《易經》看來，宇宙的每個現象都是一種結構，而且是活的，隨時在變化；內部局部的變化，往往會導致外部的整體的變化，形成另一個卦，這就是中國人所說的「變卦」。由此顯現出：部分的變會影響到整體，正如下棋一子之差全盤皆輸，一子之當也會全盤皆贏。

　　《易經》不只是占卜之書，也還有象、辭、意的觀念，伏羲畫八卦，固然是以宇宙自然的八種現象為代表，但是它卻象徵宇宙萬物事理皆是息息相關，變化不已。

　　根據《易經》八卦所代表的意義，可以歸納出四個主要的原則──**守成知變**、**窮化創新**、**定位斷疑**、**簡易即時**，這些正是現代企業經營所強調的精神。

　　由於《易經》強調的許多精神與原則，都符合企業管理運作的需求，兩者結合便成一套「《易經》管理模式」。

　　所謂《易經》管理模式，有四個原則：

　　⑴掌握實際與變化。

　　⑵整合差別與矛盾。

　　⑶規劃方向、開發潛力。

　　⑷以一體多面方式解決問題、開創空間、實現目標、層層推進、止於至善。

　　此外，《易經》管理還有八個要素，分別是知、行、體、用、主、客、內、外，整合起來便是一套知行合一、體用不二、主客兼容、內外協調的管理模式。如果能掌握這八個要素，發揮四個原則，不論是在決策、計劃、組織、領導統御、用人、溝通等方面，皆能產生良好效果。

二、

由易經詮釋管理

《易經》管理有知、行、體、用、主、客、內、外八要素，由這八要素可再發展成八個定位，對管理的重要原則作更深入的詮釋：

(1)太極定位：（圖一）

所謂太極是指企業的最高目標與最終價值，也就是企業的定位，不論目標為何，必須明確而有整體性，即使是多重目標，彼此間亦須有關聯性，才能作為發展的依據。

(2)陰陽定位：（圖二）

又稱為兩儀定位，強調企業經營必須考慮主、客因素，自己的能力應與外在的環境相互配合，才能穩定發展，比方說：訂定市場目標，應先評估自己的能力，不能過度膨脹，否則便不足成事，或發展失衡，增加風險。

陰陽定位除強調內外配合，也強調人與物的配合。傳統上中國管理強調人力資源的開發，西方著重物的開發，如果太偏向後者，把人當物一樣開發，反而限制了人的創造性，而太重人，往往忽略了知識的開發與精確性，所以人力與物力的開發應是兩種不同的軌道，並且

要相互配合開發。

　　所謂的陰、陽，可以是內外、正負，也可以是全體與個人、顧客與業者、市場與產銷的一種二元觀，凡事不能只考慮一面，必須從正、負兩面一併考慮。

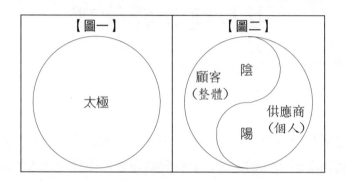

⑶三才定位：（圖三）

　　太極是一整體，一分為三，就成天、地、人三部分，天代表大環境（經濟氣候與種種時空因素），地代表小環境（企業體），人代表個人的資質、能力，所謂的天、地、人三才定位，是強調時空因素與人為因素的充分配合，所有的資源才能結合在一起，發揮最大的效能。就企業組織而言，三才亦可象徵為上、中、下，彼此之間必須充分協調配合，才能讓整個企業動起來。

⑷四象定位：（圖四）

　　所謂四象，從方位上來看，是上、下、左、右，從時間來看是春、夏、秋、冬，從組織觀念來看，是上層、下層、左輔、右弼，也就是說，組織的運作，必須兼顧四方，外圓而內方，才能維持穩定的狀態，

進而謀求更大的發展。

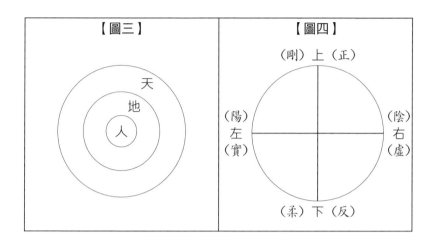

⑸五行定位：（圖五）

在四象中找出動力關係，以中心決策（土）為起點，進而循領導（金）、應變（水）、創新（木）、人才（火）運轉，再回歸決策這個起點，周而復始的這種模式，就是五行定位，也是前面所說過的 C 理論。

⑹六階定位：（圖六）

六階是把一個整體劃分為六個階段，既強調組織階層的細密化，又強調人、事皆須經過這六個階段的發展，所以在發展的過程中，可以以此六階各有的不同特性自我評估。

以組織結構而言，下兩階為基層；第三階為中級幹部，以上依序為中級主管、總經理及董事長。就發展過程而言，第一階為潛龍階段，應多加充實，不宜強出頭。第二階為見龍在田，逐漸嶄露頭角。第三

為惕龍階段，應發揮鍥而不捨的精神努力衝刺。第四為躍龍階段，即躍躍欲動，漸趨成熟。第五為飛龍在天，象徵已達志得意滿之境。第六為亢龍有悔階段，強調宜見好就收，自我約制。不論人、事，皆須如此循序漸進，不是一蹴而就的。

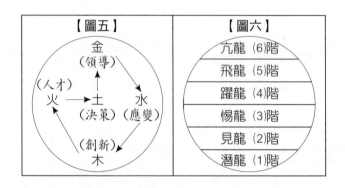

(7)七復定位：（圖七）

《易經》有云：「七日來復」，表示凡事進展到最後階段，便應回復起點，如此便永無結束之日，可以周而復始，生生不息。「七復」即強調不斷應變的精神。

七復又稱七式（即7S），它們分別是最高目標 (Supergoal)、風格 (Style)、策略 (Strategy)、制度 (System)、技術 (Skill)、人員 (Staff)、結構 (Structure)。這七式在組織內各有其內在定位，愈往下愈具體，愈往上愈抽象，首尾相銜，上下呼應地運作，企業方能發揮整體效應。

(8)八卦定位：（圖八）

八卦定位，即四組的兩儀定位，它代表一種最大的平衡，知、行、體、用、主、客、內、外兼顧，才會產生平衡作用，成為一套持久而

具活力的管理架構。

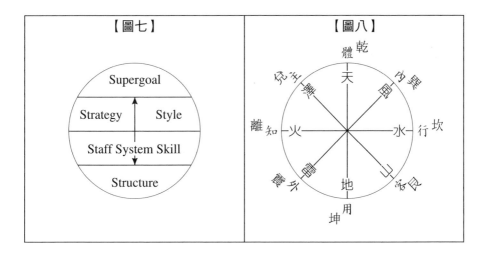

三、
易經管理的八大要素

(一)這是傳統與現代交叉的時代

目前，我們處於非常複雜的時代。這是一個傳統（過去的文化、歷史留下的一些價值觀與行為方式）與現代（科技發展之後對個人或群體生活方式的影響）交叉的時代。

傳統與現代交叉的影響，造成現代的生活社會。在這個社會裡，個人價值觀表現在觀念與行為上。

不同的觀念與行為就表現不同的價值觀。如觀念傳統，行為也傳統的，或觀念現代而行為也現代的，這一類人較少，但這類人比較沒有矛盾，沒有煩惱。

若觀念傳統、行為現代，或觀念現代、行為傳統的，這一類佔社會的大多數，他們多半具有矛盾、複雜的情緒，常常會知行不一致，首尾不相應。

另一種人是觀念不傳統、行為又不現代，偶爾傳統、偶爾現代，視情況決定那方面對自己有利，就偏向那一個，沒有任何尺度，這是投機者的嘴臉。

由於觀念與行為本身就不合一，加上現代與傳統的種種差異，這些情況都會在現代人問題的解決上造成困擾，因而產生兩個危機。

一是管理危機，一是倫理危機。

「理」是解決問題、認識問題的標準。

倫理是一切行為的根本，是基於人的本性而發展出來的做人規範，使人與人之間有一定的價值，產生自然的關係。所謂「倫理危機」即是在現代與傳統相衝突之下，整個生活失去價值中心，五倫關係也發生問題，父母與子女間的隔閡，朋友間的不信任，不能真正的合作，而產生許多社會的問題。

當前社會問題，無論大的小的，都是倫理的崩潰再加上管理上的失策，也就是倫理危機加上管理危機，所以任何社會問題都可以從管理與倫理來認識、來瞭解，兩者有不可分割的關係。

兩者有什麼樣的關係呢？回答是：

⑴倫理是「內在」的管理。自我管理就是倫理，倫理是有關個人的管理。

⑵管理是「外在」的倫理，大家都可遵守的原則與規範；管理是群體的倫理。

㈡倫理與管理不能混為一談

倫理與管理是相輔為用的，但不能混為一談。倫理不能代替管理，管理亦不能代替倫理。

倫理是基本的自然人性關係。如父母的愛與關懷、朋友之間自然的信任與友愛，不是能由管理所取代。

管理則是為了達到特定的目標所做的理性規範，是基於目標、基於理性發展出來的規範。

社會的發展是歷史進化的結果，是個走向多元功能體系的歷程，

管理是不可或缺的，亦不能由倫理來取代，所以，管理與倫理可說是一體之兩面，缺一不可。

當前，我們卻面臨一個重大的危機，那就是管理有專業的管理而無一般管理；倫理有一般的倫理，而無專業倫理。

專業管理：一般工商行政團體，都是專業組織發展而成，都有其特定目標。無論會計、生產、技術發展等都有其專業管理。

一般管理：任何行業都有一個一般規範與準繩。人與人的配合、人與物的配合、對目標效率的追求、決策、計劃、領導、組織、用人、控制……等，這都是應該有的一般管理的系統。

所謂一般倫理，也就是傳統的倫理。五倫現在已有結構上的改變，在涉及利益或衝突時，傳統倫理常會面臨挑戰，但一般倫理還是存在。

所謂專業倫理指的是企業家的企業倫理（生產經營者是否對自己或對社會負責，是否考慮到環境的生態，對社會長遠的影響等）、醫生的倫理（醫德的考驗），或律師、法官、行政官的倫理。每個行業都應對社會有貢獻，在這種要求之下，若利用行業本身的特殊知識或特殊權利，進行有益於自己，損害別人或社會的事，這就是沒有專業倫理。

公司中，人事組織的問題，常是專業倫理的問題，而非專業管理的問題。

(三)哲學、科學、藝術的三位一體

中國管理講的是管理的三位一體，也就是管理哲學加上管理科學，再加上管理藝術的三位一體。

管理藝術是透過個人的修養、胸襟、眼光去瞭解問題，使問題消失於無形。管理藝術在過程中可達到自我滿足、和諧快樂的境界。管理藝術並非管理技術，管理技術是自動化機器與自主化的人配合在一起，經過重複的實習訓練與不斷應用的運作程序。

管理科學是透過豐富而精確的資訊，分析事理，分解具體的運作步驟與程序，做出正確的判斷或決策。

管理哲學則是包含了科學的理性、技術的知識與本體的哲學智慧（如整體觀、和諧性等觀念）結合在一起的指導思想。

現代管理思想如西方的五大管理要素：⑴計劃；⑵組織；⑶用人；⑷領導；⑸控制，都無法找出所含部分的各種關係，而且沒有考慮到所有的面。譬如，決策在以往都歸於計劃之中，但事實上計劃並不等於決策，又如物料或機器的管理可用控制，而人的管理就不能用控制，而要用協調方式。

所謂「經營管理」，每個字都有其特定的意義。「經」即計劃、決策，「營」即實踐推行，「管」即控制、領導，「理」即組織、用人與協調。

㈣源自《易經》的對偶性、包容性

中國整個學術來源是《易經》。中國人在思想上、根源上，潛意識都受《易經》的影響。

如「觀光」一詞，《易經》：「觀上國之光」，古時候要吸收文化就到進步國家去看一看。

如「革命」一詞，《易經》：「湯武革命，順乎天、應乎人」，所謂順天應人就叫革命。

又如否極泰來、時來運轉等等概念，以及生活中一些想法與自然的口語，都與《易經》有關。

但變成生活中的一部分之後，許多人都忘了其根源。

《易經》佔中國文化很重要的地位，同時也是中國人智慧的寶庫，所以我們可以把《易經》當作中國管理的基礎。

《易經》哲學加上儒家、道家、禪宗等思想一貫而下，就形成了中國的管理哲學。此一管理哲學即一以貫之，從上而下的統一，又能

掌握整體性，懂得「圓」的包容藝術，即圓以融之。

　　如果接受此一管理教學的人，腦筋清明、深入瞭解事理、掌握精神，即神而明之，然後大而有容，則大而化之，就能化除問題或感化群眾。這就是一種理想的境界了。

　　基本上，中國管理的哲學是靜與動、剛與柔、陰與陽關係的哲學。陰為靜、柔、虛、隱，陽為動、剛、實、顯，都有其對偶性與包容性。

(五)從《易經》系統瞭解中國管理

　　右圖所顯示的中國管理問題，可從《易經》系統來瞭解。中國管理的體系即一個「道」字。「道」是無所不在，成功的管理在於，能否掌握「道」的整體及其對偶相應性。

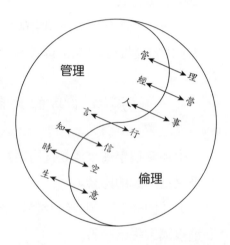

　　任何事有一利必有一弊，有一得必有一失，有一面就有另外一面，所以，很多問題透過對應與包容的原則，都可以解決。「道」顯示在自我，就是管理者。管理者表現出來的道的管理心態（行為傾向）有五種，依次為：

$$道 \rightleftarrows 自我 \rightarrow 心態 \begin{cases} 責任心 &（信）\\ 公正心 &（義）\\ 仁愛心 &（仁）\\ 謙讓心 &（禮）\\ 智慧心 &（智） \end{cases}$$

　　有了以上的五種心態為基礎，在行為上表現的就是管理行為，所訂立的法律規則，處事用人的方法，就能合宜。瞭解了這麼一個整體的、包容的系統，我們可以進一步說明管理的四個層次。

　　管理分成兩面，一是「客」（外在客觀的環境），一是「主」（主體內在的自我）。

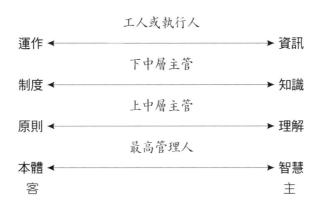

工人或執行人
運作 ←──────────────→ 資訊
下中層主管
制度 ←──────────────→ 知識
上中層主管
原則 ←──────────────→ 理解
最高管理人
本體 ←──────────────→ 智慧
客　　　　　　　　　　　主

　　主體、客體分四個層次並配合整體來運用。一般人停留在第一層次的運作。掌握運作要靠資訊，這是屬於層表的層次，不一定一貫。

　　到了第二個層次，管理在主體上要求知，知識由科學研究而來，並在制度方法下運作。

　　第三個層次是理解。對長官與部屬，或自己本身能否真的理解是一個問題，理解是一種整體的透視。動機的掌握就是理解，也就是知己知彼，才能百戰百勝。理解可說是掌握勝利的樞紐，在客體要講求世界、人性或事物的原則。

　　第四個層次是智慧。把理解擴大為對任何情況，也就是對整個宇宙、人生或社會的系統的掌握，也就是對本體的認知。

㈥從本體上看情、理、法

本體與智慧相輔為用，就是《易經》的學問，雖然玄妙，但有大用。

所謂「無用之用即大用」，我們常認為無用之事，最後常能發揮極大效用。我們若只看到小用（立即的效果或滿足）而忽略大用，路就不能走得很遠，只看在那個層次來用。

在國家、在企業、在世界和平、人類發展，都可以使用（例如，用在情、理、法上）。

且由本體上看情、理、法發生的關係。人之生，生於情，情固定為性，是性情。人性基本是「情」，情是氣，氣的動，則是喜怒哀樂。人在成長後群居，由家庭、社會、國家、世界，共同遵守的規範即「理」。理是基於人情之常而發生的，理是共同的情，理不能解決問題，或對行為不能有所規範時就有「法」的觀念。法是用來穩定社會大眾的秩序，在先天發生的次序是：

⑴人秉情而生，情即性。

⑵人依理而立，理即群性。

⑶共理認定為法，法為共相。

解決問題時，以「情」為出發點，先由包含理與法的情以不違反理、不違反法的情，作為解決問題的基礎。

情無法解決時就用「理」。此理為合乎法的理，以合乎法的理解決問題，好比庭外和解，若在法庭上針鋒相對，或花費巨額律師費，傷害就太大了。總之，不到最後關頭，不要訴之於「法」。其次序就是：

⑴動以兼理、法之情。

⑵說以兼法律之理。

⑶情理盡而後法行。

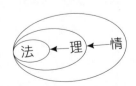

㈦剖析《易經》管理的八大要素

　　最後，我們談到《易經》管理的八大要素。這就是一以貫之、圓以融之的管理。

　　「道」是一個大系統，透過人事表達，所以人是道的一個成就。分化為人即「能」，所謂人能弘道，道有一個中心點來變化即「中」。「中」掌握了道的動力，是宇宙的原始點。能表現在知的方面即「卜」。古時候對許多事情都不知道，要預測，就是卜。到此一分為二、二分為四，之後，「道」的系統發動為「元」，這是動力，「中」是靈活的發用。「幾」是動的開始，主動的創造，發現問題，反躬自省。人要發揮「能」則需要一個媒體叫「介」，是介面，意見透過媒介，讓對方瞭解，或可有轉機或生機。

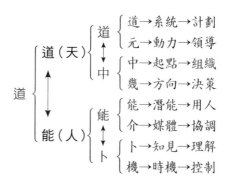

　　預知「卜」變成時機的狀態即「機」，是環境或機會。《易經》之「道」就是這樣一分二、二分四、四又分為八的系統。「元」是動力，「中」是起點，「幾」是方向，「能」是潛能，「介」是媒介，「卜」是知見，「機」是時機。

　　今天談管理，就是要掌握這八個要素，就能達到目標，掌握能力，

完成事業。用現在的話來講是這樣的：

　　(1)系統→計劃：整體目標所決定的體系。

　　(2)動力→領導：元即元首（領導者）能發揮作用。

　　(3)起點→組織：組織結構是靜態的。

　　(4)方向→決策：決定方向是動態的。

　　(5)潛能→用人：歷史上會用人的領導者都會成功。

　　(6)媒體→協調：懂得運用媒體，可將事情做得圓滿。

　　(7)知見→理解：對事物的認知。

　　(8)時機→控制：重要時機的掌握。

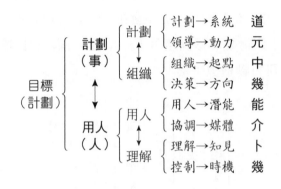

　　以上這個《易經》管理若用現代化的方式來應用與表示就如上圖：

　　有目標就要訂計劃，要用人，人與事互相關聯。實現計劃要組織，用人要知道用什麼人？如何用？計劃需要領導，組織要有決策，用人應協調，狀況都能理解就能控制得宜。

　　所以，整個管理系統可合而為一，又能一變為八，最後就是一個「道」。更重要的是這麼一個《易經》管理體系，能帶來很多我們所希望需要的事物，如智慧、財富、力量……等。

　　道是「易＋太極」，用在人事上是德，有德的人則能掌握太極，顯示出來的是禮與仁。禮包含禮義，仁包含仁智。仁智禮義是性，人

性善，人自然就有仁智禮義（若沒有好的教化，環境會使人性變質）。「仁」產生力量、財富，「智」產生智慧、尊重，「禮」產生福澤、技術，「義」產生正義、關懷。

以上八個標準就是一個事業或一個社會成功的要素，也是一種管理品質評估的標準。從外表來看是管理，從內部來看是倫理，從後果來看是一個價值標準。這八種狀況作為八個不同的形象就叫卦，亦即八卦。

力量是☰（乾），財富是☴（巽），智慧是☲（離），尊重是☶（艮），福澤是☱（兌），技術是☵（坎），正義是☳（震），關懷是☷（坤）。

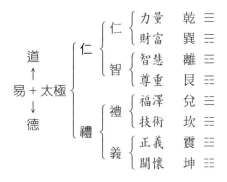

以《易經》的系統作為管理系統的根源與背景，《易經》八卦剛好配合八個管理要素與八個價值標準。掌握了這個《易經》整體系統的運用，任何問題都可解決，並將使我們更容易掌握現在，開拓將來！

四、
易經管理的運用

《易經》是群經之首。在歷史上，這個系統決定了中國人的思想方式，是奠定基礎的著作。

無論儒家、道家、法家、佛家都受了《易經》決定性的影響。所以我們把《易經》管理當作中國管理最重要、最基礎的模式。即使就未來的趨勢看，全世界的管理，也將走向這條大同之路。

(一)任何事物都看成兩面

《易經》並不難學習，但由於時代的久遠，人們對它存有神祕感，加上其本身文辭為一般大眾所誤用或小用，因而《易經》包含治國平天下的大用就為人忽視了。

管理亦是治國平天下的一部分。雖然不見得每個人都做官，但是在企業界裡，把一個公司營運得順利興隆，也像把一個國家治理得富強安樂。

做一個有能力的經營者，或一個稱職的總經理，或即使不做領導者，而僅去評鑑一個主管是不是能解決問題的好主管，這都是大用。可惜一般都將《易經》大才小用，包括民間流行的對《易經》之用（這

就不在今天的討論範圍之內)。

《易經》管理應如何瞭解？

《易經》管理永遠把任何事物看成兩面。若是只看到一面，必然只是看到一件事物的表面，或一件事物的正面。任何事物都是一個整體，既然是體，就有很多面，看到的那面就叫正面，看不到的那面就叫反面。但反面再往深一層看，有反面的正面、反面的反面，或許反面的反面也就是我們原來所看的正面，但也可能不是，因為事物不但是一個體，還是一個變動的體，每個事物都會因時、因地、因人、因需要、因環境、因許多因素而有所變化。

(二)能還「元」則進可攻退可守

變，就不只一個面，有變，才會說這個面跟那個面不一樣；而不一樣，體也就可能不一樣。好比學生在小學、中學、大學，都是在讀書，讀書的這個學生是「體」，體沒有變，但「面」變了，因為在每一個階段，這個學生的想法可能不一樣，學習的東西也不一樣。一旦學生走入社會，他可能成為企業家、成為律師，或成為科學家。那時他整個人的內涵、價值觀、信仰都變了。

這種變與在學校，從小學到大學時的變完全不一樣，這是「體」的變。社會上的體也不只有一個體，而有很多個體，這些體是從「元」裡來。我們說：「一元多體，一體多面，一面多用。」也可以說很多「用」可以歸納成一「面」，很多「面」可以歸納成一「體」，很多「體」可以歸納成一「元」。

企業的發展就是從「元」走向「體」，發展成功就變成很多個體，好比很多個關係企業。體有很多個面，如：一個公司的生產、財務、管理、市場、公關，都是面。面裡又有上、中、下階層的分別。立體來看，每個階層的面，都可以再發展成為一個體。

　　一個成功的企業，知道如何從一「元」發展到「多體」與「多面」，成立許多機構如信託、地產、百貨等分工。也知道如何從多體、多面還原到一個元、一個體，知道如何還體歸元，失敗就是成功之母。

　　不知道還體歸元，成功往往是失敗之源。還「元」很重要，掌握發展中每個面，進可攻，退可守，方可做到收放自如的境界。

㈢《易經》管理的內外兩面

　　《易經》管理也有內外兩面，看得見的面是「管理」，看不見的那面是「倫理」。管理必須先約束自己就是「管己」，要管理別人，先管好自己。

　　有人說「管理」是「管你」，雖是玩笑一句，但管理還是要透過對自我人性的認識、掌握、探索，才能瞭解人與我的關係，人己的定位，才能做好管理工作。所以我們說管理是顯性的，倫理是隱性的。

　　談管理時，要掌握隱性，看不見的關係，來達到看得見的管理目標。無論人事、財務、市場，都必須在人性與人際關係的基礎上規劃，組織才能發揮作用。

　　也可以說，必須在人性資源的組合上，建立管理的秩序。

　　倫理是基礎與起點。管理是知識、技術、原理、掌握基礎與起點，來發揮知識和技術。所謂一體兩面，就是以管理為外，以倫理為內，以管理為顯，以倫理為隱。

　　《易經》管理要怎麼「用」呢？

　　《易經》管理的「用」是化一體為兩面。管理面不能解決的事情用倫理面解決，倫理面不能解決的事情用管理面解決。管理與倫理不能分開解決時，兩個合起來解決。

㈣一般問題都可迎刃而解

要知道怎麼解決問題，先要知道怎麼分析問題。分為兩面運用，不能分就合。兩面裡的任何一面，可再分為更小的面。（**一分為二**）

兩面不能解決，二分為四，四可解決二的問題，又可再分為八。分到八個面，更多的細節都可考慮到，一般管理所面臨的問題，大多可迎刃而解。若還無法解決，那就是沒有「面面」俱到，不懂得運用真正的管理之「道」。

道 {
　道（天）{
　　道 { 道→系統→計劃
　　　　元→動力→領導
　　中 { 中→起點→組織
　　　　幾→方向→決策
　能（人）{
　　能 { 能→潛能→用人
　　　　介→媒體→協調
　　卜 { 卜→知見→理解
　　　　機→時機→控制

「道」就是「元」，從宇宙的元來看，天下都是一個無所不包的道。道分「道」與「能」，「道」是天，是外在的環境、自然的條件。「能」是人，是道可以發揮的條件。道與能相互為用，但又自成系統而為一體，因而一又可分為二。「道」分「道」與「中」，道的整體是道。道的中心，起點是「中」。

「能」分「能」與「卜」，「能」是能力，「卜」是先知，未卜先知。　　　　　　　　　　　　　　　　　　　　　　　　　（**二分為四**）

「道」續分是「道」與「元」，這個「道」是靜態的系統，在人的表現上，是基於目標所做的整體計劃。這「元」是不斷在動的動力，

發展的趨向，在管理的表現上就是領導。

　　「中」續分是「中」與「幾」，成就一個系統的起點是「中」，是要懂得瞭解整個系統的組織。而「幾」是決定，用什麼樣的方法，來做正確的決策，為達到目標所選擇的路。

　　「能」續分是「能」與「介」，開發人未發揮的潛能是「能」，也就是如何用人來達到目標。人與人的合作、人與事的配合之間的媒介叫「介」，媒體運用得當，人、事則易協調圓滿。

　　「卜」續分是「卜」與「機」，先知是「卜」，要有先見之明，瞭解資訊，由各種徵兆，去判斷人與事發展的情況，對事物的認知，是知見，也是理解。

㈤每個「機」都是機會

　　有了對環境條件的認知，要掌握重要時機，就是「機」。每個機都是機會，每個危機都是生機的轉機，每個生機都是危機的轉機。不好的環境，往往是步向成功的轉捩點，端看是不是能掌握、控制。

（四分為八）

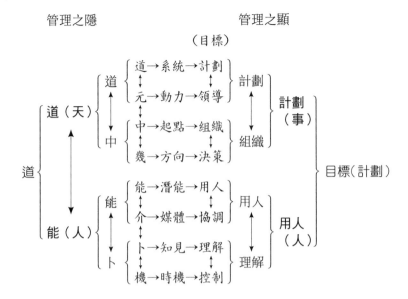

瞭解了八個管理要素，要懂得「分與合」的運用，「顯與隱」的運用，「分與隱」的運用，「合與顯」的運用，「分與顯」的運用，「合與隱」的運用。

還有整體化「分、合、顯、隱」的運用，以及不斷的變化再變化，以致窮則變，變則通。事實上《易經》管理就是這些方式的連環運用（如上圖左方道是隱的《易經》系統。右方顯出來，看到的則是管理系統）。

以目標來訂立計劃，作為領導的基礎，用計劃來發揮領導，同時也可以用領導來修正計劃。

任何決策以組織的能力作為基礎，組織要以達到決策為目標。

用人要用人的能力，一個人的能力與另一個人能力的結合，若要配合得好，則需要協調人際關係與個性配合。

要發揮控制機能，透過理解而來，對事情的掌握與溝通、對本身人力資源的瞭解，使其自願自動自發，自然發揮之控制的力量。

八個要素合而為四，即計劃、組織、用人、理解。四又合而為二，一為事的問題（動的，計劃；靜的，組織）；一為人的問題（動的，用人；靜的，理解）。

㈥合、分、顯、隱的大道理

靜與動合在一起，又是一體之兩面。人與事配合起來，就是目標。管理運用的方法就是從合而分，從顯而隱。再從分而合，從隱而顯。

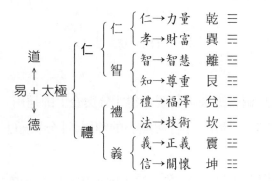

整個管理基礎是在一個隱的關係，「倫理」之內。倫理完全是以人為主，很多問題採其表面，無法解決，根源就在隱的那面，要探其根源，即「倫理之內」的八大要素。

人之「道」是「德」。道分兩面──「仁」與「禮」。《易經》管理以人性為主，管理者首應關懷別人是「仁」，尊重他人及秩序是「禮」。

仁，發揮到極致，產生「智」，禮產生的規範是「義」。孝為仁之本，知是智之始。禮的極限是法，義的起點是信，產生的八個標準，基於對社會的影響力產生「力量」、「財富」，領導者的「智慧」，對他人的「尊重」，員工的「福澤」、「技術」的改進，處理事情的「正義」感與對人的「關懷」。

　　企業目標除了賺錢之外，財富是顯，其他部分是隱，必須對其他目標都注意到，都達到了，企業才能穩定。其實，這也是西方社會學家衡量一個團體、企業組織或國家各方面成功的標準。

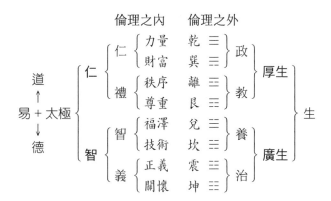

　　在「倫理之外」由分而合，八合為四個面即「政」、「教」、「養」、「治」。「政」是修己、正己的功夫，把力量、財富，用來發揮自己的人格與德行。

　　「教」是培養人的智慧，尊重他人，使其在工作崗位上發揮成長，工作有教育意義，並使其有學習的機會。

　　「養」是對員工福利的關心，培養生產技術力量，來發展企業。

　　「治」是從公平、公正的立場來關懷、來控制。

　　政、教合而為一是「厚生」，是為了提高管理運作的品質。

　　養、治合而為一是「廣生」，是為了擴大管理的影響範圍即市場，也就是不斷的發展好的品質，不斷擴大現有的市場，使達到生生不息的境界，就是「生」。

　　以上是由倫理分（隱）的系統，轉變成倫理合（顯）的系統。

㈦在和諧與安穩中求發展

　　儒家的人性思想與倫理觀念，都包含在整個《易經》體系當中。儒家重視「倫理的管理」，把人性看成管理的基礎，大可以治國、平天下，小可以修身、齊家。

　　現代人因有不同的企業目標，多重視「管理的管理」而忽略了「管理的倫理」，或只有「倫理的倫理」而疏忽了「倫理的管理」。

　　《易經》就是掌握一個分跟合的系統。每一個分與合中，都有顯（管理）、隱（倫理）。每個顯中都有它的分與合，每個隱中也有它的合與分。顯與隱的合而為一，合與分的合而為一，分與顯或隱的合而為一，合與顯或隱的合而為一，都可以作為解決任何問題的方法。

　　如何運用《易經》管理的八大要素，也就是：分中求合，合中求分，顯中求隱，隱中求顯，以情、理、法為根本，透過分、合、顯、隱的運用，在和諧與安穩的基礎上持續發展，必能使企業茁壯成長，永續輝煌。

五、

C 理論的管理模型

一般對於管理有個錯誤的觀念，那就是認為，它是單一直線的控制機能，而且是持久不變的，其實，反觀現代管理的實際運作可以看出：管理是需要不斷更新、包羅萬象的事業，它必須配合外在環境，在組織內部不斷求變創新，唯有認識其不同面相，加以連貫、整合，才能產生總體效能，也唯有如此，才是具有經濟效益的管理。

對於這樣的理想，可以從中國《易經》哲學的基本思想得到印證，即不論是天地運行或萬物運轉，生生不息的現象，都是一種因應外在變化，內在不斷更新的過程，因此，我悟出了這正是一個較為完美和整體的管理模型，並延伸發展成一個新的中國管理觀──C 理論。

(一)包括內外兩種層面

所謂 C 理論，有內在和外在兩種層面的意義：

就外在意義而言，它代表中國、文化、變化、《易經》與儒家等，其內在意義則為決策 (Centrality)、領導 (Control)、應變 (Contingency)、創新 (Creativity) 及統合人才 (Coordination) 等五項，這些也就是管理最重要的五個環節，也是 C 理論的基本架構──

⑴決策：

　　所謂管理即決策，決策為一切的中心。由此可見，決策能力的培養十分重要，決策的基本條件是清楚明確的目標、把握環境因素、結合知識、技術，建立一套發展實施計劃。

⑵領導：

　　決策的發揮執行，有賴強而有力的領導，領導能力除建立於學識素養、風度氣質、意志、胸襟、睿智、親和力等特質之上外，領導者本身亦須有堅定的中心信念，如此才能帶領所屬達到目標。

⑶應變：

　　應變與決策有密切的關係，愈能掌握變化，決策愈能成功，實現目標，所以成功的領導者雖然應堅實原則，但也必須能權變。

⑷創新：

　　與投機之別，在於前者是以實務及目標為基礎，所以創新的觀念或計劃，應是根據外在環境的種種變化與內部的發展目標而產生的。

⑸統合人才：

　　此即強調識人、用人能力的培養，許多管理者不是沒有人才，而是沒有充分開發其人力，讓人才與目標更密切地配合，這無異是一種浪費。

㈡五個環節發展帶動

　　以上這五個環節的運作，並非各自獨立，而是依序發展、帶動的

五個步驟，一旦人力得到統合、發揮後，應再回歸第一步驟的決策，根據前一循環的結果，重新調整或修正決策，而後再展開第二個循環，如此周而復始，循環不已，管理才能發揮最高而完整的功能。

　　從人的角度來看，上述五種意義又可視為企業人所應具備的五種能力，從組織的角度來看，則是企業的五種機能：決策者、領導者、第一線的行銷或業務部門、生產部門及人事部門。

　　這五個機能之間亦有密切的互動關係，以決策者和領導者為例，後者須有前者的支持，前者須有後者的貫徹，決策才能實行，企業才不會迷失。

　　決策如須調整修正，亦須以一個循環為基礎，在原有決策執行到某一程度，有環境變化、內外供需關係及人事等訊息回饋後，再配合目標據以修正或持續不變，否則容易流於朝令夕改，令人無所適從。

　　根據以上的架構，可以看出，理論是一個完整的管理系統，具有發展、組合企業組織的功能，除此之外，它還有評估分析、診斷對治管理運作，改善管理效率的作用。

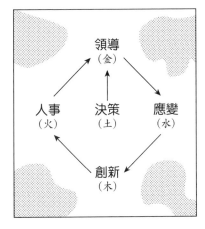

　　圖中是把 C 理論五個要素的運作與中國《易經》五行相生的原理結合在一起，如此便成一個評估、整合的系統，可對任何組織或管理運作加以分析，知其長短，並加以改善。

　　從五行來看，這五個要素各具金、木、水、火、土的特質，缺一不可，而且正如土生金、金生水、水生木、木生火、火生金一樣，有相生相成、互動的關係，比方說：水具有靈活的特質，正與應變吻合。木代表生生不息、欣欣向榮，正與創新吻合。火代表旺盛、蓬勃，與人事所強調的士氣高昂相符。土代表厚實穩定，有無窮的包含力，能

創造生命、坐守中心，這正是決策所強調的特質。

㈢管理人才應該像金

至於金，則代表剛毅堅忍、剛柔並濟，正如領導者應有的特質。實際上，好的領導管理人才，就應該像金，而非鐵，既忠誠，又有智慧去判斷，有彈性去變通，同樣是金屬，金之所以超越銅鐵，主要在它能繞指柔、又可百練銅，可變，而又不易毀壞，反之，鐵不但會生鏽而且不能變化，銅則易於毀壞，如果領導人才如鐵、銅，則易有貳心，且不擅變通，所以最好的領導人才應如九九九純金，其次為純度略低的十八或十六 K 金，最怕就是鍍金的。這樣的評估系統，既可用於診斷企業組織內個別功能是否健全，也可分析出相互之間是有推動、相輔相成或相剋的關係。只有相生相成，一個組織才能成功，相剋則是最大的失敗。

從五行來看，水剋火、火剋金、金剋木、木剋土、土又剋水。比方說，外界變化太大（水過多），則會影響到內部的人事（火），人事紛亂不穩，領導（金）權威就受干擾。領導不當，新計劃（木）便無法產生、推動。由這些機能彼此之間的相剋性，可以看出一個組織除須健全各個機能外，亦須避免其相互干擾，使制衡作用轉化為砥礪作用，如此才會逐漸擴展實力，日益成長茁壯。

六、
道家的決策哲學

　　管理的核心為決策，有了決策，才有方向、目標，根據基本目標，以原則來組合知識、運用資料所作成的決策，才是正確、可行而具時效性的。

　　一個決策者同時還須具備知己知彼、洞燭先機、防患未然、善用既有資源、大公無私、高瞻遠矚的胸襟與能力，如此才能維持高度的理性與清明，洞悉事物真相、察微知著，作出周延而客觀的決策。

　　這些條件的具備並不容易，決策者可以個人的哲學信譽為發展基礎，中國的道家哲學正可以提供此一基礎。

　　對於道家哲學，過去一般的瞭解十分有限，也不像儒、法兩家如此受重視，只單純地從宇宙觀、人生觀來加以詮釋，實際上，道家為中國哲學中對決策詮釋得最為透徹的一支，我們可以從中找尋出決策的最高指導原則，若以 C 理論來定位，道家哲學正是決策智慧之所在，因此也可稱之為決策智慧學。

　　道家所強調的道，即整體，包羅萬象，千變萬化，它本身不具形象，為萬物的根源，但不限於一點或一端，又包容一切，人為宇宙的一個存在主體，若要瞭解道，就必須跳出個人狹窄的時空觀，昇華至整體，考慮到環境，甚至更大的時空變化體，人法地、地法天、天法

道、道法自然（如圖），如此一來，決策自然周延、客觀而正確。

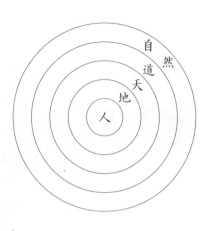

以能源工業的發展為例，如果能在一開始就考慮到長遠的問題與需求，善加規劃，在發展的過程當中就不會遭遇到外在的排拒與成長的瓶頸，而陷入自我矛盾與限制中。所以決策一定要從更大的層次與範圍去考慮，並衡量每一種不同層次間的互動關係，才不會後患無窮。

為了具備整體觀，道家所強調的無欲、無知、無名、無為及不把持，都是決策者所應有的修養，但是切記不能從消極的觀點來詮釋這些道家精神。

所謂無欲，是指沒有成見、私心、過度的情緒化與欲念，決策者只有維持清淨、理性的心與頭腦，才可洞察事物真相。

所謂無知，不是一無所知，而是跳脫小知，不要眼光如豆，以現在的語言來說，就是不要過分信賴專家，愈高的層次愈需要通才與專才的配合，如此才能在決策時顧及周延性與普遍性。

無名則是指不要為繁文縟節或形式所束縛，應考慮事實的真相。無為是指打破框框、成見，跳出狹小的格局，洞悉過去，掌握現在，開拓未來，如此才能無所不為，動員更多的資源，組成更多的體系，解決更多的問題。

為保持心靈的清明、開朗，深刻體察萬物的動態與變遷，決策者應與行政者分開，不要親自插手行政工作，此即道家所謂的「生而不有，為而不宰，長而不持，功成而弗居」，不把持、不邀功，這也是一個決策者應有的胸襟與氣度。

決策者亦應有明智的眼光，從整體的觀察，看出萬物的興衰、陰陽消長，瞭解「常道」，這便是老子所說的「知常曰明」。

　　除了決策主體的修養關係決策的成敗與品質，企業之道亦為決策的重要基礎，只有秉持符合社會、宇宙之道的企業所下決策，才不會短視、功利、利己而不利人甚或損己害人。

　　今天的企業家多半太忙，不知也不能充實自己的決策能力，如此不但眼光如豆，無法定下心來觀察、分析事物，更做不到功成身退，以超然的決策者身分，放手讓管理者發揮。

　　近幾年來，西方企業家熱中於超覺靜坐，主要目的即在讓自己在清淨無為的狀態中潛心思考。相較之下，道家的哲學更有助益，由於有哲學的基礎，它不但可以淨化經營者的心境，恢復活力，更可提升其決策能力；因為道家的以柔克剛、無欲無私、高瞻遠矚，正是高水準決策者所應具備的精神。

七、
法家的領導哲學

決策是企業的靈魂，但決策的推動有賴領導。有效、合理而持久的領導不是憑一時的豪氣、聰明機智或權術手法，必須有主客觀條件的配合。

主觀條件為領導者的權威，權威靠公正客觀的判斷，言出必行，依法辦事的魄力與推動的決心建立。客觀條件為嚴謹的規範制度，層級分明、功能明確的組織。兩者不能相互矛盾，人治、法治雙管齊下，相輔相成，才能產生合理、有效的領導。

(一)制度與領導者特質相輔相成

由此看來，優秀的領導者應具備公私、賞罰分明、公正不阿、知人善任等特質，但這些特質必須依賴良好的制度才能發揮。

同樣的，良好的法制，也必須合乎人性需要，因時制宜，合情合理，如此才能協助企業目標的達成。

每個企業的目標固然不盡相同，達成的方法亦各異，但基本上皆應合乎理性、人性，領導者除一方面自省是否具備應有的特質與要求，同時亦應評估省察企業的制度（法）是否周延合理，以避免運作時情、

理、法的衝突。一旦有所衝突時，應善用法的周延性，以理作為情與法的平衡點，以情來彈性因應例外的需求。

　　這也就是法家的領導哲學。在中國傳統與歷史中，法家發揮了統一的功能，但由於過度重視法與君權，忽略了整體利益與靈活的運轉而日趨衰微，但在中國哲學史中仍佔相當的分量。

　　法家的觀念由來已久，從管子即有平等客觀的法治精神，在法家富國強兵的目標下，齊國富強壯大，成了戰國七雄之一；而後商鞅變法廢封建、開阡陌的耕戰政策，也奠定了秦國統一天下的基礎。

　　就企業而言，法家富國強兵的目標，即指永續經營，發展企業整體與所有成員的利益。

　　從管理的眼光來看，法家的精神就是要求廉明公正的組織規範與平等客觀的標準。

　　所以，法治一定要建立在周延的決策基礎上，如此才能修正過去法家偏執於君權、酷法等的缺失。

(二)亦須考慮「勢」與「術」

　　基本上法家強調的賞罰分明、執法如山、知人善任、制度廉明等精神，對領導管理是十分重要的。唯有如此，領導者的權威才能建立，被領導者也才會對領導中心有信心，所以說，法是「權」的來源，也是「信」的基礎，唯有健全合理的制度，才能為企業組織帶來凝聚力與穩定性，使組織能茁壯成長。

　　為使「法」貫徹有效，領導（執法）時亦須考慮到「勢」與「術」，運用組織及環境因素，往往可以強化領導者的權威，使法制有效運作，這就是法家所謂的「造勢」。這不表示法家強調一手遮天、翻雲覆雨，畢竟決策的推動，必須掌握變化因素，彈性運用，因時、因地而制宜。

　　從五行觀點而言，領導應具有「金」百折不撓的韌性，便是此意，

只有掌握了「勢」，才能掌握「權」，有效推動決策。

　　所謂的術，是指領導的權術、技術與藝術，也就是說應用方法建立管道，加強溝通，動之以情，訴之以理，爭取群眾信心，以利目標的達成。由此可以看出「術」對領導的重要性，但不能流於低下，為達目的不擇手段。

　　總而言之，術無不可，但領導者應以法制為中心，形勢為輔，權術方法為參考，如此才能發揮最高的領導效能。

　　對領導者而言，法家所強調的公私分明，不只對自己如此，對他人亦然，在公的方面，以「制度」領導人，在私的方面，由人性著手，也就是說，一方面發揮法家不苟且、不任用私人、賞罰分明的廉明的精神，同時又發揮儒家關懷親切、悲天憫人的仁愛精神，使法、儒相輔相成，運用於不同層次的管理中。

　　臺灣企業家趙耀東領導中鋼公司時的風格便是如此的典型。他一方面運用法家的管理精神建立公正、不徇私、賞罰分明、升遷公平的制度，並嚴格執行；一方面又以儒家的管理精神建立優厚的員工福利制度，給予員工最大的關懷、長期發展與利益，使他們能安心工作。這便是一種最理想的領導模式，值得推廣。

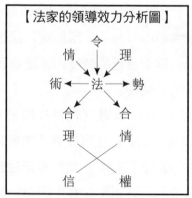

【法家的領導效力分析圖】

※令：古代為君主之令，現代為
　　　企業共識、社會公義。

八、
兵家的權變哲學

　　宇宙是不斷變化的，人的世界、經濟世界亦然，後者的變化尤其大，其原因很多，不外各個時代有不同的需求與觀念，原有財富及權力資源分配不均，再加上科技的發展、人口的增加，及其他政治文化因素，都使得經濟世界充滿變數。

(一)無權變反被「變」吞噬

　　變的目的固然在制衡，但也產生了對比與差異。在一個充滿變數的市場中，除了政治、經濟面的因素外，亦受人的心理面影響，臺灣的股市便是這種典型，置身其中，即須有極高的權變能力，否則不足以因應，反易為「變」所吞噬。

　　權變的觀念，對企業的行銷尤其重要，不論它所銷售的是產品或服務，皆有其訴求的特定顧客與市場，不但受一般因素影響，也因特殊因素而產生不同的變化。當前國內企業努力朝國際化邁進，所面臨的變化因素亦擴大為國內及國際兩種，小至社會動亂，大至國際情勢，皆足以影響企業的發展，所以，如何在一個充滿變數的環境中，實現永續經營的目標，已成當今企業的一個重要課題。

　　所謂權變，不只是因應變化，不為其所淹沒，更重要的是如何藉變化擴大自己，掌握變化，化危機為轉機，這兩年來上市的公司中，不少是藉資本大眾化而迅速成長，獲得厚利的，這便是掌握了變化而產生的繁榮，但是否能就此保持榮面，或更為壯大，仍須靠自身的努力才行，因此，除了知變、通變、應變外，還須能制變，這些能力是建立在一些具體的策略之上，中國哲學中的兵家權變哲學便能滿足此一需求。

㈡永立於不敗之地

　　兵家雖是針對戰爭而發展出來的一套哲學，但商戰也是一種戰爭，它雖然不像一般戰爭有明顯的正面衝突訴諸武力，但面對的是無形的阻力與不明確的對手，必須運用人際、財力、資訊等多種力量來較量，因此更須借助廣義的權變策略，才能獲勝。

　　兵家的權變資源相當豐富，其中最具代表性的是《孫子兵法》，這是一本以《易經》及道家為基礎，兩者融會貫通，以作戰的考慮發展出來的戰略之書，目標為：

第一步：永立於不敗之地。

第二步：知己知彼、百戰百勝、戰無不勝。

第三步：決戰於千里之外。

第四步：善戰者不戰，不戰而屈人之兵。

這些也是權變的最高要求。

　　所謂永立於不敗之地，就是先鞏固自己，基於一個最高理想，以一套完整的管理體制，強化內部組織與機能，並掌握大、小環境。組織的最高理想，是一種整體化的目標與信條，此即「道」。除此之外，天、地、將、法，也是兵家立於不敗之地的重要原則（見下），五者缺一不可。

天，即天時，指人類所處的大環境，這是最大
的變數，超乎人的意志控制範圍，必須由人去配合
它。地，即地利，指小環境，是一種可以支配的變
因。將，即人和，指運用領導統御的能力，組織、
運用人力資源，發揮群體力量。法，即制度規範、
紀律法令，只有對天、地變因皆能瞭解、掌握、配合，再加上有效的
領導，善用人力資源，以一套完整的制度規範去凝聚眾人之力，具體
執行、推動，一個組織的最高目標（道），才有可能存在、實現。也只
有如此，進可攻，退可守，永立於不敗之地。

　　從表面上看起來，這個策略是以不變應萬變，所謂不變是「自我
鞏固、永立於不敗」的要求與努力，萬變則是外在環境的種種變化。
但在不變的努力中，它則是藉外在的變化來充實、強大自己，以培養
應變的能力，所以，從這個角度看起來，這個策略也是應萬變而不變。

㈢知己知彼百戰不殆

　　兵家的第二個權變策略是「知己知彼、百戰不殆」，所謂「知己」
是在未與對手接觸之前，即展開內部自我考察、教育訓練、全面品管
及改善內部管理機能，以強化本身的競爭能力。

　　「知彼」的涵義更廣，除了要知道對手為誰，瞭解對方的條件能
力與策略，更要廣集資訊，認清大環境的種種變因、資源限制及遊戲
規則，知道得愈詳細、愈深入，再配合對本身的能力，善加規劃應對，
一旦短兵相接，才有較大的勝算。

　　由此可以看出，知己知彼不是空談，必須切實去貫徹，才能確實
做到「知」，一旦「知」得完善而徹底，便不難運用兵家的第三個策略
「決勝於千里之外」，以策略控制主導力量，先聲奪人，進而便可令對
方自行妥協，做到兵家的第四個策略——不戰而屈人之兵。

㈣領導者要具備五德

　　由上述分析可以看出，《孫子兵法》的權變哲學由「知」開始，除此之外，它也強調領導者應養成五種德性，以之領導、團結人心，發揮示範作用。這五種德性是智、仁、勇、信、嚴。智是指應用整體知識的方法與能力，仁是對部屬同仁存關懷之心，勇是身先士卒的精神，信是予人信心，建立信任的關係，商場上的競爭講求的是整體的配合運作，只有基於「信」，一個組織才能強固的團結在一起，發揮協同力量，同業之間亦然。至於嚴，是指嚴以律己，以身作則，遵守紀律，言出必行，這是中國管理最欠缺的一環。

　　兵家的「法」有七技、九變，《孫子兵法》有十三種策略，配合《易經》八卦滋生六十四卦的思想，彼此之間配合運用，相互繁衍，還可產生無窮的變化。由此可以看出，兵家展現了豐富的策略變化思想，此即所謂的奇正分合之道。奇，是指出奇制勝，以非常手法對付非常狀況；正，是指以「正道」對付一般狀況。不論奇正，皆可分可合。

　　策略固然是達到目的之手段、方法，但必須基於道、天、地、將、法的整體觀，以具體的知識為基礎加以運用，才能充分發揮策略的效應，實現最高的目標。這也正是兵家的權變智慧。

　　除用於商場行銷，兵家權變哲學也可運用於企業組織的決策、領導、生產及人事方面的規劃與策略的制定，但基本上仍以行銷方面為主。實際上，廣義的兵家哲學除《孫子兵法》外，還包括合縱連橫之術，這一套哲學正符合跨國化時代的需求，也可使兵家權變思想有更大的發揮空間，所以，今天的企業不應只把它當成是商戰哲學，而應視之為解決問題、改善現況的策略哲學。

九、
墨家的創造哲學

　　現代管理最大的功能就是發展新科技，創造新產品，提高生產力，在這方面，中國的墨家思想提供了一個完整的哲學基礎。

　　基本上，墨子重視組織與領導、制度與紀律、手段與方法，所謂的「法儀」便是一種判斷是非與良莠的原則，法儀又稱為三儀；對每一件事皆可從以下三個角度去判斷──

　　⑴是否有經驗基礎？

　　⑵是否有歷史根源？

　　⑶是否有時效性？

　　基於這種時效觀，墨家發展出功利的思想，主張對任何事情皆須考慮其效應。墨子出身勞工階級，重視生產製造與團隊精神，能充分發揮實踐勞動與創新的精神，這些都是今天工商企業所應具備的。

　　團隊精神的建立，須基於一共同信仰，這就是墨子所謂的「天志」，他認為天志是最高的信仰，人應遵循天意，趨善避惡，求利去害，這便是墨子所說「交相利」的由來，也就是說追求功利不應違背人類的最高信仰，所以不能只求一己的功利，應該追求社會的功利，這種觀點，即使從今天企業經營的角度來看亦是十分正確的。

　　所以墨子的功利主義是理性的，既有利於企業，也有利於社會，

這也是現代企業應該具備的精神信條。

為了追求功利，墨子亦強調組織的多種功能，既能生產、競爭，又能追求知識與科技，他認為社會需要正義公平，人的能力才能組合起來，發揮強大的力量，從事經濟活動。

對於科技的發展與研究，墨子的主張是向前看而不回顧，固然歷史的經驗不可忽視，但是為了滿足人類的需求，必須不斷研究開發新科技，也正因有此理念，墨家率先發展了許多研究，其中包括力學、光學、工藝、器具的發明。

由此可見，墨家不但代表理性的功利主義，也代表創新不懈的研發精神，這些都是企業發展的關鍵。

後期的墨家重視邏輯，為了讓人能辨認是非與知識，必須發展出一套認證工具，對語言加以定義，這對管理而言是十分重要的，因為它可以提高管理者及被管理者的品質。

「兼相愛」也是墨子所強調的一種理念，他認為人與人之間應產生親和力，發揮守望相助的團隊精神，這也是墨家哲學成為當時所謂「顯學」的主要動力。

綜合以上的分析，可以看出，談到中國管理中的創造哲學，墨子當屬第一人，所以其哲學被納入 C 理論中創造的一環。他不但強調創造，也重視組織的群策群力。他主張功利，但也強調人與人之間的親和團結，唯有如此，組織才能持久永生。這無異是一種理想的生產管理模式。

從現代的觀點來看，墨子的這種模式代表著工作階層勤奮不怠的精神，也是臺灣經驗成功的要素。墨子崇尚節儉，不重享受，這種精神對經濟的發展固然有所限制，但對資本的聚集卻有很大助益，臺灣的富足也是因此累積而來。此外，他所強調的公平正義、以天為志及理性的功利主義等精神，依然符合今天社會的需求。由此可見，中國哲學中的確有許多值得發揚光大的資源，不能反向而行，由節儉而奢

華，由勤勞而不勞動，由公正而失去社會公義。如果我們想突破現狀，再創經濟奇蹟，就應重新認同墨子精神，企業在朝跨國化、自由化邁進的同時，尤應如此，因為刻苦耐勞的奮鬥、凝神聚思的研究與群策群力的努力都是今天企業所欠缺的。

　　墨子除強調創造與生產，也重視行銷，他認為產銷是不可分的。日本企業的生產面可以說是墨子哲學的體現，雖然日本企業管理表面上強調儒家，但日本人團結一致，崇尚最高領導信仰，重視研發改良及勤奮的精神都是墨家哲學的發揮，也正因為如此，日本才能成功。但是我們對自有的寶藏卻毫不重視，亦未能善用，以致落後日本一大截。

　　一般說來，東方民族都相當墨子化，但今天臺灣的發展日趨偏差，只重功利，而不兼相愛，不是惡性競爭，就是互相打擊，反之日本企業卻非常重視後者，不論走到那裡都彼此關懷保護，所以他們才能展開經濟侵略，所向披靡。眼見如此，中國企業還能不覺醒，把握既有的、傳統的管理資源，發揚光大嗎？

十、儒家的協調哲學

儒家哲學對於管理的重要性不言而喻，在中國的傳統歷史中，兩漢之後的行政哲學幾乎以儒家為主。

儒家管理以教化為主，重禮樂，人事制度及君臣之道，上下之分，由內而外階段性的發展，多種德性的建立及社會倫理的發揮。

由於儒家管理以人的修養、管理為起點，所以有「修己以安人，修己以治人，修己以官人」、「己達達人，己成成人，官己官人」、「修身、齊家、治國、平天下」之說。要實踐這點，必須本人先建立多種德性，進而帶動別人：仁、義、禮、智、信，便是儒家所強調的五種德性。

所謂「仁」，是基於對人的關懷所產生的一種親和力與溝通能力，可以讓別人與自己相互接納，易於溝通。這種德性對於人力資源的闡發及問題的解決頗有裨益。

「義」是一種公平的原則，寧可人負我，不可我負人。如此才能獲得別人的支持。

「禮」是自我節制，尊重別人，以使人與人之間有相互連和、尊重、肯定的空間。

「智」是一種技巧而藝術的處事態度。不能為達目的而不擇手段，

能在為對方設想的情況下，仍然達到本身之目的就是發揮了「智」的德性。

「信」即對自己的言行負責，公私分明，如此才能建立權威，產生凝聚力。

企業如想透過儒家管理實現目標，應該發揮這五種德性，使人的潛力充分發揮。實際上，在儒家的觀點來看，企業的最終目標應是安定和樂，所有的生產、銷售等運作不過是為達此目標的工具。也就是說，企業只是實現社會利益的工具與手段。基於此種觀點，企業不應超出社會之外，更須立足人性之上，因為社會是基於人的感情關係而建立的。

企業在初成立的時候，是以科學的管理的方法去追求短期的目標；但若要以社會利益為長期發展的目標，須以儒家管理為基礎。

在 C 理論中，儒家哲學發揮協調和溝通的作用，須與道、法、兵、墨等家配合，才能得到更完整的發展。

實際上，人是企業的根本。儒家哲學用於人事協調、溝通、人力資源的發揮及企業文化、團隊精神的建立，對企業而言，無疑是一種固本的工作。

對於人力的開發，儒家主張瞭解人的心、性、情、意。儒家強調先正心，就是說心有主宰後，方能不受外界困惑，以真誠的意志，在社會的複雜環境中，選擇一條正確的路。

一旦一個人實現了修己，自我發揮，就能進行教化，啟發別人。這是管理中重要的一環。

儒家強調仁愛，主張人性本善，可以受感化，因此，主張人事間的協調溝通須本著「以己之心度他人之心」的原則。實際上，只要持之有恆地去做，這種協調哲學的效果是非常顯著的。

有人誤以為儒家重情性，便不要合理性，實際不然。中國企業太重人情，並不符合儒家的原則。因為儒家強調的是個人而到家庭、社

會、國家。

　　遇到衝突或問題時，儒家主張先用「情」來處理，進而求其次，才用「理」與「法」。這種基於人性的管理哲學，對於企業人事的協調溝通，以及人力資源的發揮，是有重要作用的。

十一、

易經在管理中的融合與轉化功能

　　分工與整合，是管理的兩項基本要求，但是，分工太細，充分授權後往往又因上下左右聯繫協調不夠，而形成各自為政，事權不統一的問題，以致效率不彰，為了避免這些流弊，充分發揮管理效能，任何管理系統之上都應有另一個體系來加以整合，使組織功能既有差異性，又能相互融合。

　　這種「管理」管理的系統，便稱之為「超管理」，中國管理哲學中的《易經》哲學即具有超管理的精神與特質；《易經》的最高境界是「周遊六虛（上、下、左、右、內、外），唯變所適」，它強調分後能合，分工明確，但事權統一，各種功能應密切配合，使上下左右內外無所不逢其源，相輔相成。這也正是管理的最高境界。

　　從《易經》的角度來詮釋，組織架構的形成，除了空間上的分野（如上、中、下），也要把時間因素考慮進去，做階段性的劃分，所以隨著外在環境的改變，企業的組織架構與發展計劃亦須隨之調整，這就是一種權變的整合，這方面的重要性今天的企業已有所認知。

　　但是，除了向外整合外，企業的內部整合也更為重要；不論是決策、領導、生產、行銷或人事，皆應融合為一作業來運作，並且內外兼顧，否則不足以成事。

　　C 理論是我以《易經》為基礎發展出來的一套管理理論，道、法、兵、墨、儒的精神分別代表管理中的五項要素──決策、領導、生產、行銷、人事，但是，任何一家的哲學都不足以發揮管理的最高效能，唯有各取所長，融合運用才行。在一個開放而多元化的社會中，組織的管理運作尤須如此。

　　比方說，儒家哲學重人事與協調溝通，但過於保守、緩慢、權變不夠；法家為紀律導向，對人的關懷不夠，不足以激勵人性與潛能；兵家雖擅權變，但須有道家與法家的決策與領導精神為基礎才不致偏差，墨家勤勞重科技，但須有儒家良好的人事哲學來配合，才可發展。

　　由此可見，企業若要運用中國傳統文化資源於管理中，必須經過一番開發與融合，以之為基礎，建立起一套新的管理哲學，而後再吸收西方管理精華。後者重理性、科學，強調客觀與制度，這些與法家強調的紀律、兵家的策略、道家的決策與儒家的心理皆不謀而合。

　　其實，中西管理哲學不僅可以配合運用，由於中國管理哲學本身廣而深的包含力，還可使西方管理過分強調的利益掛帥、透支未來、擴張兼併等缺點，予以排除，使自由經濟下的競爭掠奪現象有所約制。

　　《易經》中所說「土生金」、「金生水」的「生」，便是一種轉化作用，究竟企業組織應如何運用《易經》這套超管理哲學來發揮轉化效果呢？

　　首先，應先瞭解不同功能間的差異，比方說，不同部門，職掌及待遇可能皆有區別，但差異必須基於需要而產生，否則便不應有別。

　　其次，在差異中找出陰陽、動靜、剛柔的關係，一旦能夠如此，便可瞭解差異間相輔相成、相生相剋的關係，進而加以運用；為了整合協調，自然是取差異中相生相成的關係，避免相剋之處，轉負面關係為正面關係，而產生陰陽互補、剛柔並濟的作用，使組織呈現動態的平衡狀態。

　　不論是組織內部或外部，差異的存在是必然的，不必刻意抹殺，

應讓每一個不同的功能與部門瞭解差異,這樣彼此間才可能互相溝通、接納、協調,進而找出一個互利的目標,相互支援,共同努力達成,不只各部門間可如此轉化差異,提高效率,勞資和諧亦可因此而達成。

從轉化融合的角度來看,人才的培養與發展亦應由專才而進入通才,對企業而言,每個專才,每個職務,都有其重要性,但每個專才之間必須有共識及整體觀,才能基於同一立場去思考、判斷、決定,而使每個職務發揮效能,產生整體力量。所以,專才在發展到某一層次後,即應通才化,這樣的過程即是一種融合轉化。

在一個多元化而變化急劇的社會中,企業無時無刻不面臨內外調適的壓力,唯有把握融合轉化的管理原則,企業才能永生、永春,《易經》生生不息的精神,正符合企業建立超管理系統所需。

十二、
禪在管理中的超越與切入功能

　　隨著心智、性靈的發展、開化，人的活動層次也由最初級的「手」，逐漸提升至「腦」，從管理的觀點來看，所謂「手」，即指技術，所謂「腦」，則指知識，停留在技術層次的管理，效益有限，所以應提升層次，運用分析、邏輯、推理等科學知識來運用技術，以求得更大的效能。

　　不但如此，管理更可不斷往上提升；因為在腦之後還有心，心之後還有性，性之後還有理，理之後還有道，道之後還有靈。每一個層次皆可超越前一層次，但也各有迷障與極限，唯有不斷突破、提升，才能臻於理想之境。

　　以「心的管理」為例，心是腦的主宰，代表人的意志欲望，可以決定方向；用心來感受外界，腦來計劃，手來執行，便是心的管理。

　　不過，正由於心的活動面廣，感受力度大，難免被迷惘、偏執所蒙蔽，所以，如何維持清明純淨的境界，掌握人心及自己的心，追求真、善、美的目標，便是心的管理所面臨的一大挑戰，為此，必須更上一層樓，提升至人性管理層次。

　　所謂性，就是對真、善、美價值的肯定，也代表一種放諸四海而皆準的道理。性是心的基礎，透過人心，表現在行為上，所以，性一

方面是一種共同的標準與價值觀，但是透過不同的人心行為，卻表現出極大的差異性。由此可以印證出管理不能只講一般性，而忽略其特殊性，這就是所謂的「理一分殊」，也進入了理的管理層次。

從宇宙觀點來講，性所包含的理，就是道，道之後的「靈」，則是最高境界，「道可道非常道，無為而無不為，無知而無不知，無欲而無不欲，無可而無不可」這首無字訣，代表的正是不執著、不偏狹與不迷惘。

從上述的分析可以看出：不論是企業或任何經濟體，要突破心的執著、情的迷惘，避免管理上的蒙蔽、短視、迷失、觸礁，就須有一種超越、淨化的能力，由心的迷惘提升至性的潔淨、理的秩序、道的無為、靈的開闊與超越，這種對管理的提升與超越，就是禪的精神。

一般的管理，多是將自我投射於事物中，加以組合而達到目標，禪的管理則是管理自我、提升自我，使自己能提得起、放得下，內外兼顧、左右逢源，這也就是富於動力、與日俱新的《易經》管理。

基本上，「禪」有五種作用，其中包括向上超越、向下切入、對外透視、對內淨化及左右逢源。

以禪的向上超越作用為例，企業追求利益的企圖心，只要是在合理又合人性的手段下進入，值得肯定，畢竟這也是一種展現生命之道，但企圖心若不善加約制，也會變成一種貪欲，流於自私，這種狀況下，禪即可發揮解脫超越作用。

禪除了可以讓人超脫，也有再生、恢復自我與信心、重新開始的作用，如果能將其精神體現於管理中，應能發揮無比的創造力，賦予管理者收放自如、剛柔並濟的風格，提升管理的意境。

理想的管理，不是機械性或物性的操作，外力充斥，而是一種具化解力、啟發力與自發性的，這也就是禪的管理境界。除了上述幾種特性，禪的管理還具備自然、自由、協調、機動切入等特質，這些都是現代企業組織內非常重要的內涵。

　　至於禪的精神應如何體現於管理中呢？過去常有人把禪與行銷結合起來運用，禪的灑脫、當機立斷、把握時機、適時切入，對於變化多端的市場行銷正合所需，因此運用禪的精神，確實能對行銷發揮很大助益，這也是近年來禪宗會大行其道的原因之一。

　　除行銷外，禪對決策、領導、研發創新亦極具啟發作用；就決策而言，禪重視整體，不忽略細節，永遠保持活潑靈動的特質，正是決策的最高境界。

　　禪與管理功能的結合運用，可以說是將形而上哲學，以形而下的實務加以體現，其實任何理論哲學都不能沒有實證，而任何實務也不能沒有更高層次的理論本體為基礎，否則便流於空泛、俗套。

　　以廣告行銷為例，在競爭激烈的市場中，顧客面對各式各樣的推銷術，反應已漸疲乏，除非能有清新形象或別樹一格的活動，否則難以喚起注意，打動人心，如果掌握禪那種活潑靈動、自然超越的精神藝術，往往可以對顧客產生提升心靈的作用。放眼當今各種商業廣告，能令人動容、動色的不少，但能令人動心、精神為之一振的卻不多，也只有本著禪的超越昇華，廣告行銷才不致對社會形成合法的污染。

　　也許有人以為學習一些禪坐、靜坐或術語，就可悟禪，實現禪的管理，發揮其智慧，其實這是天大的迷惘，如果不從中國文化、哲學的研究入手，重視運用這些資源，最多只是習得皮毛，無法深入。

　　和《易經》一樣，禪是中國管理哲學的重要資源，它結合了儒、道、佛的精神，只有掌握中國文化資源，從人文面去開發，才有可能瞭解禪，實際上，西方人及日本人為了從禪中得到啟發，已著手研究這些中國文化資產，如果我們不及時趕上，如何能超越他們？

　　對於中國文化資產，單一的瞭解與運用是不夠的，比方說，禪的超越切入，固然可提升管理層次，但更須與《易經》的包容、融合轉化互補為用，這兩者一陰一陽，相輔相成，可以形成一個既超越又融合、既切入又提升的整體，這才是中國管理哲學發揮的極致。

比論

C 理論與東西方管理

一、
易經與現代化管理

　　各位先生，今天我用一個鐘頭的時間，講我今天所講的主題。我希望能跟大家多一點交流；有機會跟大家進行研討。我們是以「易」會友了。大家研究《易經》都很有心得，但怎麼樣能找到一個共識和研究方向，我想這是我們今天很關心的事了。

　　我今天所講的主題是，《易經》研究的現代化問題。我向大會提供的論文，特別強調《易經》與管理科學的關係。我今天講的，可能要超出這個範圍，要廣一點，所以子題應該叫做新思維、新科學、新技術、新倫理、新世界，這樣來談《易經》的現代化問題。

　　目前，我們對《易經》的研究，基本上是處在認知的層次。那麼，我們都認知的《易經》，到底是一個什麼樣的學問？《易經》這本書，到底是什麼樣的一本書？我們很多學者，花了很多時間，去理清《易經》的象數、易理，或者是對它的本文的詮釋。其實，還有兩個層次，我們並沒有或很少涉及到，那就是一個規範層次。我們認知的一個基礎，是我們怎麼來規範我們的行為和我們的價值觀；我們怎麼用在集體的生活當中，社會發展的當中，來達到一個高遠的目標。第三個層次，就是實踐，是我們怎麼去做，到底應該怎麼去做，最好怎麼去做它。所以，這是個實踐的問題。

我們談《易經》現代化，或《易經》與現代化的關係，就不能不涉及到這三個層次。我們怎麼把知識轉變成智慧，能夠建立體制，能夠用在不同的科學的範圍當中，能夠真正對社會的生活、對個人的生活有所幫助，能夠真正促進整個社會的發展，甚至於能夠真正實現宇宙內涵的價值，這可以說就是《易經》研究的目的。我想這是我們應該提出來的。而這裡當然應該有導向，即如何的實踐、如何的發展。我們所說的氣功，或者是人體科學，多少也包含著一種實踐的意思。但是，它也必須要基於一個認知的基礎。

㈠新思維

首先，《易經》到底是一個怎麼樣的思想體系，這就涉及到《易經》的思維方式問題。這裡，我特別提出來，在今天來說，《易經》可以說是代表一個新的思維方式。那麼，它的意義在什麼地方，值得我們去研討。對於這種思維方式，我覺得可以說是很重大的課題。當然，我們這裡並不否定需要從不同的角度來研究《易經》，如有的從象數、從義理，從各種傳統的一些符號、傳統的一些觀點來瞭解《易經》。不管是儒家的、道家的，還是佛家的，都是可能的。甚至於也有人認為《易經》、八卦是從半坡文化裡面的魚紋演變出來的，甚至於只是一種生殖崇拜的符號。這些，我想並沒有涉及到《易經》本身所包含的思維方式，也沒有涉及到宇宙在這種符號之下，它所顯現的宇宙意識。我們今天不能把《易經》太一元化在一個程度，而要找出它的整體的性質、核心的精神，或者說是它的精神的、新的思維面。

為什麼說它是新的？作為它的一個思維，我想簡單地提出：它本身所包含的思維，是慢慢地從無意識走向有意識的。《易經》的發展，是以符號系統一以貫之的一個發展，從《夏易》、《商易》到《周易》的發展，是基於《易》所代表的那種生活經驗，包括對宇宙的經驗，

對社會的經驗，對文化的經驗，對人自身發展的經驗，而最後綜合出來的。所以它並不是一個單純的或是偶然的發展；所以，到了能夠來說明《易經》發展的一個過程。可以說，在〈繫辭〉裡說的總的過程，也不是偶然的。《易經》的思維方式，可以說是掌握了對宇宙認識的一個方式，我叫做一個整體性的直觀。《易經》本文裡面所說的「觀」字，在〈繫辭〉裡也強調了觀天察地這個「觀」字。對「觀」字的瞭解，可以說是對《易經》本身思維的一個重要起點。因為要掌握《易經》的本質，必須要瞭解天地，瞭解自身，瞭解天地之外的、天地之象之後的那些變動、那些過程。所以說「觀」是有層次的，是有過程的，是整體的。應該看到這個「觀」字的用法，是當初以伏羲為代表的對天地的一種觀察、一種考察，觀察它是什麼東西，它是怎麼一個方式。

這裡我想歸納成四點：第一點，是觀察天地之幻，陰陽之變，即所謂「類萬物之情，通神明之德」。這個觀，不是單純只觀外面的現象。天象地理是觀的對象，但是天象地理是整個宇宙變動的顯現。所以觀，是觀萬物之象，也是觀象背後的動態，觀動態的過程，「觀其會通」，來達到對整體宇宙的一種認識，這是第一個。第二個「觀」是從小處觀起來見大，從大處觀起以知小，所以是「觀小以知大，察危以知險」。強調動態的起點，對整體宇宙的傾向、方向的一種瞭解。在這個「觀」當中，可以看出來宇宙的四象，不是單獨的、孤立的，而是相互影響、相互牽連的，小可以決定大，大可以決定小，是相互決定，時間跟空間也是相互決定，各種層次的發展也是相互決定，所以產生一種對有機體的整體的一個宇宙認知。而這個宇宙認知，事實上，還不是說大小、顯微，而且是主客互動。這個「觀」字包含了一個主體性的掌握。這就是談到了第三點。因為大家都會問一個問題：為什麼會有《易經》思想的發生？當然，在過去，中國的文化經驗可以走很多路，但是中國人的文化經驗，他的生活經驗、宇宙經驗，包括對生

態的瞭解，對整個歷史發展的一種體驗，造成了一種對時代、對歷史的一種承擔，對未來的一種憂患。這種憂患意識也是作為「觀」的一個條件。觀是很深沈地去瞭解宇宙，是基於本身的一種關切，一種自我的，一種沒有私心、沒有偏見的一種認識，是對主體條件的掌握，憂患是自我的一種反省、一種掌握，才能夠讓我們瞭解到宇宙的真相是什麼，承認我們瞭解的沒有一己之私，承認我們瞭解的是整體，而不是部分。這是第三點。第四點，觀的目標是一個整體性的直觀，是要推行，要化裁，就是說要有行為的，是要參與的，是要誠心誠德的。它不是說「觀」了就算了，而是說要採取行動。為什麼？因為主體性的個人，或者是集體性的群體，都可以用來成就一個目標，從認識的宇宙裡面掌握一些價值、一些意義，然後來做一種時代的行為，創造變通，這樣來化成天下，達到一個宇宙內在的、一個和諧的、一個整體性的、完美的目標。所以是所謂「繼之者善也，成之者性也」這樣一個思想。

　　換言之，《易經》本身掌握的是主體跟客體相互配合相互平衡的一個大系統，而不是說只是客觀的一個系統。客觀系統是一個次系統，客觀系統裡有很多系統，但更主要的是主客相互牽引、相互配合協調所達到的一個整體性的系統，這樣一個具有創造性的宇宙的系統，是《易經》的思維方式。它從認知的深度，來達到行為的效果，來把個人的目標與宇宙的目標結合在一起，來實現最高的價值，這可以說是《易經》的一個思維方式。這個思維方式是很新的思維方式，因為它本身就是要掌握人的潛力、宇宙的潛力。要開發人的潛力、宇宙的潛力，來實現一個人性化的宇宙，宇宙化的人性。這點，我想是非常重要的思想。這個思想可以說是包含在原始的陰陽之道的那個瞭解上面，就是原始的所謂「易」這個觀點上面。《易傳‧繫辭上》裡面有句話：「乾坤其易之蘊邪？乾坤成列，而易立乎其中矣。乾坤毀，則無以見易。易不可見，則乾坤或幾乎息矣。」換言之，最簡單的乾坤之道，也

是代表一個信息。這個信息對人、對宇宙都有重大的意義。而人是實現、掌握信息的一個主體，它本身就是宇宙的一個行為的過程。所以，所有的卦，都具有宇宙意義，也具有人為意義。它的用處是多面的、多層次的。這個思維方式我們可以用四句話來說明。一句話我叫做「中孚以觀」，因為你要觀這個世界，你自己本身要很誠信。所以「中孚」卦「柔在內而剛得中」，它是中心自我的一個掌握，然後來「觀」天象。「觀」卦，最主要的意義是「中正」以觀象。觀察要整體，觀察要恰當，不是片面地觀，不是偏頗地觀，是以「中孚」以觀天下，然後才能把人的潛力發揮出來。「大畜養賢」，「大畜」卦「剛健篤實輝光，日新其德」，然後，「大有」而「大壯」，乾坤致用。這樣，「觀」本身可以說是「天人合一」。在今天這個世界來說是很重要的。因為，過去在西方，或是中國的片面的學派的發展，往往由於偏，往往失其中，往往不得其大，往往盡止於大而不見其小。對「全息論」這樣一個整體宇宙論，它掌握的就比較少。

　　大家都知道，科學在中國曾經引發「新三論」的問題、「舊三論」與「新三論」的問題。今天，我想我們這個「觀」的觀點要能夠發揮出來的話，就會引起一個新科學、新三論。新科學怎麼來說呢？這裡我沒有時間來發揮關於《易經》思維方式的問題。我在上海社會科學院哲學研究所成立《周易》研究中心的開幕式上，曾經作了一次演講，主要談到四種邏輯的問題。提到所謂「形式邏輯」，叫做「論證邏輯」、「辯證邏輯」，也提到「科學的邏輯」，叫做「實證的邏輯」，我把《易經》的邏輯，叫做「體證邏輯」，它是把「辯證邏輯」更擴大，它又能調和「實證」與「論證」。這樣一個思維方式我叫做「整體直觀」，今天就不多談。

㈡新科學

　　說到新科學的問題，我們已經看到，今天的科學，尤其是物理科學，是有一個新科學的需要，有一個新科學的信息的大趨向出現。最近這幾年，大家也看到，在歐美談到一個新的科學，叫做「混沌理論」，叫做「混沌學」。這次我在德國開會，有好幾位學者曾經提到這個「混沌理論」。混沌理論事實上是結合了協同論、突變論、耗散論等理論的一個整體科學。假如把混沌理論加上超平衡理論或者超對稱理論，以及全息理論，即構成一個新興三論。超對稱理論是一種整體性的平衡，是把四種不同的物理的力結合在一起成為一種力，一種力能夠變成兩種力，兩種力能夠變成四種力，這跟《易經》所謂「太極生兩儀，兩儀生四象」是可以比附的。新興三論，可以說是一個新科學的開始。這新三論需要一個整合，整合的重點，在說明宇宙有很多事象是要在一個整體的網絡中去瞭解、去決定的。瀑布是流動的，人是有行為的。人的行為並不都是沒有理性的。事實上，可以看出來，無序的一些現象，往往包含著複雜的次序，而且，無序往往是引起有序的一個機緣，就是自我組織。這是從觀察得來的，是我們細微的觀察、整體的觀察而得來的。有序的現象也包含了一種無序的基礎，也可以造下一個無序的結果，有序跟無序，就是有無相生。在《易經》來說，這也是非常重要的一個認識。事實上，英文談的「混沌」，用的希臘文指的是一個空檔，一個虛。而中國這個混沌，是講水的觀念，水的卦，比如坎、或跟坎有關係的一些卦，它所表現的意思，實際上就是一種深奧、一種變化，充滿了一種可能性和豐富的發展性。所以這種認識顯示出一種新科學的發展。

　　但新科學的發展並不表示排斥舊科學，而是包含舊科學。科學的發展顯示一步一步的往前走。過去辯證法認為，往前走就要揚棄過去，

完全揚棄過去。在《易經》的辯證思想當中，並不是如此，是包含著過去一些存在的價值，而推廣到未來。所以這裡面就有層次、有結構，而不是揚棄到沒有過去。所以今天的新科學並不是要放棄舊科學，而是要在一個大的體系當中包容下來，使它各定其位，相對論有相對論的位置，量子論有量子論的位置，混沌理論更能用於一些無序的、複雜的、變動的現象，這樣就能產生一個更完整的理論。事實上，從易卦的發展我們看出來這是可能的。因為每一個現象都有它的宇宙的歷史，每一個宇宙歷史，都個別的，或者整體的，或者相應的，或者是互動的，去決定現在一些現象的過程。在這一點上來講，我說無序中有有序，有序中有無序，無序導向有序，有序導向無序，是一個創造行動。

說到新科學，我們要提到預測這個問題。預測，在國內談得很多，我只想提到一個新的意見，一個新科學的觀點。從新科學的眼光來看，從《易經》進一步的科學瞭解來看，今天，預測性和非預測性即不可預測性，是相輔相成的，沒有絕對的預測性，也沒有絕對的不可預測性。不可預測性的東西，另搞一個層次，作為一個格式、一個模式，它還是可預測的。比如水流的一層一層的漩渦，每個漩渦的函數曲線是預測不出來的，但它作為一個漩渦，一個格式，也許作為一般的預測，是可以預測的。我們不能把《易經》看成是對未來的一種只是單向的預測。因為要是單向預測，就是表示主體性沒有作用，表示未來已經被決定。未來是沒有被決定的，整體也沒有在任何一個時間被決定。在這種情況下，所說的預測，是在一定條件下的預測。這個條件本身是相對的，是不可能完全預計出來的。所以這個預測性就有不可預測的存在，不可預測性有預測的存在。為什麼呢？因為這個條件，你可以自己作限制。另外，我以前提到過，預測就是一種決策，這裡的預測是你自己使它存在。你不能使它存在，表示說那你的條件不夠。今天我預測我要中午吃飯，我就努力使自己做到去吃飯這件事情。所

以預測也包含了一個主體性因素在裡面。《易經》裡所有對未來的認知，它是包含了一個很大的決策的作用，包含了一個很大的行為的作用。這就是個人的一個負責，個人的一個追求。如個人的條件不夠，你不管怎麼預測，最後都是空的。因為客觀世界是跟主觀世界一個認知，是要連在一塊的。

㈢新技術

今天我們所瞭解的一個新科學，是一個非線性的、一個自我稱謂的、自我組合的、一個以混沌理論為起點的、一個新的大型量子論的科學理論。我們看見有些新的觀念，叫做回歸的對稱觀念、超對稱觀念等等。而且這些觀念在科學裡面是可以找到它的用處的。在生活當中，在自然界裡面是可以找到它的用處的。比如說平衡點，什麼是平衡點？一個鐘擺它有個平衡點，它不管怎麼擺，終究要回到平衡點。人的行為、社會的行動，都有一個平衡點。這就是我們今天在研究《易經》本身的科學性的時候，要掌握它的一個時代的標誌，它所顯露出來的一個新科學的面貌。這個新科學要掌握舊科學、先前的科學的一些狀況、一些限制，以及它可以超越的地方。假如我們沒有這樣的瞭解，我們對《易經》本身的瞭解也就有限。〈繫辭〉說：「精義致用」、「開物成務」，那麼，在今天我們到底開了什麼物、成了什麼務。我覺得我們相對於日本人的成就，中國人是應該檢討的。日本人能夠把很多科學知識用在實際的生活上面，產生新的技術，他們並沒有什麼發明性，他們是把美國人的發明用在技術上面，來改進、改良，使汽車做得要好一些。現在想將什麼超導體用在電冰箱上，用在暖氣機上。美國人只想用在軍事上面，他們卻用在日常生活上面。

最近我在德國開會，我看到德國人也很知道用。我舉兩個例子：第一個是，所有的火車站都在樓下，火車站上面有一個軌道、一個運

輸帶，我拿了個很重的箱子，我可以擺在運輸帶上面，它自動就運上去了，你擺上的那個重力就傳動運輸。這對每個人都很方便，對老太太、小孩子，或者如我帶了很多書，我就可以擺在這個運輸帶上，從火車站一下車，不用帶行李爬樓梯，我就直接到那上面去，很簡單。可是我看美國沒有，我們中國也沒有，我覺得這不是不可以做到的。第二個是，德國人也很省錢，很節省，不管在柏林，還是在漢堡、在慕尼黑，他們的宿舍裡、學校或者辦公廳，你走過去按電鈕燈亮了，過兩分鐘，你經過之後，燈自動關掉了。它自動化到這種地步，節省時間，很方便。我們今天也可以用生態來鑑定我們的房子好不好用，我們的洗手間、廁所好不好用，我們吃什麼東西是不是好。我覺得我們今天談新技術，就是要把《易經》的觀點，簡單明瞭，靈活而又實用，能夠對生命本身有幫助價值，關注在我們的技術上面去。這一點，不管是在經濟開發、技術開發、在各種生活用品的設計方面，我覺得都值得我們去反省的。今天《易經》本身提供的是一個新技術，如〈繫辭〉裡說到的「取象」，發明，我們可以得到很多靈感。但是我們要運用智慧，來達到新技術的建立，這是新科學發展的一個方向。

(四)新倫理

　　最後，第四點，我想《易經》是代表現代化的一個新的倫理。這個新的倫理很重要。我們今天講《易經》哲學，講《易經》研究，很少談到《易經》所包含的一個倫理的次序，一個人文的次序。《易經》有沒有倫理學，有沒有道德，有沒有對人的關係，人的自我發展的一個目標，建立怎樣的一個人，這方面是我們應有所瞭解的。但是有一點，希望每個人都成為聖人，那是不太可能的。聖人，是一個人追求的完美目標。但是，即使沒有成為聖人，是不是也應該有一些好的方式、好的想法來規範人和人的關係。我認為我們要對《易經》所包含

的新的倫理道德思想，能夠做一個深層的瞭解。這裡可以指出來，《易經》本身所說明的人生，本質是什麼？那就是宇宙性。人性是宇宙性的延長。所以我很欣賞《易傳·繫辭》裡說的一句話：「繼之者善也，成之者性也。」就是你承繼宇宙給你的這個宇宙性，那你就能夠發揮人與人的目標，這樣的話，已經到了宇宙性的最高點，那就是人性的完成。人性的完成也就是宇宙性的完成。什麼是宇宙性呢？很顯然，乾坤所包含的意思，啟示的一種生活態度、一種價值，那就是仁、是智、是包含、是發展、是關懷、是創造。可以看出來，不單是「顯諸仁，藏諸用」，把「仁」字抬出來，「仁愛」也成為儒家後來的思想，儒家思想事實上是基於《易經》、《易傳》的生活經驗所啟發出來的一種宇宙的認識，一個價值的認識。宇宙的創造性就是人性的一種仁愛。當然後來的新儒家也談到過。我們今天是跟一個新科學的建立，跟一個新思維連在一塊，是要掌握到人性的宇宙性，能夠仁、能夠信、能夠禮、能夠智。這是後來發展出來的。這裡，我想從一個群體的關懷，對個人的一種責任，對一種創造的發展，一種新的倫理來談。在新倫理之下，人不是單純的趨吉避凶，而是在講求善惡分明。假如沒有這個新倫理，《易經》就很容易流落到個人的所謂趨吉避凶。難道就是這樣嗎？難道吉和凶就決定了人的行為嗎？假如一件事情是吉的，但是它又不是善的，我們也不一定要取這個吉；雖然是凶的，但它是好的，我們也應該冒這個險。我認為從新倫理的內在倫理來說，吉凶是應該在善惡之下去瞭解的，而善是群體同個人結合在一起的倫理，這個倫理是把人的正當的行為和有利的行為結合在一起的。所以，和諧、吉、安祥本身在最後是和人的性質聯繫在一起的。一個人的犧牲，最後的目標也是達到善，達到一個好的目標。

　　我想這一點非常重要。有了這個瞭解，新倫理才能達到一個新的管理。這裡，我是把管理理論和倫理理論一塊來談。因為我們瞭解到《易經》本身的新思維、新科學、新技術的內涵的意義，我們就可以

把它用在人的上面，來開發人的潛力。《易經》的管理科學、管理哲學，是管理和倫理的相互為用。因為管理的問題，事實上也是倫理的問題，可以這樣說，管理就是一個外在的倫理，而倫理是一種內在的管理。倫理是一個自我管理，而管理一般說是涉及到群體的，是一個群體性的倫理。要建立宇宙論，需要瞭解這個現實，需要瞭解人性。所以，倫理和管理，與陰和陽一樣要相互為用的，只有那種所謂機械性的管理是沒有用的，是不能夠發展的，因為人類的潛力不能在外在的條文規定之下去發揮，人的積極性、創造性，是要有內在的一種感動、一種激勵、一種引導、一種模擬、一種啟發而達到的。在這裡，倫理與管理，就是陰陽相互為用。今天要建立一個新的管理哲學，那麼就必須要瞭解《易經》哲學所包含的宇宙論和倫理觀。關於管理論方面，我特別提出五點。

　　第一點、管理本身要有一個決策的思想、決策的倫理。決策是一個中心的思想，就是我能夠掌握到主觀特有的條件，我才能夠掌握到我的目標，我才能針對目標作出適當的決定。這個倫理是一個自由倫理，是一種基於知識智慧的意志自由。這個決策是管理的核心。核心包含兩方面，就是主體同客體，智慧與自我，就表示「一陰一陽之謂道」。用「道」說明是非常好的。但因決策是要去行為，這就變成領導。領導是實際地去採取去推動你的管理政策，這就必須要具有一種行為的倫理，一種毅然決然的風度，一個清楚的目標，一種以身作則的風範，這就是所謂顯性的觀念，然後才能夠面對世界，做出變通。往往一個人堅持了自己，但是他沒有權變也是不行的。管理的第三個要點就是權變，就是變通。權變就像在面對一個變動的宇宙要隨時作出適應。這就是權變的倫理，也就是《易經》所說的通變與變通。然後再通過資源，來創造出一些成品，來滿足社會市場的需要。所以自我的創造性是基於對世界的瞭解，來達到相互的配合。創造是第四個目標。創造生產最大的目標，是滿足人的需要，是協調人的倫理，達

到一個人的和諧的宇宙。這是涉及到人事的一些處理，怎麼結合人，有人就有財。財是用來滿足人的，而不是來囤積居奇的。從這裡我們看到五個面，有了人的掌握資源，再來組合對外面的事實，不斷地更新，「日新其德」，再來作決策，再來引導，再來權變，再來創造，再來協調，周而復始，玉汝於成。這個新管理理論，我叫作「C 理論」，為什麼呢？因為決策是中央土，以不變應萬變，以不為而無不為，以沒有而變成無所不有。領導呢？是金，是乾元，「剛健篤實」，不屈不撓。但領導不能沒有變通，很多人是自我權威太強，自以為是，沒有權變，所以這裡需要有「水」的權變。有一種改革精神，有一種變通精神，能夠改進改良。有了水的權變，有了堅持的目標，有了正常的決策，才能夠創造出美好的成品，才有創造性，這就是「木」。木是一種創造生長，不斷地實現，最後能夠施惠於人，能夠結合人、協同人，發展更高的企業目標，這就是「火」，火使人感受到溫暖，使人都能夠接受到好處，那就是所謂「仁道」的發揮。在這個堅持下，我們看出來，從中央「土」的決策，到「金」的引導，到「水」的權變，到「木」的創造，到「火」的協調，人事協調。這是一以貫之的。以後再回到決策的「土」。這樣就變成一個循環，這個循環可以看出來，事實上可以把很多卦都融合在裡面。可以說決策像是道家的「土」，土就是坤卦，是包容，以靜制動，以不變應萬變，領導有點像乾卦，權變有點像坎卦，創造有點像震卦、巽卦，人事像「同人」卦。我們可以把很多這方面的意義都結合在一起，事實上這個管理理論也可以把諸子百家包含在裡面，產生一種相生相用的觀念、效果。所以，決策中央土——道家；引導——法家；權變——兵家；創造——墨家；人事——儒家。然後以《易經》的整體性把它們融合在一起，就變成一個整體的開放的有機系統。這樣的管理，我覺得是這個時代所需要的新管理，這樣的管理理論是我們需要的管理的一個基本的價值觀。這樣我們對《易經》所包含的所謂倫理的管理體系會有一個更深層的瞭解。

㈤新世界

最後，我談到一個新世界。今天，我們並不是說就要完全毀滅一個舊的世界。但是，我們顯然基於各種各樣的經驗、各種各樣的遭遇，今天到了必須要重建一個新世界的時候。不論從國際的政治來說，要講一個新秩序，就是從國內對傳統同現代社會的演進，也有一個新世界的需要。今天已經到了世界之交的關頭，面臨著很多問題，而這些問題有局部性也有全體性。我們今天必須要有個新世界的眼光，來達到一個新的生命的境界，這就需要產生一個新的人的修養、新的生活的境界。比如說，我們怎樣能達到一個真正和諧的人類的大同，我覺得在《易經》的哲學裡面，是包含了這樣一個新世界的影響的。當然，日本人也在講新世界，美國人也在講新世界，但是，看誰講得最好，誰具有最後的基礎、最深刻的瞭解。我想，基於我剛才說的新思維、新科學、新技術、新倫理、新管理的觀念，所包含的新世界的觀念，一定是要比我知道的觀念要好得多。這裡，我想留給大家來作為討論。

二、
易經思維與管理決策

　　1987 年 11 月，在山東大學舉辦的「國際《周易》研討會」上，我提出《易經》研究的重要性和時代性問題，當時引起了普遍討論。三年多來大陸易學已蓬勃發展，這是一個令人振奮的景象。1989 年 9 月，我回臺灣大學講學，以國際易經學會的名義，創辦了臺灣的「易學研究中心」，獲得臺灣學界的普遍響應，這也是一個重要的起步。

　　在 1987 年的那次會議中，我特別指出《易經》的思路應看作是中國哲學的一個核心，而《周易》則可作為中國哲學的始點和原點。這兩個意思顯然已逐漸為廣大的中國哲學研究學者所接受和重視。同時，它也引起了更多《易經》學者新的研究興趣，甚至能跳出傳統研究格局，從而擴大了研究的深度和視野。

　　從整個中國哲學的發展需要來看，我們實已面臨到必須開闢新境的關頭。過去中國哲學史的研究多是模擬西洋學者，提不出對中國哲學史的創見。而且往往套入一個封閉斷裂的系統走不出來，不但沒有東西哲學比較的眼光，且對中國哲學的源頭沒有真實和深刻的理解。因此，自胡適之寫《古代中國哲學史》和馮友蘭寫《中國哲學史》迄今已超過半個世紀，中國哲學史仍是一部斷頭的哲學史，中國哲學的源頭活水仍未能完全得到體會。

　　如今，我們反思諸子百家，深入歷史和考古文獻，正視中國文化的起源問題，不得不追溯到《周易》的思想形成過程，因之便掌握到《周易》是中國哲學的始點和原點這個命題。

　　再就《易經》的傳統研究著眼，今天我們對易學研究也應超越古人，跳出傳統象數或義理注釋範圍，真正就《易經》本質哲理以及其所顯示的宇宙觀及方法論來作考察，並進一步面對世界學術的新發現、新發明和新發展來作詮釋和批判。這樣才對如何將《易經》發展為一個思維模型和宇宙觀，有很大的促進作用。

　　甚至我們可以說，世界學術的發展和人類文化的發展本身就蘊含著《易經》思想發展的契機。因為，《易經》發展的經驗已體現在現代人的整體發展和互補發展的經驗之中。真正要瞭解現代人的發展和人類文化現代化的發展動力及趨向問題，可以借助《易經》當初發展的趨向。《易經》系統與世界系統的相互作用、影響、觀照和印證，可以看作是新學術的源泉。

　　但在這裡須特別指出，我們要對《易經》本身的結構以及其所包含的特質有相當的瞭解，才能將《易經》的思維作為世界本體的一種運動，或是一種變化的過程。

　　然而，僅有這種瞭解還不夠，還必須對世界當下的真實情形要有認識。上文所提的是整體性、系統性的瞭解，此處的瞭解則指向具體和特殊的瞭解。易學再發展所產生的各種學術發展，是結合抽象性《易經》思維系統和特殊性的世界問題、理論或經驗的研究而來的。所以今天對《易經》的研究必須是入乎其內而出乎其外的，必須是一種內外兼顧、天人合一的探討。

　　對《易經》的研究，首先要提出一個重大問題，即《易經》思維模式的特質到底是什麼？《易經》的思維到底代表了哪些活動？如何瞭解這些活動並如何規劃出來加以掌握？

　　簡單地說，《易經》思維具有辯證思想的特質。它包括四方面的運

動：一而多與多而一；靜而動與動而靜；外而內與內而外；知而行與
行而知。

　　《易經》思維在宇宙創生的層次上包含著一而多與多而一的運動，
此即指從整體的「一」走向多種事物，再將多種事物統合為整體的一
的過程。《易經》思維也包含靜而動與動而靜的運動，此即指從靜止的
結構來掌握變化運動的過程；同時又從變化運動來掌握靜止結構的過
程。正如《易傳・繫辭》中所說：「寂然不動，感而遂通天下之故」，
而「感而遂通天下之故」又可轉化為「寂然不動」，以進一步掌握天下
之動，創發天下之情。

　　《易經》思維的外而內與內而外的運動是指在人的意識發展層次
上，從外物的觀照和認識，進而到內部思考及意義的確認，以及人的
理想價值的認定。此即：語言的確定、意義的確定和價值的判斷。同
時我們也可以從內部的意義思考，展現為外部的現象認識，並予之以
新的詮釋。

　　在人的意識層次上，我們還必須從知到行，參與到事物之中而成
其變化，此即知變、應變和變通。再由變通來觀變，以致參與變化而
主動變的整體過程，這就是知而行、行而知的過程。

　　從以上四方面看，《易經》思維本身的發展，反映其掌握了宇宙的
本體，並在此掌握的過程中，產生了《易經》的思維方式。掌握宇宙
本身是以對外在世界現象及其關係的認識為基礎的，在這一認識過程
中，便形成了思維的特性。因而，我們可以說，《易經》有三種不同的
起點意義，即本體論、宇宙論和人的思維。

　　從本體論角度來看，宇宙本體一方面展現為宇宙論，另一方面又
展現為人的思維方式。從宇宙論來看，《易經》有一個歷史的起源、經
驗的起源和宇宙論的起源。外觀事物及特殊宇宙現象，使人產生了本
體思想，並產生了思維方式。使宇宙論導向本體論和方法論，從人的
思維著眼，我們又可瞭解到，人的主體方法的認識，導致了外緣宇宙

觀的建立和整體本體論的知解息息相關、環環相應的有機關係，如下
圖所示。

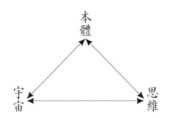

基於此一瞭解，《易經》可有三個始點，即本體、宇宙、思維。但
從已經完成的《易經》這本文獻來看，三者的合一才是整個《易經》
哲學的開始。三者合一所產生的結果，可以同時是本體論、宇宙論和
方法論的。

總結以上的瞭解，《易經》作為思考的方法，它包含了四種運動：
一而多和多而一、靜而動和動而靜、外而內和內而外、知而行和行而
知。同時，在這四種活動中又包含了三個面向，即本體論、宇宙論和
方法論。如果把這「四方三向」分別結合為一體，就成為一種通達神
明的境界和仁智合體、開物成務的人類智慧。此亦即《易經》所描繪
的聖人境界，《易傳・繫辭上》言：

> 易與天地準，故能彌綸天地之道。
> 與天地相似，故不違。知周乎萬物，而道濟天下，故不過。旁
> 行而不流，樂天知命，故不憂。安土敦乎仁，故能愛。
> 範圍天地之化而不過，曲成萬物而不遺，通乎晝夜之道而知，
> 故神無方而易無體。

綜述以上四種運動和三個面向，我們可以引申出《易經》的四種

思維力量，並藉此以理解《易經》。事實上，我們也可以從上述三向來探索，即天、地、人三項存在的層次的深度義理。這三項顯示的是：本體即是天，宇宙即是地，思維即是人。在此三個層次上，我們可以瞭解宇宙、本體和人的四種力量。我們可以把這四種力量看作包含在本體、宇宙和人的思維之中，也可以把宇宙、本體及人的思維看作這四種力量的組合。

⑴第一種力量是外觀的能力：

它指外觀於世界，掌握和認識世界。〈繫辭〉描述伏羲為：「仰則觀象於天，俯則觀法於地。」觀察是一種外向的認識，這種認識應是周遊六虛、涵蓋萬物的整體認識，它必須要有一種開發性和探索性，以求其觀察的全面包含及精察入微。如果不瞭解這種外觀的能力，就無法掌握《易經》精神及方法。

⑵第二種力量是內省的能力：

從思維模型來看，這種能力的表現是間接的，《易經》本身也並未直接提出內省的這一種活動，只是在卦爻辭中間接呈現出來，事實上，六十四卦本身就是從八卦的外觀轉為內省引申出來的，也可說它是一種內省的結果。六十四卦中一部分表達的就是一種心靈內省和價值認知狀態。如「謙」卦，就是一種內省確定的價值，又如「中孚」、「睽」、「泰」、「否」以及「豫」卦等都含有內省的價值意義。事實上，透過〈象傳〉，更多的卦也都被賦予內省的價值判斷。

《易經》的卦辭作為吉、凶、悔、吝、得、失的判斷，是以一種趨向與後果來認定其價值是吉是凶、是悔是吝。內省並不是單純為了追求價值，也是一種以「原始返終」的心態來瞭解宇宙的過程和趨向。「原始返終」能掌握死生之說，「樂天知命」則能仁愛萬物。內省在《易經》中是一個明顯的過程。

在《易傳‧繫辭下》的第六章，孔子的話被用來說明易爻辭的意思。第七章的九德之說則是引申孔子有關德的思想來說明九種易卦的含義。這種道德化的詮釋的瞭解，也就是一種內省的瞭解。要掌握《易經》，就要有內省的能力，即是對語言、意義，以及道德價值內在於心的判斷，顯示對行為的趨向的認識。

(3)第三種力量是超越的能力：

《易經》作為一個思維模型，它還具有一種超越的能力。這種能力表現在跳出有限的觀點，去掌握更廣大的宇宙世界和更高的層次。超越也就是運用知性的眼光，涵蓋千差萬別的現象世界於一整體之中。這就是超脫宇宙的「多」而掌握了整體的「一」，但又同時涵蓋了「多」。所謂「超越」，並不是超離，而是超越出來而又能包含的這樣一個境界，即是「一」而「多」走向「多」而「一」、「靜」而「動」走向「動」而「靜」的境界。「太極」的觀念就是如此發展出來的。

(4)第四種力量是投入的能力：

這一能力是就具體個別之事來掌握關係和動向，並能引導為更深入的發展，達到人生需求的目的和充實生活的需要。這種能力是投入到特殊具體事務之中，掌握主客觀的具體行動。投入的另一層意思是能夠掌握主體參與和推動，從而建立主動性和發展性；不只是單純的認知，而是從知到行、從行到知、從通變到變通、從變通到通變的過程。《易傳‧繫辭》稱之為「極深研幾」，「唯深也，故能通天下之志。唯幾也，故能成天下之務。唯深也，故不疾而速，不行而至。」

總結四種能力，簡言之，外觀的能力是由外而內再由內而外；內省的能力是由內而外，再由外而內；超越的能力是由一而多，再由多而一，由靜而動，再由動而靜；投入的能力是由知而行及由行而知。若我們不瞭解這種外觀、內省、超越和投入的意向，我們就無法掌握

《易經》的本體和宇宙，也無法掌握《易經》思維的作用。

　　必須指出，《易經》思維不僅有四種能力，而且這種能力是結合在一起的，它需要整個地活動及運作，並完成一貫而圓融的境界。這種「易」的思考，不但是外觀、內省、超越、投入的過程，也能從外觀導向內省、超越與投入，從內省和投入，或從投入導向外觀、內省、超越。

　　在此，每一種能力都能貫穿其他能力，四種能力之間也是相互貫通和並行的，由此形成完整、綜合和開放的宇宙，並掌握宇宙背後的本體內涵，同時呈現出更完善、更開放和更整體化的思維過程，產生出相應於不同需要的人類完整的知識體系和價值體系。「易」的思考包含的四力及其產生的思考的擴展與凝聚作用有如下圖所示：

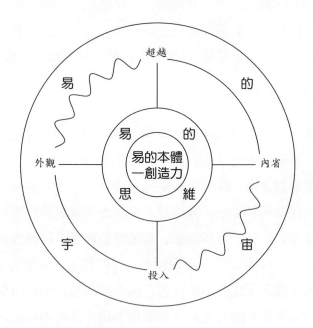

　　以上述的三向四力來瞭解《易經》，《易經》可以被當作一個詮釋的成品，它的許多意義是隱含其中而未顯露於外的。這種蘊含的三向

四力的整體結構若能被瞭解，那麼《易經》之所以能成為詮釋的主體也應能被瞭解了。《易經》能詮釋客觀世界的具體事物，也能詮釋自我，《易經》中的各項能力也更能投入具體行為而產生作用。

但是須注意的是：《易經》不單是一個詮釋的系統，它也是一個創發的系統。當然，在此所說的創發，並不是說《易經》能先驗的導出所有的事情或先驗的包羅萬象。從《易經》靜止已有的內容來說，它並不包含我們所知或能知的一切，但《易經》既然具備外觀導向的能力，它的原始本體意義應是創發性的，應有助我們組合已知，開發未知，它必須以創發和洞見作為其詮釋的條件。

從這點出發，當我們談到科學與《易經》的關係時，不能捨棄科學而只談《易經》。就現有的科學成果來說，《易經》可以與科學建立關係，但這也並不能代替科學本身的自發、創發過程。這個創發過程是涵泳於易的思考之中的。真正要運用易的思考，就必須發揮科學的外觀認識，然後才能用《易經》體系來詮釋。所以，應該是先有創發後有詮釋，詮釋基於創發，但不能代替創發。

前已指出，創發本身也是《易經》的思想方法，也是宇宙本體之所在。創發不僅存在，而且我們從內從外都能感受到，我們必須以創發作為最大前提。有了創發，才能整合、才能系統化。同時，我們也不否定推陳出新，因為它也是一種創發的方式，它是在舊的形式上推陳出新的事物。但對陳舊的東西的認識還不等於創發。只有從故紙堆中跳出來，才能開創出有新意的東西，面對這個世界創造新形象、新思維和新認識。

以上已對《易經》思想本質有了較清楚的說明。關於《易經》今後的研究方面，我們在以下可以提出五個問題以為總結。

⑴關於《易經》的本源問題：

雖然《易經》作為一個思維模式具有創發力，但進一步從經驗上

探討《易經》產生的根源，還是有意義的事。以上曾以宇宙形象及本體精神談《易經》，在歷史中、在經驗條件下，《易經》為何是發生在中國而不是西方？《易經》思考為何具有此特性？這些就構成《易經》的本源問題。

⑵關於《易經》理論建構問題：

　　在對《易經》的本源掌握之後，對它所代表的整個宇宙觀、主體觀和方法論也應該有一個建構。

⑶關於《易經》思維在中國哲學中的發展問題：

　　這是一個值得探討的歷史發展問題。中國的《易經》研究從早期的象數走向後期的義理；並再一次走向象數，再從象數又一次走向易理化。這是一個從先秦象數義理化，到西漢宋明的象數義理化過程。在此之後，象數義理也各逞其能，相互作用與影響。當前我們又面臨諸多面向，須作一個歷史的認定及評價，並開發新的境界。

⑷關於《易經》的時代問題：

　　對現代人類社會的發展、科學技術的發展，《易經》能提供何種詮釋呢？對《易經》本身的瞭解又能開發出怎樣的科學呢？怎樣才能促進人類新文化發展呢？這就要把《易經》研究及其理論、歷史發展和本源提出來面對現代世界的問題、人類的問題、社會的問題以及文化的問題來作一解決。在這個層次上，我曾提到有八種不同的《易經》，即文史易、哲學易、民俗易、醫學易、科學易、管理易、軍事學易、藝術易。不同學術分科就有不同的《易經》研究角度與範圍。各科之間本身也是相互關聯的。把易的整體體系用在部分學科上，再用部分學科的實際成果來彰顯人類思維的文化成就，建立一個根本的方法，從而創造一個更完美的宇宙、人類、文化。這樣，對瞭解《易經》時

代性及展現其作用有很大意義。

⑸關於系統的相互詮釋問題：

　　《易經》作為一個學術，它與不同的哲學體系方面，西方的或東方的，都可與《易經》聯繫起來考察。舉例來說，中國先秦諸子百家都與《易經》有很大關係。儒家繼承了《易經》的陽剛自強精神及思考方式，道家則繼承了陰柔處下的思考方式，其他各家也都各自繼承了易的隱顯、分合的思維方式並在其中取得定位。

　　西方思想的境界相對《易經》也有可比較的意義。柏拉圖思想、亞里士多德思想、近代理性主義思想、經驗主義思想、笛卡爾思想、康德、黑格爾思想以至海德格思想，都可與《易經》作相互詮釋，這種詮釋能納入到整體人類具有《易經》特質的思想過程中。這種詮釋及納入並不表示要一元化，而是在一體多元之中找尋一個和諧的秩序，從而產生更深入的創造並達到一個更高層次，成為推進人類文明發展的動力。

　　以上五個問題是當前《易經》研究的重要問題。在易學研究方興未艾的今天，眾多《易經》研究的學術課題中，有很多深入的、個別的、特殊的研究，但我們抓住了這五個方向定位，就更能掌握《易經》的智慧，更能拓展人類思想的新境界。

　　除此之外，《易經》作為辯證的思維方式，它的作用及內涵也有待於加強和探討。以下我提出三個特殊的問題作為結語。

⑴對《易經》辯證法的瞭解：

　　今天我們應跳出將《易經》作為素樸辯證法的看法的階段，應該用外觀、內省、超越及投入的方法來掌握更高層次的《易經》哲學的辯證內涵。

⑵對科學易的瞭解：

　　我們毋須用《易經》去詮釋所有科學內容或將所有的科學內容納入《易經》。相反，我們要用《易經》開拓科學並激發新的科學研究，秉承《易經》內在的創發精神而真正投入於科學之中。即是說，應用掌握外觀的能力來掌握新的義理，從而對科學易有新的幫助。

　　科學《易經》應導向《易經》科學，所謂《易經》科學就是一種開發中的整體科學。強調差異、強調深入研究、強調關係研究和交叉研究，在這些研究之後使整體突出，並在整體中能把自然科學、生化科學、社會科學、人文科學納入不同層次而建立整體結構。同時，在這一整體運動的相互影響的轉化關係中，拓展出價值科學，指導人的判斷及行為取向。

⑶對管理易的瞭解：

　　這與決策科學和預測科學有很大關係。我們不應把《易經》單純看成預測學。《易經》認為預測是兩面的，一面是對客觀世界的掌握，掌握變化之機。另一方面是掌握自我，從事決策和抉擇。換言之，沒有真正的、絕對的客觀預測，預測事實上是一種建築在歸納法上的假設和決策，由預測者自行投入並負責。

　　需要強調的是：預測與決策是聯繫在一起的，預測是在決策基礎上實現。決策包含著對某種事物的判斷。這是就決策與預測的互動關係來瞭解《易經》原始筮卜作用。在我看來，預測即決策，決策即預測。用這樣一個眼光來看《易經》，就更能掌握《易經》超越而投入的精神以及《易經》外觀而內省的能力。這樣自然能對《易經》占卜問題做出比較公平的評價，從而掌握和發揮《易經》預測和決策的真正意義。

三、
易經管理哲學的理論與實踐

　　首先我們從文化上的差異來考慮，我國的文化在一百年來遭受外患的侵略，基本方向與傳統文化大不相同，以至於改變了傳統方向。但畢竟中國人是講究道德以及家庭榮譽感的，而外國人比較講究權利，他們是為了取勝而取勝。如同希臘人所謂「卓越」的成就感，亦即為了個人的權威性。這點與中國人大不相同，中國人多半為了家庭、社會著想，但往往卻被家庭、社會所局限，更缺乏西方冒險患難的精神。除去文化，單就科學方面來說，在理性上，科技發展的必然產物是科學的管理，依據分析的成分、計量的關係，求最大的效果。在國際競爭中要能知己知彼才能百戰百勝。所以我們透過對文化與科學的認知，利用科學來突破因文化而產生的限制，在不同的場合中求改進。另一方面，除了科學管理外，還要對自己文化價值體系融會貫通，不放棄自己文化的獨特點，也就是取西方的長處，保留自己的優點，做到中國管理科學化，管理科學中國化的靈活運用。

(一)比較管理學

　　在介紹《易經》哲學之前，先講一下比較管理學。根據調查，21

世紀最能影響人類的國家，第一是中國，第二是日本，第三是美國。
這種從重視歐美轉變為重視太平洋的方式已成為美國朝野的潮流方
向。試觀日本人的成功有其文化的特色。歐美講求功效主義、重視個
人責任及理性的規劃；而日本重視團隊精神，對團體的忠實感，更重
要的是他的家族化的精神。家族化可分為兩種，一種是家族的涵用性，
能將家族從同姓血親擴大到外人，以平等待遇將公司視為一個大家族，
日本的家族化精神就是屬於涵用性。我國雖然也是家族化的社會觀念，
但卻屬於排他性的家族化精神，有如老闆、夥計間的排他關係，不能
發展到其間的包容性。至於其他國家的比較：歐洲國家中德國人有好
勝的精神，而一般歐洲國家他們的保守性重於進取心；南朝鮮人的精
神在於勤儉自修、團隊進取，深受儒家倫理思想的影響。

(二)中國管理學的傳統

現在談談中國的管理哲學，講中國哲學一定要講傳統，這不只是
從現在的中國來看，一定要實際地經過印證及體驗，不光是引經據典
來斷定。在此將儒、道、法三大家提出來申述中國傳統哲學：

⑴儒家：

儒家講求道義，這是儒家的理想。在心態上以誠、敬為出發點，
達於仁義的目標。企業家必須能夠知人、知事、知時，瞭解全局。以
儒家的觀念來衡量，在整體情況下，「才」與「德」何者重要。我們講
究德行，但不應將德的觀點死板地擴大到個人的私生活領域。另外儒
家講義利之辯。人要追求道義，不是利益。一般人常常是雙重性格，
要求別人的是道義，自己卻追求功利。而儒家最大的特色是性善論，
對人應有信任感，這最值得我們發揚。

⑵道家：

　　道家與《易經》更密切，講求正反兩面。從上下、左右、內外、前後、陰陽的觀念來看事情。簡單的說，陰是看不見的、不方便說的一面，如感情、欲望；陽是光明面，可說出來的。陽是有，陰是無。但並不是看不見就不好，往往看不見的作用更大，它可以包容一切。所謂「無生有」，若將它用在做人上就是寬容的德行了。道家還講「物極必反」的道理。反其道之用也，正的意思可能有反的作用，所以用人要看清楚正反兩面。另一方面要發展謙容之德，「不為天下先利」求取自然的美德。

⑶法家：

　　法家的主要精神在名副其實，名是面子、地位的代表，光有名而無實是不堅固的，但有了實也要勇於承認他的名。名家講平等主義，名家與道家發明了統馭術，在大環境中達到一個目標。鬼谷子的連橫、合縱就是一種戰術。還有一種「飛鉗術」即是在打擊一個人之前，先將他捧出來，然後再打擊他，將他鉗住。這是陰謀控制的權術。法家講求權、術、勢的考慮應用，若能應用得方寸不亂，甚至敗了也不引為恥。這在《易經》上是定位的問題。

㈢《易經》哲學與《易經》哲學的建立

　　《易經》哲學綜合了儒、道、法三家，是中國哲學思想的基礎。《易經》不只是占卜之書，它還有象、辭、意的觀念。《易經》是對世界的圖象顯示，在圖象中找出一個定位，將它應用在人生，發揮最大的效果。伏羲畫卦，描寫宇宙的八種象徵息息相關、變化不已。從八卦中再提煉出八種不同的精神原則，可以在管理上知己知彼。比方說，

「天」是乾的原則，有創造的意思；「地」是坤的原則，有包容一切的作用，在守成中求發展；「山」是穩當的，適行則行，適止則止；「澤」是安和快樂的；「兌」是和樂的原則；「雷」是生機發動的意思；「震」是動的原則，有一鼓作氣、萬象更新的意思；「風」表示大地更新、風和日麗，是流動的原則，所以風代表財，「貨暢其流」，財是透過流通的；「水」是柔中有剛，而「火」則剛中帶柔。此八卦表示宇宙是對稱、平衡、流動、變化的。若能掌握宇宙，也就能掌握自己。何時該創新、何時該平衡、何時該以柔克剛等，都是做人做事的運用。從這裡可以歸納出四個原則：(1)**守成知變**；(2)**窮化創新**；(3)**定位斷疑**；(4)**簡易即時**。三大重點：**簡易、不易、變易**。宇宙現象在變與不變之間生生不息。管理哲學就是在簡單自然中尋找變與不變間的關係。

　　在今天這個憂患的時代裡，處處充滿了危機，但從《易經》上來講，危機就是生機，我們並不怕危機。要看危機是否能處理得當，能夠在憂患裡求生求變，所以憂患之學是《易經》的一個特點。最後，《易經》的另一個特點是調和之學，今天我們很多問題的發生是因為不調和、不溝通。天、地、人、時間、空間不調和，無法做整體性的溝通，不能開誠布公的解決問題。《易經》最講究衝突的調和，《易經》中提出很多衝突面，解決之道可以從理和氣來看；有些事情我們不一定要從理的方面來解決（如法律），因為整個宇宙是理和氣的結合。氣是一種流行的感受，人的感情、身體的狀態也是氣。須在理中求氣，氣中求理。氣是人、是具體的，理是普遍性的。《易經》講的就是理氣調和。最後的目的是成己成人。

㈣《易經》的五種分析

⑴《易經》的系統分析：

　　一個系統是許多小系統組成，每個系統都能夠作用而達成大系統的目標。另外，一個系統是多元的，並非單向的系統，現在的人乃是感受專業化，系統複雜化。《易經》上告訴我們在不同的情況應該有不同的感受、不同的系統作用。該進的時候進，該退的時候退，不能固定一個感受，在系統間應造成轉化的關係。很多問題有形而上、形而下的關係。形而下方面一件事往往只看到結構而無法知道它的動向。動向與環境有關，所以要將自己與環境結合成一個系統。瞭解自己在整個系統中的定位，在大環境裡，隨時注意自己定位的變化，定位於陰陽、剛柔、虛實、理氣的關係。所以《易經》告訴我們的是定位之學，在原則當中做最好的改變。《易經》中有一個卦叫「革」卦，革卦即是順乎天、應乎人的意思。

⑵《易經》的溝通分析：

　　要瞭解關係才能溝通，由瞭解來打破不通的地方。溝通分析就是一種關係分析，從定位中去找關係，再把關係網應用在溝通上。《易經》中，天地相交時即為溝通，故謂「泰」，表示利的意思；天地分開，不能溝通，而成「否」卦，就是不利，做事情不能成功。今天來講，搜集「資料」是屬於未溝通；將資料組織成「信息」後還不夠；再將信息解釋成多方面的「知識」；但有了知識還必須透過「瞭解」貫通才算是溝通。因為瞭解形成了感情的溝通，在「知識」上仍舊是屬於理，瞭解後才結合了氣的成分，這是《易經》中基本的理氣溝通的道理。

⑶《易經》的決策分析：

　　《易經》是最講究決策的。每一個卦都在分析做決策。卦中都有一個「辭」，辭就是決策、判斷。既分析又綜合，看卦是從分析中找綜合，知微才能彰顯大事。透過卦我們可以瞭解到「象」，卜卦就是表現出現象。象之後要抓到言也就是「辭」，辭是過去人的經驗，將象與過去的經驗連在一起，最後是「意」，是自己的意思，主觀的狀態下做自己主觀的目標、客觀的現象加上過去經驗做綜合的決策。在這當中所追求的不只是個別專家的能力，而是整體的決策能力。

⑷《易經》的領導分析：

　　領導要求適當的定位，當領導的時機未到時不能搶先上任，當領導時機已過便該適時停止。領導術的分析在於能夠知己、知彼、知事、知道。簡單的說：天是過去、現在、未來；地是前後、左右、上下；人是感情、理性、欲望，把它配合起來就是最好的領導。最後提到領導也要懂得經、權的關係，經是守成不變，權是變通的。我們要能變通但不流於亂，這靠所在的位子對、關係對、溝通對。

⑸《易經》的協調分析：

　　調和的目的在追求生生不已的發展。從《易經》的分析來看，在於使得陰陽配合、剛柔並濟、上下溝通、理氣夾持。例如在氣上做安排，但要與理相調和，如請人吃飯是氣的作用，但是也要有原因，這就是理。在協調後，則能夠增加效益，增加生產，發揮全體大用。

㈤ X、Y、A、Z 理論與陰陽虛實及剛柔動靜

　　透過管理哲學研究來看，有下列四種理論的產生：

(1) X 理論：

　　強調人基本上是懶惰的、被動的，所以在管理上重視如何將他們組織起來。

(2) Y 理論：

　　強調人基本上是向上的、求進的，在管理上強調如何協助他去發揮他的善性，X 理論趨向陰的方面，因為陰是不動的，是虛的。Y 理論趨向陽的方面，是動的，是實的。

(3) Z 理論：

　　日本的 Z 理論強調團隊、家族、安穩，不要太多的專長；重視共同作決策，在大家族上共同發揮。這在制度上升遷較緩慢。

(4) A 理論：

　　美國的 A 理論講求功效、責任感，在管理上重視效率、績效的衡量。

　　以上四種不同的理論，把 A、X、Y、Z 合起來，看不同的人來做應用。

　　據下表將四種管理方式分析如下：

　　① AX：我們叫做陰以剛制之，因為人性是陰的，就以剛來管理，提高他的責任感、積極性。

　　② AY：稱做陽以剛迎之，因為人性是陽的，就順其向上之心用剛來訓練他，使他成就。

	人性	陰（虛）	陽（實）
	組織	X	Y
剛（動）	A	AX	AY
柔（靜）	Z	ZX	ZY

③ ZX： 陰以柔容之，因為人是陰性，就用感情來涵容他。用柔的性情去包容。

④ ZY： 陽以柔融之，因為人是陽性，就用柔來融合他。

這四種管理方式都可以用《易經》來看它，都可以相互運用，看何時、何地、何事來用。

㈥結　論

所謂管理方式可以說是陰陽、剛柔、虛實、動靜的關係。這可以顯示出利用傳統哲學的道理，更可以發揮管理的功用。《易經》所提出的哲學是一種安和樂利的境界，也就是管理最高的境界。安就是定位；和就是調和上下、左右、陰陽等；樂就是安穩、快樂；利就是盡大利，發揮全體之大用。《易經》中安和樂利的境界若能做到，則無往而不利，這也是中國人應該做到的。

四、
西方管理危機與東方人性管理
——序《儒家管理哲學》

　　管理是有意識、有組織、有目標的規範和約束行為。但管理除其特定的目標（如企業目標）外，尚有其一般性的目標。其一般性的目標，乃在建立社會的秩序，發展文化的創造力和促進個人的自我實現。如何運用管理的一般性目標以達到管理的特定目標，是當前管理的重要課題；而如何運用管理的特定目標來實現管理的一般性目標，更是當代管理思想的重大問題。當代西方管理界所倡導的「目標管理」，旨在控制目標以控制方法，增進效率，但卻未能深化目標，開拓更深沈的（更一般性的）方法以達到特定的目標。這也是由於未能將管理哲學與管理科學及管理技術相互結合運用所致。但這卻根本顯示了西方管理科學缺乏一個對深化管理目標和方法的管理哲學向度的確切認知。由於此認知的缺失，西方（美國）企業管理乃出現了各種空前危機。我們可以列舉三種危機來說明一個新的管理認知和一個管理哲學提出的需要。

(1)兼併化危機：

　　為了壟斷市場及擴充利益及財力影響，進行惡性及強行兼併，妨

害公平競爭及平衡發展原則。

⑵機械化危機：

科學化管理導致人事和人力資源運用的機械化，工作者為了謀生而工作，卻不一定能認同公司，管理者除了牟利沒有更高的企業和生活目標，因而造成工作者心理閉塞和不穩定性，也因之形成人才的退化和流失。

⑶呆滯化危機：

大型企業過分成熟，變得龐大分散，無法靈活應付社會需求變遷，也未能充分吸收利用新的科技早做改良革新，以致形成財務虧損，人事負擔沈重，企業精神頹喪殆盡，成為淘汰的對象。當然，西方管理者能夠運用諸如結構改組、財務重整、人事更換等手段來解決這些危機中的個別企業的問題，但從理論層次看，企業發展、企業用人和企業持續和轉化等根本問題並未解決，因為西方管理者缺少了一套完整的管理哲學以及對此管理哲學構成的人和社會因素與潛力及其價值的充分理解。

西方現代企業管理重視下列三個因素：

⑴專業知識和技術；

⑵組織與推銷能力；

⑶功利性的企業目標。

在一定條件下，這些因素主導了西方企業的發展，但也同時限制了西方企業的發展。前者是自明的，後者卻是由於對此三項因素的重視導致對人性全面價值需求和人性一般潛力的忽視。我們可以說這種西方現代的企業管理體系充分發揮了人的工具理性，並使理性演化為控制人性以獲得利益的機制，因之也就形成了管理制度的機械化，使管理喪失了對內（人事）與對外（市場）適時應變的靈活能力，也使

管理系統中的個人與群體的創造性和創造力喪失殆盡。這在今日美國90 年代的多次企業的瀕臨崩潰中表露無遺。這說明了上述企業的三個因素只是企業成功和成長的必要條件，而非充足條件，甚且此三個必要條件能夠阻礙企業的持續發展與全面提升：專業知識和技術不能保證實用性和適用性；組織與推銷能力不能保證通變性與變通性；功利目標往往表現為企業的短視和短利，以致缺乏韌性和革新精神。

　　相對西方理性的企業精神，中國儒家以開拓人文和實現人性為重點的個人管理、社會管理和國家管理的思想自成一套卓然獨立的人性主義的管理體系。在此體系中，人有人之為人的目標，人有極大的可塑性，在充分的自我修持、自我規範的過程中逐漸實現理想的人的完善性。人（個人及群體）有自我發展和自我實現的能力，且能在此自我發展和自我實現的過程中獲得滿足，也獲得穩定。我們可命名此為「人性論的管理哲學」。在此管理哲學中，我們可以尋繹出下列與管理密切相關的要點：

　　⑴順應人性的自然關係的建立和調和（此處人性含理性、感性、情性和悟性）；

　　⑵對領導身體力行和實踐表率作用的重視；

　　⑶層級性和推展性的追求目標的達成；

　　⑷啟發自內而外或內化的動力以實現目標；

　　⑸從事恆常的學習和反省的教育；

　　⑹建立互助、互信和忠誠的責任和德性；

　　⑺結合利益與安和及愉樂以求生生不息；

　　⑻從具體經驗中求改善並鍥而不捨。

　　儒家的人性論的管理哲學代表了一種對人性普遍潛能的自覺，並代表了對人性包含的層級性的普遍價值目標（個人、家庭、社會、國家、世界）的認知。再由此一自覺的認知發展出行為規範、制度規範、組織規範以作為追求及達到目標的方法。事實上，我們把握了儒家人

性論的中心理念和價值,就可以把儒學看成一套完整的管理哲學體系,投射在現代管理功能、管理目標和管理方法的架構上,突顯出其發揮人性、開拓人力的管理特色。此一特色也可以簡述為對人生價值和社會價值的「目標管理」。所謂「管理」即為自覺的自內而外、自外而內的同時約制及激發行為以達到價值目標。可見,儒家哲學無疑是具有普遍性的管理哲學,它不是專業知識和特定目標規定的管理科學,但它卻不妨礙於專業知識和特定目標的管理科學的建立。

事實上,管理科學可以有兩種發展的選擇:一是基於人性論的管理哲學而建立完整的系統;一是完全獨立於人性論的管理哲學而以其自身為最高標準。西方當代的管理體系顯然是走後者的路,其嚴重的問題也就難以避免。相反的,如果現代的管理科學能夠輔以人性的管理哲學,如果現代西方的科學管理能夠輔以人性論(如上述儒家哲學所示)的管理方法,則科學管理體系的缺失也就能夠避免,而管理的有效性和管理的價值也就自然提升了。

儒家的人性管理哲學當然不是以促進及改良科學管理為終極目的,雖然日本企業確從這個努力中獲取了企業管理的莫大成功,也創造了企業的莫大的競爭力和效益,使日本成為經濟大國。儒家的人性管理仍有其崇高及獨立的人生和社會目標。它應該是轉化企業活動以達致其目標的動力,也應能以企業活動為達到其目標的方法,因之,它不應只為企業所應用,也應規範企業文化,提升企業倫理,以促進人性社會的實現。在此意義上,儒家管理哲學才顯出其最高的價值。但對此課題,我們要進行深入的探索。德國社會學家韋伯指出,西方基督教新教倫理促成了資本主義精神和資本主義社會的興起。當代中國學者也一再強調了「儒家倫理」對東亞經濟和工業的現代化發生了點火和催化的作用。比較管理學者也論證了日本式管理引用儒家倫理達到企業目標的成就。但必須指出的是,如何基於企業目標以及強化企業活動以成就儒家的理想,如何包含及基於管理以完成社會倫理達

到理想社會，乃是非常重要但尚未被學者充分探討的課題。此一課題亦即為基於倫理以達到管理，基於管理以達到倫理的「形上管理學」課題。這也許是發展現代中國管理模式的一個必要起點，也是發展前瞻性的世界理想管理模式的一個基礎及發展方向。

五、
中國管理與美日管理比較

　　為適合中國現代化的需求，今天我們所談的管理必須結合傳統與現代，東、西方的精華，截長補短。根據許多的分析調查顯示：美國式、日本式與中國式的管理觀念都有異，無論在管理計劃或決策方面亦各有不同之處。把中國式管理與之比較，主要的用意在認清自己的問題、危機，經過外來的衝擊、吸收、凝聚而成新的體系，進而發揮更好的功效。

　　其實，不止管理如此，幾千年來中國歷史也一再重複著同樣的過程，由於中國哲學文化較具包含性，每當本身的核心文化呈弱勢時，外來的強勢文化便乘虛而入，形成凝聚、擴展的現象。但是若只是盲目的吸收，本身不知求變、強化體質，很容易就會為外來文化所吞噬。只有認識危機，設法改變自我，因應變化，重組自我成功者，才可能成為主導文化，進而擴展，經過相當時間後，又會再落入鬆懈、封閉、腐化，面臨新危機的循環中。

㈠日本人是一好榜樣

　　由於管理牽涉到心理、價值、觀念、文化等問題，要想使它「青

出於藍而勝於藍」亦須花費同樣的努力。在這方面，日本人是最好的榜樣，他們本身體質並非很強，但先吸收中國文化智慧，建立起一種制度，再吸收西方高度組織形式和追求效率、卓越的理想，而後發展出一種強烈的企圖心和致勝力。

在吸收的過程中，他們並不盲目，透過自有的價值觀來加以消化、改善，而後更符合社會的需求。日本汽車業的成就舉世公認，他的製造科技是外來的，但其設計、生產與品管，皆融入了日本本身崇尚小巧精緻的價值觀。

由此可見，中國式管理要成氣候，也必須把中國文化哲學當成後盾，但同時必須對自有文化反省改造，吸收東、西方文化精華，再與西方科學凝聚結合，如此才能青出於藍而勝於藍。

一般而言，管理大致可分為西方的理性管理及東方的人性管理，前者以美國為代表，後者以日本為代表，所以又稱為美國式管理與日本式管理。

㈡終身雇用安定生活

基本上，美國式管理強調功效、創發力與責任心，重視數據，公私分明，個人參與公司純屬理性，而非全面生活性的投入，因此人事變動性極高。在一個標準化的規範下，個人與企業可以自由競爭，互相抗衡，因此早有工會的存在，經過理性的運作與良好的規範，社會利益不因勞資對立而消除。在實用主義之下，企業雖以獲利為最高目標，但亦強調與社會結合，成為其中一部分，利人利己，使利益長存。

日本式管理具備了東方人性管理最大的特質——將不同個人結合為一體，在一個共同的信條下工作、生活，所以個人是全面性的參與企業，為了使人員完全獻身，發揮忠誠度，企業以終身雇用制來安定其生活，並發展出家族化的經營模式，不強調階級管理，而強調內部

的融洽。

日本人所謂的家族化，與一般中國式的不同，它是屬於包含性的，以家族為中心，將朋友及所雇用的人都包含在內，視為家族的一分子，這種作法一方面要求員工奉獻犧牲，也同時提供各種進修訓練與福利保險，使其與企業共存亡，不必擔心被裁員。這是日本企業成功之處，可見家族化並非不好，關鍵在於是否能將排除性的家族化轉變為包含性的。

另外，日本式管理亦強調團結生存，這是其包含性家族化所發揮出來的「群」的功用，他們知道要保護自己，發展自己，就須團結，因此重視集體智慧與群體力量，強調不斷的改進，而非突然的轉化或改變。

細緻化也是日本式管理的一大特色：由於客觀環境的影響，日本人善於運用空間，重視條理與整齊，長久以往，轉化為一種注重細節的心理，強調潛移默化，重視默契，日本人模仿力之強與其細緻心理亦不無關係。

㈢面對功利折衷妥協

至於傳統的中國式管理，講求道義精神、心性修養與和諧思想，但發展至今，這些特點都徒具表面形式，實際上，面對的是功利與折衷、妥協。

不過，受文化影響，重計謀策略與積極進取卻是中國式管理的另一特色，在良好的規劃與適當的環境下，可以出奇制勝，但用之不當，則會流於投機取巧，中國人的一窩蜂心理與現象，便是太重謀略而不重整體觀的表現。積極進取的特質亦然，如能將之善加整合運用，自會發生一股群體活力，否則會形成牽制力。

中國式管理亦強調家族化，但和日本不同的是，因中國歷經太多

變亂，人與人之間的信任已逐漸喪失，因此是屬排他性的家族化，而不是日本那種包容性。這種趨勢往往會導致內部的不穩定，老闆與夥計間各懷異心。

由美、日、中三種不同管理觀念的比較，可以看出中國式管理雖也強調人性管理，但對人性資源的開發掌握不夠，往往只發揮了人性的劣根性，如好面子、排斥心、小圈圈主義及家族本位等，反而對自有文化中優良的特質未加發掘善用。

另外中國式管理在理性方面也十分缺乏，雖然近代以來中國人已意識到科學理性與組織的重要性，積極吸收引入，但由於中國人大而化之的習性，只一味模仿西方，未從本身的文化哲學出發，加以凝聚整合，因此發展出來的現代中國式管理，既缺乏日本式管理所強調的精神力量與中心思想，組織型態方面又不如西方管理那麼嚴謹，管理危機因而出現，企業不知何去何從。

㈣速成方式已經落伍

在經歷種種內外的衝擊與變動之後,臺灣企業漸漸瞭解急功近利,人人為己，馬馬虎虎，薄利多銷的「速成」管理方式已落伍了，為求長遠而全面的發展，我們需要一套良好的管理文化，來改善企業和社會風氣，此外更須建立一套理想的中國式管理體系，來克服現有的缺失和危機，這套體系包括三方面：

⑴中國式管理標準。

⑵中國式管理的哲學理念：

管理是活的學問，不但要能應付外在、內在世界及人、事、時、空的變化，也受政、經、文化、倫理的影響，所以除了需要科學、技

術，也需要包含管理科學的哲學，如此這套管理體系本能與政、經、社會和生活結合。

⑶中國式管理系統：

中國式管理的運作要制度化，就必須加以系統規劃，建立各種制度、規劃，除此之外，還要建立一種解決糾紛、問題的方法與原則。

六、
臺灣經驗與中國式管理

　　一般而言，臺灣經驗被視為是臺灣經濟發展的經驗，但廣義而言，應是指全面性現代化的經驗，由此看來，臺灣經驗仍有其未完成的過程與不足之處，其中最主要的就是經濟發展與政治發展、社會文化配合的問題。

　　也正因政治與社會文化的發展腳步跟不上高度的經濟成長，臺灣經驗面臨空前的瓶頸，臺灣經驗亦因此承受嚴苛的考驗，中國管理哲學便適時發揮了它的重要性。

(一)臺灣經驗值得參考

　　其實，臺灣經驗與中國管理有密不可分的關聯，它的成功，顯示出中國式管理獨到之處，它的問題亦反映出傳統的中國式管理無法掌握所有問題。所以，從臺灣經驗的探討中，我們可以發掘現實中國式管理的優點，檢討其缺失，加以改善發展成一理想的規範，使其更符合臺灣社會現代及未來的需求。

　　臺灣經驗可以說是多種因素相互配合發展而成的一個過程，人力資源的運用是其中一重要因素，單從臺灣經驗在這方面的表現，便可

找出許多中國式管理的特色：

⑴**樂觀進取，奮發向上，刻苦耐勞的精神：**

　　這是中國傳統文化中美好的特質，也是臺灣經濟發展的原動力，過去三、四十年來，國內不論政府、民間或企業界，都充分發揮了中國人認真進取、勤儉、自我犧牲克制的民族性，上下一心，自強不息。

　　所以，過去臺灣的小商店都是從早開到晚。60、70 年代的中小企業，也都是把生活家庭完全投入工作中。這在西方人看來是缺乏管理，但對傳統的中國人而言，工作即生活，生活即工作，兩者是很難劃分的。這種全面投入生活的工作能力，以家為一工作單元的生活型態，不但讓中國人具備了很大的韌性，也激發了我們的潛力，因此格外禁得起社會或經濟風險。

　　積極樂觀的精神，是中國人生命與工作的動力，這種對未來永遠有所預期，不斷追求運氣與機會的人生觀有其哲學根源，其一是**出世的宗教觀**；中國人認為，宗教是補足、充實人生的工具，而不像西方人或印度人，把宗教當成人生最終的目的，因此，隨著經濟日益發達，人的精神益發空虛，宗教便成了平衡、支持生活與心靈的工具。這也是這些年來佛教在臺灣蓬勃發展的主因。

　　其二是**儒家的生命觀**；儒家強調自強不息，向上進取，中國人嚴肅認真的生活態度，便是深受儒家思想的影響。

㈡人際關係一大關鍵

⑵**重視人際關係的情性文化：**

　　人際關係是臺灣經驗中人力資源運用的一大關鍵，因為中國人重視人情、人性，人在家族、社區、社會與企業中發展廣闊的人際網絡

便十分重要，中國式管理尤重於此，也因此容易基於人情而非理性判斷，產生相互的信任，並建立起人際網絡。

這種相互信任的人際關係，是中國式管理的一大特色，對早期的臺灣經驗而言，是一大資源，也是其成功關鍵之一。在今天的經濟環境中，它固然仍有相當的價值，但是卻也容易造成很大的阻礙，因為如果不能掌握好人情、人性，則沒有情，理也不通，諸如背信、紛爭、倒賣等現象便層出不窮，因此這也可說是中國式管理的致命傷。

一般而言，人情關係可分為利、義兩種，中國人強調義，而不講求利。比方說，長官照顧部屬，朋友間互相扶持，應該是為義而非利。這種義氣關係一旦結合成企業組織，追求利益目標，便會發揮很大的力量。但一個團體若因利而失義便會有爭執、瓦解的危機，所以，從管理的角度來看，若要讓中國人團結，必須以情為基礎，純粹理性、利益的結合都是不夠穩定的。

不過以情性文化為基礎的中國式管理卻面臨兩大危機。一是一味講究情，會逾越了理、法，使情成為一種負擔。二是以情為基礎，一旦無法擴大容納所有的人與事，便會出現排拒性而流於徇私保守與自我封閉，這對企業而言，是莫大的危機，只有在「情」的組合下加強對「理」的認知，在「理」的基礎上擴大「情」，在「法」的基礎上使組織結構合法、客觀，才可能避免中國式管理的危機。

從另一個角度來看，臺灣經驗亦是一種協調配合藝術的表現，與掌握時空、應變能力的發揮。正如前面所說，臺灣經驗是多種因素配合發展的過程，也是政治、社會、經濟三方面搭配而成的產物。從它的發展過程中，我們不但可以很清楚看到政府充分發揮主導、協調功能，民間充分發揮配合的精神，亦可看出高度敏銳的應變能力。

㈢多種因素配合發展

整個臺灣經濟發展過程大致可分為五階段：

⑴計劃決策階段（1950～1960 年）：

這是屬於中央決策主導時期，當時政府為在安定中求發展，實現民生主義的理想，先從土地政策開始規劃，因此有三七五減租及耕者有其田等政策的誕生。

⑵強而有力的政府領導階段（1960～1970 年）：

在政府強而有力的領導下，臺灣經濟在既定的中央決策之下，按部就班實施經濟計劃，政府輔導民間投資，發展企業，不但為其提供方向、機會、資源，而且發揮調解功能，臺灣今天許多的大企業，都是如此茁壯成長的。

㈣應變能力高度敏銳

⑶代工生產、拓展海外市場階段（1970～1975 年）：

為突破島國經濟的限制，臺灣在政府和民間的通力合作下，匯集廣大、勤奮的勞力，成立加工出口區，以代工方式為日本及美國大企業生產、供應其市場需求，並藉此拓展海外市場，發展國際經貿關係。臺灣在這個階段的表現充分顯示出高度敏銳的應變能力。

⑷大量生產、薄利多銷階段（1976～1980 年）：

在這個時期，由加工而走入製造業，集合大量勞力，發展勞力密

集工業，大量生產，一切以外銷為主，並以薄利多銷策略掌握更多的市場。

⑸人力資源的高度開發與運用階段（1985～1990 年）：

在這個階段中，教育水準提高，為我國培植了不少科技人才，再加上留學生回國加入經濟發展行業，整個經濟結構由勞力密集而走向智力密集與資本密集。

協調配合與應變能力，對臺灣經濟固有重要助力，但用之不當或過度，便會產生負面作用，這點在臺灣經驗中亦同時存在。以協調配合為例，直到如今，臺灣的經濟雖強調自由化的發展，但仍有濃厚的人為調節色彩，比方說，證券市場經常受政府各種調節配合措施的影響。

從管理的角度來看，不論是國家或企業，協調配合一定要為整體的發展著想，而不是片面的，否則便會出現特權勾結、派系紛爭與投機行為。

㈤時時著眼整體發展

掌握時空與應變的能力亦然，臺灣由未開發國家而有今日的經濟成就，實得力於天時、地利、人和，政府 70 年代的十大建設，吸引外來投資，以大量生產、薄利多銷，掌握國際市場行銷機會等，皆是配合世界經濟潮流的最佳決策與行動，這說明了成功管理的一個要素是，認識大環境的氣候、方向，並適時掌握予以應變。

㈥敏感輕率追逐短利

應變其實是中國人的本土智慧，從《易經》變化的宇宙觀便可看

出，長久以來，中國人都很重視人生宇宙的變化，並認為唯有掌握變才能制變、應變，生成發展。

但也因為這種善於應變的民族性，中國人易於產生投機心理與一窩蜂心態，許多行業的興衰都是由於這種心態使然，而臺灣股市的敏感脆弱與狂升暴跌，也正是投資人過於敏感輕率，追逐短利的表現。

投機與應變為一體兩面，其差異在於動機，前者只重個人短暫暴利，一切以私為出發點，凡事不經深思判斷，不但易於患得患失大起大落，而且極易危害整體，地下投資公司便是最顯著的例子。

㈦發揮長處改善缺點

從臺灣經驗的探討中，可以發現深厚的中國文化與哲學基礎，這些也是中國管理的根源。但是國人一般對於中國文化與哲學缺乏深入認知，雖沈浸於其中，日用而不自覺，實際上，唯有從文化的根源來探討發展的管理思想才不是空洞而抽象的。

臺灣經驗反映出的中國管理有其優點和缺失，唯有發揮長處，改善缺點，更積極去開發掌握中國文化和哲學的資源，中國管理才能成為一完整而理想的系統規範，對經濟，乃至整體面的發展，產生更大的效能。

七、
中國管理與人性哲學

　　管理與人性其實是密不可分的，管理的範圍無一不與人有關，由於人有喜、怒、好、惡的不同，觀點、心態、感情、欲望各異，因而會產生許多不同的管理型態，也唯有瞭解人性潛能，開發引導，方能發揮管理的效能。對於人性的定義，中國古代思想家就有不同的看法，孟子主張人性本善，強調誘導啟發的管理，荀子主張人性本惡，強調學識、紀律，及組織控制，孔子則兼而有之，一方面以啟發教育為主，一方面以制度規範為輔，此外，他也強調克己復禮。

　　綜合而言，儒家是以性善說為起點，繼而以啟蒙、禮樂來教化，然後再以法制來規範，相形之下，在法制上就不如法家那麼嚴謹。

㈠重視潛能探討與開發

　　不論觀點有何差異，但基本上中國管理哲學對於人性潛能的探討與開發十分重視，這也是中國管理最大的特色。關於這方面，從中國管理中所謂的知人善任、人定勝天及知己求正便可看出。

　　所謂知人善任，即知己知彼，如此才能使人心服口服，充分發揮潛能，並減少摩擦，提振士氣，形成具親和力的企業文化。

　　所謂人定勝天是指啟發人的智慧與知性，善加運用，突破困難，解決問題。

　　所謂知己求正即孔子所說的「克己復禮」，它是指瞭解自我內在，約制短處，發揮長處，因為人性是可以修養、塑造的，必先有自知之明，行得正、坐得正，才能被人尊重，此即正己正人。

　　由上述分析可以看出：**知己力、知他力、知物力**是中國管理中人性開發的三個重點。

　　孔孟儒家雖有性善、性惡說，但是對人性的詮釋並不完整，根據個人對中國哲學多年研究所得，認為透過人心自我的反省，人性至少包括下列四種潛能：

⑴理性：

　　自我反省、辨別是非的能力。

⑵感性：

　　對外界知識感受的能力，感性能力和理性能力一樣需求發展，否則無法培養高度的敏感，瞭解外界及他人，作正確的判斷，或適當包裝自我。除此之外，外在環境也會影響感性，而產生內省作用，管理最大的問題就在於感覺遲鈍。

⑶情性：

　　是指一個人的喜怒哀樂和內在的種種感受，這也是價值觀的起源，中國人特別強調情性，因此重人情。實際上，在人際關係中，情性十分重要，如果不能透視人心，以我心來度他心，人與人之間便無法產生默契、共鳴與體諒，進而凝聚力量、化解衝突。許多管理與人生的問題，皆因「情」無法疏導溝通而起，由此可見情性的把握多麼重要。

(4)悟性：

　　超脫情、理、感，對整個世界及人生真理有所了悟，所謂「山窮水盡疑無路，柳暗花明又一村」、「登泰山而小天下」、「欲窮千里目，更上一層樓」等，皆在強調人性是可以提升的，只要能跳出世俗眼光，便可看得深而遠。比方說，臺灣經濟發展要突破現有困境，就必須先頓悟到不論社會、治安、經濟等問題，皆來自文化及管理制度，若不能先改善這些問題，經濟亦難突破。

(二)四性應平衡發展

　　以上四性應平衡發展、相互補充調和，其中任何一性過度發展都會影響一個人的判斷，流之偏差，身為管理人，尤應如此，不論對任何事件，皆從這四個角度去分析、釐清，再因時、因地、因事而制宜，或單刀直入，或雙管齊下，或三位一體，或四馬齊驅。

　　根據人性四種潛能，我們可以進一步瞭解人內在的思想和心靈活動，此即所謂的知、欲、意、志（見下頁圖）。

　　知介於理與悟之間，欲介於情與感之間，意（意識）介於理與感之間，志介於悟與情之間。所謂法，即理的投射，在群體中基於理的考慮，將眾人都認為合理、符合公眾利益之事予以制度化，便是法。

　　從人性觀點來看，考慮事情時應先顧及是否合法、合理、合情，但解決管理問題時應反向而行，先設法用情來解決，或尋求兼具情、理、法的方案。

　　從圖中，我們可以看出把人性由個人生活投射、擴大到群體生活時，便產生八種不同的制度——教、法、權、技、財、慈、德、福。比方說：理投射成法，情性擴大到群體則成慈（關愛），知性的推廣，有賴教化制度。感性強化後為技術，許多科技便因人對外界知識的高

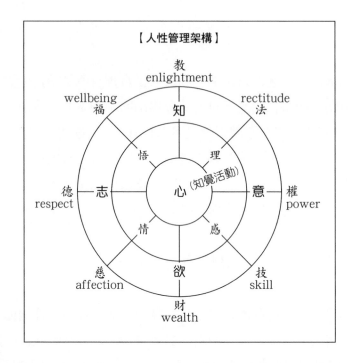

度敏感發展而來，而人對社會、企業組織目標的了悟，便是一種福祉。權力的來源是自我的認定與意向，所以意的投射便是權，志的擴大即為德，因為人必自尊而後人重之。欲擴大至群體時，即求均富之欲，此即財。

　　以上八項，是由人性擴大而來，因此也是人性管理必備的架構與制度，由於它是由人性擴展而來，因此也是切實可行的模式。

㈢善惡定義不同於傳統

　　在此人性論下，對善、惡的定義不同於傳統，比方說：利己不害人是小善，利己利人是中善，犧牲小我完成大我是大善。相對的，損人利己是大惡，損人損己是中惡，損己而利人則是小惡。

　　由上述分析看來，人性的善多於惡，人性管理目標就是在開發人

性，去小惡而行大善。人性受文化、環境、個性影響，比方說，西方人重理性，中國人重情性，日本人重感性，印度人重悟性，必須知己知彼，運用制度來補充，並適度權變，才能發揮人性管理的效應。

八、
中國式管理的特質及其現代性

　　科學管理是現代人不能缺少的，它根源於西方工業革命，是從工廠管理慢慢發展出來的。因之，是以西方文化為背景及主導。這也說明何以國內大學講管理總是以西方為模型。事實上，管理行為早在中國歷史中存在，「管理」的概念也在中國傳統哲學中具重要的地位。譬如說，古語中的「主」、「知」，其所顯示的，就是中國的管理概念。「主」是主導和領導，「知」是掌握情況，並能作出正確的判斷。

　　就字義來分析，「管」就是控制，「理」就是順應理性和原則創造秩序、維持秩序。經過一種控制來產生一種秩序，而這種秩序能達到我們要達到的目標，這就是「管理」了。

　　中國傳統政治的行政工作是中國式管理的一個來源。西方 18 世紀啟蒙時代的學者曾十分推崇中國的行政制度，認為中國政府透過考試制度任用文官是最好的治理國家的方法。可見，西方早已肯定中國的行政管理經驗，並從中學習。

　　現代的管理學者好像就只重視企業管理，沒有想到管理是一個很普遍的觀念。當然，現代人的管理的確受到企業文化的影響，源於西方觀念的工業管理，具備了科學的模型，就是所謂科學管理。目前國內管理學院裡幾乎所有的課程都是從科學技術和科學知識著眼，以科

學管理知識作為目標，構成了管理教育的主流。

在這樣一種環境下，怎樣使「現代管理」和「中國哲學」結合在一起就變成一個很重大的問題。這就是「中國管理哲學」發展的緣起。

我現在把管理分成四個層面，以便看出中國哲學與現代管理的關係。

首先，就管理方法的層面，我們可以看出現代管理需要方法，而方法卻可以在中國哲學的思考方式中擴充和取得多元化的瞭解。假如你要追求某個目標，達到目標的方法就是管理。這些方法可以有很多種，並不是只有一種，尤其涉及的資源愈多，時空愈廣，方法的可能性也就愈多，這是由於方法涉及了人的思想、思考，以及如何掌握的問題。

管理方法也可以看成是硬體與軟體的關係。硬體可以看作為任何外在化、標準化的物品，但物品最多只是器具或工具。至於我們如何運用這些已經存在的器具或工具，卻還需要有一套運用的計劃、運作的系統、運作的程序、運作的策略，這就是所謂軟體的設計。

企業的目的在掌握外在的物、事、人與資源。資源來自社會，但卻在企業裡運轉循環，產生利益成果。這之間需要的技術可名為管理科學。管理科學有一套標準化的方法：包含決策理論、統計學、管理經濟學、組織行為心理學等。這些學科知識是基於經驗慢慢客觀地發展出來。有的是預測方面、有的是決策方面，均可以量化，基本上是標準的。我要強調的是管理科學可以標準化，可以當工具、軟體來用，管理科學可以讓企業來運作，以達到企業目標。可是，我們要問運作管理科學因素。可以說，管理哲學是主觀的，而外面的世界則是客觀的。主觀而主動是陽，客觀而被動是陰，我們用管理哲學來運作管理科學就是以陽運陰。我們對管理的認識是有層次的。從動力的來源來講，管理愈往內走愈陽剛，在管理的活動上是有這樣的過程。管理哲學只是說它比較靠近主觀心靈思想，管理科學則是比較靠近客觀的

事件。

「中國式管理」哲學到底指的是什麼?

　　管理,簡單的說就是:「你說話,我實行」,或是「你說我做」。管理到最後也就希望能不言而喻。當然,管理這個過程可能很複雜。譬如,我們有一個目標,也許你要透過許多人和事的安排才能做到。我們還要運用許多關係,採行一個可用的策略,做出許多適當的決策。管理是以目標為中心,以決策為方向。你的目標愈高遠,你需要動員的時、空就愈大;也就是你的目標著力點愈重,你的使力支點就需要愈遠。有些事只要有權能的人說一句話就能做到了,但假如換一個人說話就半點用都沒有。尤其在中國人的管理圈中更是如此,誰講話是最重要的。誰講的話、看誰的面子。當然,有時候還要看時、空、人的關係:在什麼地方、什麼時候、怎麼說。

　　管理是很複雜的過程。在這過程中可以分析出五個重要活動或功能,這五個活動或功能即為(1)決策;(2)領導;(3)權變;(4)創造;(5)協調。「決策」就是做決定,但不只是單純的只做決定,決是決定,策是策劃。要達到目標,就要先決定是那個目標,再想怎樣達到目標。管理最重要的就是要認識你的目標,以及知道怎樣達到目標。

　　決策是一種陰陽互動的關係:做決定是一種意志的行為,做策劃則是一種理性的思考。做決策是要意志和理性思考都能配合起來。領導就是實際的推動決策和實際的帶動人事和組織,追求企業目標。

　　怎麼樣認真執行,如何適應外在環境,就是要知道「權」、「變」,也就是依具體情況在策略和方法上作適度的調整以求達到預定的目標。無可避免的,管理的過程總是會遭遇到許多外在的因素。因之,管理的技術和方法總是要允許修正的空間。

　　其次,管理的「成品」,不論是生產業的生產品,或服務業的服務

提供，都涉及「創造」活動。創造分為改良式的創造及完全的創新。改良是比較被動的、柔性的；創新則是積極的、剛性的。兩者是一樣的重要，日本的經濟成功可說大都來自產品和服務的改良。

管理功能的最後一環是「協調」。協調就是環繞著一個企業的目標以及企業的創造活動來應變，創新的智慧來化解人與事的衝突，以及人與人的衝突，並同時開發人力資源，人盡其才、物盡其用。故「協調」應包含開發潛力、建立標準。

這些管理功能是可以和中國哲學思想結合起來的。仔細地看，這些管理功能顯示一種《易經》思考的開展和生發關係。所謂「太極」就是一件事情的開始和根源。在五種管理功能中，「決策」就是一種開始和根源，故「決策」是管理的「太極」。你沒有決策就沒有開始，有了開始你才能夠產生陰、陽。所謂陰陽在管理中可看作對內和對外的關係，也可看成對人和對物的關係。

「決策」又可四分為主導性、權變性、創造性、協調性。其關係是：決策好就會影響領導力，領導好就能很恰當的適應市場需求；適應得很恰當就能夠決定到底什麼是最好的創新形式及產品。在生產企業來講，這就叫做「產銷一致」。成品好，企業就產生了一種新的局面及利益分配或工作調動。因之，極需做好協調和溝通工作，也需要開發人力資源。有了好的人事關係和工作調度，即可從事新的決策，達到管理的再定位。經過領導、權變、創造、協調，就自然形成一種自我改進、自我調整和自我完善的「管理循環」了。

以上所述「管理循環」的關係可以簡單拿五行相生來說明。在五行相生中，土生金、金生水、水生木、木生火，火再生土。「決策」像土，必須有非常的包容性，以及具有遠見和信念，才能孕育出活力；「領導」像金，要能剛毅並有韌性；市場和世事像水，變動不居，面對市場和世事權變的能力也要像水一樣靈活。孔子說的「智者樂水」的水也有這層意思。火代表士氣，以及人際之間的協調關係。

　　中國先秦哲學的諸子百家基於以上的思考，都可成為一個完整管理體系中的思想和智慧資源。譬如，我們可以把道家看成決策的基礎，可用「土」來代表。它能夠幫助我們做成比較寬闊深厚的決策，因為道家強調的是自我的約束、無欲，超越偏見、私利來看整體，來想遠處。道家重含蓄和沈靜，甚至強調「生而不有」、「為而不恃」、「長而不宰」、「功成而不居」。這種決策資源對管理人是非常有用的。

　　「金」可看成是法家的代表。法家可作為「領導」的基礎。法家要求嚴格的紀律、堅強的組織。有紀律、有組織才能做到公私分明、條理清晰、強勢有效的領導。

　　「水」則是兵家的代表。兵家，作為「權變」的基本資源，是一種掌握情況和環境以致勝求生存發展的技術和策略。它強調的是「知變」和「應變」的能力，所謂「知己知彼，百戰不殆」，表現的是戰略性和戰術性的思考。

　　我們常以墨家作為勞動階層的代表。傳統勞動階層包含農人和工技人，他們的德性是勤勞節儉。中國社會多是農民。墨家代表工業的進步思考，但卻發源於農業社會。故墨家一方面反映民間，民間也受墨家影響很大。歷史上墨家與儒家一樣是顯學，但墨家為何未能當道，值得我們深思。墨家本來就是工藝（工技）階級出生，包含了都市的有創造性的勞動者，所以很強調科技和工藝的發明、生產線的組織等。

　　我們可以把儒家看成「協調」的代表。人與人間相處以和為貴。表現為「火」的熱力。「和」的力量來自相互關懷、相互尊重。儒家的社會哲學和人性倫理是以仁愛為中心來發展個體的和社會的內在與外在的和諧。這也就是儒家的基本精神。

　　基於以上的討論，中國先秦哲學各家都可以成為「管理」的資源和基礎。正由於此，我們才能有一個完整意義的中國式的管理哲學和管理傳統。此處我必須特別指出的：

　　⑴為了發展一個完整的中國管理哲學和中國管理系統，我們應該

重視和掌握我們所有及全部的資源和動態的中國哲學傳統；在適當而深切的理解下，能夠提供我們以豐富的管理資源，同時也能幫助我們建立一個完整而有創造性的管理主體（管理人的品質人格）。

　　⑵我們必須認識，中國管理哲學中的各門各派（道、法、兵、墨、儒、易、禪七家）在一個《易經》整體的、系統的詮釋中，已是相互平衡、相互補充的，也就是相輔相成，可以密切聯繫來應用的。

　　有了這種理解，每派的思想效力都遠勝其各單獨的自身，也就是「整體勝部分」的道理。但這自然要求各部分都能真正圓融結合起來。上述的「C理論」就是這樣一種圓融中國傳統哲學為一整體的管理哲學的理論。總言之，我們切不要把「中國管理」看成是一家一派。它是有整體性的，它包含許多思想資源。由於這些思想資源的相互揉合，我們才可以發展一套中國管理哲學，用之於實際管理、管理設計和解決問題，才能開花結果。

　　中國的儒家講仁，不但可用之於人文社會，也可用之於自然世界。中國的道家強調自然的寧和，但也可用之來建立個人精神的寧和。儒道可以互用，至為明顯。因種種因素，人從人文世界隱退到自然，但當自然世界的問題也面臨困境之時，人應更進一步超越出去，追求一個更深邃的精神境界，並把這種精神境界的安穩力量和人的明智力量用以改造現實、提升現實：包括解決管理中的決策、領導、權變、創造和協調等問題。基於印度佛學發展出來的中國佛學，可說是從自然世界超越出去的一種精神活動。釋迦牟尼成就的是建立了超越生老病死輪迴的思想方法，這種思想方法基本上就是毫不執著──不執著於功利的得失心，回歸到自然以及超越自然的狀態。這種境界並不需要外求，而是基於對自然和人生現象、經驗的認識，超越又超越，最後回歸到個人的本心和本性，人的本心和本性就已包含了這種境界。因之，我們也可以說，掌握了人們的本心和本性，也就可以超越和不執著，這也就是禪的修養和功能。

　　禪是直指人的本心和本性，內在的超越。在現代管理中，西方人已經開始注意到「禪」的力量了。在行銷策略上，或是在投資策略上，最怕的是牽腸掛肚，提不起放不下。針對此一問題，禪的管理功能就是超越小圈圈，超越自我，超越成見，基於整體的深知，找尋及建立一個越簡單越好的簡易精神，當機立斷的解決問題。

　　臺灣目前的內政問題可說有一大部分與缺乏管理哲學有重大關係。首先，最大的問題就是不能重視決策，也不知如何做好決策，這是由於沒有一套決策哲學及決策能力。決策應有一種道家的包容性和深入性。而事實上，我們政府的決策往往都是臨時性的，從沒有想得寬廣長遠，而且只在一群特殊個人的利害裡兜圈子。沒有高瞻遠矚，如何做好決策？沒有大公無私又如何做決策？因之，很多事都是策而不決，或決而不策，可說完全沒有掌握中國管理哲學中的陰陽互補之道，落到只永遠應付問題，而問題永遠跑得快一點，常被問題所淹沒的境地。

九、
瞭解和應用東方管理

　　東方管理是人性管理，即通過人自身以及人與人之間的關係所進行的管理，與此相反，西方管理是理性管理，即通過合理性概念以及理性推斷所進行的管理。我認為，東方管理和西方管理是管理哲學的兩極，二者都為成功並富有創造性的企業管理和行政管理所必需。理性離開了人性，就不能得到完善；人性離開了理性，就不能得到擴展。許多美國企業所遵奉的西方管理，其缺陷恰恰就在於，根本不瞭解除此之外，竟然還有一種主要依靠人自身，以及人與人之間的關係來進行管理的東方管理模式。但在日本的東方人性管理實踐中，理性和理性推斷卻是構成管理有機整體的一個不可或缺的部分——這正是日本管理成功的祕密。

　　東方管理以人為中心，探究的是一個人如何同他自己，如何同他周圍的人，如何同他周圍的環境，如何同整個世界所發生的關係。為了發揮領導的能力並提高解決問題的功效，一個領導者將把他的主要精力放在處理人與人之間的關係上，瞭解人以及人與人之間的關係，是大多數管理問題得以解決的關鍵。這是因為，人本身才是一切知識、信息和技術得以應用的基礎。

　　儒家和道家對於強調人性與人道的東方管理作出了理論上的建

樹。

儒家提出了五條原則：

(1)「仁」：

關心你的下屬，設身處地地為他們著想，這樣，你對於問題的人性方面才有可能獲得深刻的把握，你所作的計劃與決策才有可能反映出企業的長遠利益。

(2)「義」：

在正確的時間、正確的地點，做正確的事情，並取得個人利益與企業整體利益的調和，從而對於基本的原則總是保持著一個適當的瞭解和運用。

(3)「禮」：

以恰當的方式，在恰當的時間、恰當的地點去尊重每一個人，這樣，你就可以從你的下屬那裡得到更加堅實的信賴和相互的支持。

(4)「智」：

依據事物的法則，運用你的才智，去作出正確的決策，具有洞察事物的才能，就能克服危機並不斷創造新的成功機會。

(5)「信」：

為了企業組織的凝聚和管理措施的推行，信任感的培養和形成是不可缺少的。在你的工人和雇員中發展出歸屬感和忠誠感，你就可以獲得和諧、穩定、支持和合作。

上述原則構成了管理中人際關係的系統原動力，管理者可以把它們運用到他自己、他的下屬以及顧客大眾。這種人性原動力必將促使

企業中的計劃與決策、個人與組織、領導與控制，都能夠取得更好的成果。

　　道家則從體現人自身本能的「道」的哲學理念出發，對強調人性與人道的東方管理，提出另外五條原則。這五條原則，對於克服「過度管理」所帶來的緊張情緒，是十分必要的。

　　道家的五條原則是：

⑴無；

⑵無為；

⑶無言；

⑷無欲；

⑸無己。

　　儒家與道家的理念構成了東方人性管理的兩極，它們有時候看起來似乎是相互對立的，實際上卻是相互補充的。它們構成了東方管理的精髓。其成功的實例體現在日本、韓國、臺灣、香港和新加坡等地的企業管理實踐中。而根據我的觀察，中國大陸的企業管理也必將體現和展示出對東方管理精髓的理解和把握。在東亞辦企業固然要把握東方管理的精髓，就是在美國，那些執行西方模式的管理者，為了提高企業的生產效力和競爭能力，對於東方管理的精髓，也需要有一定的瞭解。

　　東方管理的歷史根源和哲學基礎，來自古老的中國經典──《易經》哲學，《易經》哲學的基本原則，為儒家和道家思想的結合，提供了必要的理論基礎，這些基本原則是：

⑴整體性原則；

⑵對偶性原則；

⑶轉化性原則；

⑷應變性原則；

⑸創造性原則。

　　從管理的角度研究《易經》哲學，把它作為東方管理的範本或典範，乃至在世界管理系統中，發揮《易經》哲學的作用，這就是我們今日的努力方向。

十、

C 理論與現代管理決策

㈠現代管理研究的趨向及省思

　　本文將提出和討論一個新的管理概念，這一概念的基礎既來自於管理的理論，也來自於管理的實踐，特別是來自於中國哲學的理論及其應用的實踐。毫無疑問，管理既具有理論的基礎也具有實踐的基礎，而管理的研究既可以是理論的探討也可以是經驗的描述。但遺憾的是以往的管理學研究論著中，大多是經驗的泛泛描述而很少是理論的深入分析。不可否認，經驗的描述是必要的，而理論的探討如果不說是更加重要的話，起碼也是同等重要的。儘管我們承認管理是一種實踐而管理學是一門應用的科學，但從人們對於諸如「計劃」、「組織」、「領導」這些管理學概念的理解，以及諸如「決策」、「人事控制」、「政策調整」這些管理手段的運用中，恰恰也可以看到管理理論的重要性與複雜性，這些理解與應用，其理論依據顯然是來自於西方早期的古典管理理論。而現代系統理論與決策理論的提出，更加彰顯出管理理論研究的迫切性。現代管理越來越需要系統理論的基礎，越來越具有決策理論的趨向。實際上，正如西蒙 (Herbert A. Simon) 所指出

的，管理就是系統，管理就是決策。

依據上述理解，管理可以被說成是十分普遍化和能夠普遍化的解決問題和消解衝突的一種技術，或者一門藝術。這一觀念在工程上顯然要比在商業中更有意義，不過商業活動也可以借助大型和小型的電子計算機而系統化。

我們可以看到，在管理的研究中存在著兩個視角兩個層面，即理論的視角和層面，以及經驗的視角和層面。我說是兩個視角，因為我看到了管理研究從重視經驗描述走向重視理論分析的歷史進化；我說是兩個層面，因為我看到了無論是經驗描述還是理論分析，二者在管理研究中都是不可或缺的。在當代的管理實踐中，我們很容易地就可以感受到這兩個視角和兩個層面的存在和影響。例如，由於系統理論與決策科學的影響，加上電子計算機的運用，突出了管理的技術面；但是，個人的風格和背景對於管理工作的成敗，依然有著不可忽略的影響。我們強調管理研究從經驗層面提高到理論層面，但並不因此而否認經驗層面的價值。這樣帶來的一個良好結果是，管理作為一種實踐，既可以受益於經驗的觀察，又能夠受益於理論的反省。

現在我們又要進一步提出管理研究及其實踐的第二種視角、第二種層面。管理的研究不應該僅僅限於經驗與理論的層面，而應該進行文化、價值與哲學層面的綜合把握。而如果我們對於文化、價值和哲學的重要性有清醒的意識，管理的實踐也必將得到更好的指導。日本經濟上的崛起和管理上的成功清楚地表明，文化、價值和哲學這些因素，對於一個國家的經濟發展及其管理風格的形成，具有多麼重要的影響。最近二十年來，我們開始意識到，管理不僅僅是一門科學（理論層面上的，體系層面上的），也不僅僅是一門藝術（個人層面上的，經驗層面上的），而且是一種哲學（更高層面即超理論、超經驗層面上的）。事實上，文化、價值與哲學可以說是管理的真正起點，管理就是人（包括個人、領導與組織）的文化、價值與哲學的具體實踐。任何

管理決策的制定，任何管理方針的貫徹，任何管理策略的運用，總是有意無意地受到一定的文化、價值與哲學的影響。

在理論的層面，我們可以清楚地看到，任何理論都不是包攬無遺、完美無缺的。所以無論是對於理論的建構還是對於理論的解釋，文化和哲學上的思考都是十分必要的。不同的理論反映著不同的哲學價值，而任何理論的解釋和實際運用又體現出不同的文化背景。

但遺憾的是，直到目前為止，人們對此還沒有引起足夠的重視。例如，許多美國的管理者，他們學習日本管理經驗的時候，只是強調後者的一般文化、習慣和風格特徵，而不能把握潛藏在日本管理風格背後的深刻的觀念形態和哲學基礎。我們知道，日本管理的基本理念是「《論語》加算盤」；要瞭解日本管理的本質，就要讀一讀《論語》；而要讀懂《論語》，則要對整個中國哲學，特別是其中關於人性與人際關係的理論有一個全面的瞭解。有了這種全面的瞭解，不僅可以真正把握日本管理之道，而且可以使管理在其他的時空條件下也能夠獲得成功。進而言之，有了這種瞭解，還可以使《論語》所引發出來的人性管理哲學進入其他的文化背景，批評和修正其他文化背景中的管理實踐。在當今日益複雜和變動的世界中，如何改進管理，上述人性管理哲學可以提供有益的啟示。

從上述對現代管理研究趨向的介紹中，我們可以得出兩個結論。第一，對於管理的經驗和理論上的研究，必須包含文化、價值與哲學上的考慮與省思。哲學作為管理科學的基礎而發揮作用，文化與價值則作為管理科學應用的依據而發揮作用。文化─價值─哲學不能簡單地理解為管理思想與實踐的必要條件，而應該成為管理思想及其實踐的靈魂。對於管理實踐先決條件的追尋以及對於管理決策基礎的探究，必然導致哲學的參與。這種追尋與探究當然有助於管理經驗的昇華，而作為一種反饋，又使哲學得以進入管理理論及其實踐的領域。

第二，在管理藝術、管理科學與管理哲學之間存在著明顯的一致

性。在經驗操作層面，管理是一門與技術並行的藝術；在制度與組織層面，管理是一門需要客觀知識的科學；而在戰略與決策層面，管理是包含著對人與文化的理解以及對理論的批評的一種哲學。但作為一種實踐的行為，管理則是藝術、科學、哲學三者的混合體。一個優秀的管理者，一定會把管理的藝術、科學與哲學這三者緊密結合在一起，以獲取最大的效力，達到管理上的成功。

上述觀點圖示如下：

㈡管理的兩極：理性與人性

無論是管理的理論還是管理的實踐，都存在著很多種類型。而這些類型最後都可以歸結為帶有兩極的連續統一體。如果我們把握住這一連續統一體的兩極，就抓住了所有管理類型的特徵。這兩極我們可以分別稱之為管理理論與實踐中的「理性」與「人性」。「理性管理」(RM) 的特徵在於把理性運用於管理，而「人性管理」(HM) 的特徵則在於把人性運用於管理。由於現代人對「理性」與「人性」的流行理解，可能會有人問我為什麼在對立的意義上使用這兩個概念。不錯，在現代一般的情況下，我們可以把「理性」當作「人性」的集中表達，而把「人性」當作「理性」的某種體現。但是，在西方古代哲學的傳統中，「理性」常常被放置在「人性」之外。「理性」構成了形而上學與理論體系的至高無上的系統，而「人性」僅僅作為一種有價值的思

想。這正是西方古典理性主義的發展過程。15 世紀以來的西方人道主義，正是為了對抗這種古典理性主義的過分權威而發展起來的。人道主義強調作為自然個體的「人」的重要性。此後這種人道主義逐漸成為現代理性主義的新的出發點，促進了現代科學的發展，科學的目的在於瞭解自然與控制自然。由於現代人不能夠全面瞭解理性的本質，僅僅憑藉個人的聰明才智，利用科學知識去達到生存的目的。因此科學被當作展現人類智慧從而控制自然的工具。這正是現代理性主義的根本特質。

由於上述對「理性」的片面理解，使得人性從自然的觀點出發被當作科學的客體，從而不得不服從於「科學規律」的支配，使得人性被科學化和理性化。不幸的是，這種科學化理性化的過程同時也是人性丟失的過程。這就是人性在 20 世紀中所遭受的命運。因此，當我們使用「理性管理」這個概念的時候，我們指的是那種純粹依靠科學知識與技術控制的管理模式。事實上，現代意義上的「管理」越來越被歸結為科學與技術的控制，而人在這種管理中只是同物一樣被平等地當作管理控制的客體。

與理性管理相反，「人性管理」認識到人與人性是一個複雜的、多種功能的混合體，它包含了理性的功能，而又不僅僅限於理性的功能。人具有直覺、想像、記憶、情感以及其他的多種官能，每一種官能都扮演著不同的角色而不能加以外在的控制。在現實的管理活動中，人的各種官能和功能都有可能對諸如計劃、決策、組織與領導等活動帶來影響。換句話說，人不僅受理性的支配，而且受情感、直覺、記憶和想像所左右。我們絕不能簡單地把人當作管理的客體，而要把人當作管理的主體，充分考慮並積極發揮人的各種官能和功能在管理中的積極作用。

一個值得注意的事實是，所謂「人性管理」在西方從來就沒有得到貫徹和堅持，更不用說成為一種潮流和行為方式了。西方對於「理

性」的發現與推崇，使「人性」始終成為「理性」的奴隸。本來，理性作為工具應當服務於作為目的的人，但最後卻支配了目的，支配了人。在「理性」的步步進逼與消蝕之下，所謂的「人性」成為消極、冷淡、無用的東西，被理性所控制而喪失了它的主動性與創造性。古代的人道主義被理論化的理性主義所支配，現代的人道主義則被科學化的理性主義所壓倒。西方的人道主義大概存在著一個致命的弱點，這就是它一定要為人性尋找一個科學的理論基礎，要不就乾脆沒有基礎，總之，它無法為人及其人性建立一個獨立的強有力的基礎。所以當我們今天提出與「理性管理」相對立的「人性管理」概念時，我們只能認同西方晚期的某些管理傳統。而另一方面，我們卻完全可以認同東亞的管理傳統，特別是正在日益引起當代西方人所重視的中國與日本的優秀的管理傳統。

(三)理性管理與人性管理的五個特徵

理性管理與人性管理各具有五個特徵。

理性管理的五個特徵是：抽象性、客觀性、機械性、二元性與獨斷性。

(1)抽象性：

指的是思想的概念化，也就是從具體的事物中抽象出一定的理念與觀念，並把抽象的概念原則與結構加到具體事物之上。抽象化對於定義的明確和理論的系統都是很有力的，而這正是科學知識發展之必需。但是，當抽象性在把具體的經驗與具體的真實相分離的時候，卻喪失了它的開放性、生動性以及對於事物關聯的敏感性。這就造成了決策的僵化與政策的空洞無力。抽象性在管理中的一個例子就是過分相信統計數字。而人們僅僅依靠統計數字來作決策的時候，卻發現自

己的決策很難符合不斷變化中的客觀世界。實際上統計數字對於把握真實世界來說，實在是太抽象了。同樣地，當人們試圖用一般系統論去解決管理中的特殊問題的時候，也會陷入無法把握客觀真實的危險。

⑵客觀性：

就是把所有的事物都理解成獨立存在的客觀實體，它們可以不斷地被劃分，從而供人們所研究。經典物理學就是依據這種客觀性的原則建立起來的。把這一原則運用到管理中去，我們可以保持超然的科學態度，公正地瞭解外界事物，從而作出正確的判斷。但是這一原則的有效性是有局限的。它往往會把人們引導到原子主義的思路上去，只注意事物的細節而忽略事物的整體，只注意事物的自身而忽略事物之間的相互關係。其實真實的世界並不是個別事物的靜止的簡單的集合。因此我們不得不採取非客觀主義和非原子主義的思路，以更好地把握事物之間的真實關係及其發展過程。此外，客觀主義的觀點也忽視了人們的意志、情感等主觀因素的參與，很容易造成計劃與決策的僵化與偏頗。

⑶機械性：

來自於前兩個特徵。它把世界看成是一個被永恆的法則所支配的客觀系統，既沒有任何變化也不可能有任何變化，有的只是一定的組織結構、等級秩序和外部的機械運動。這一機械系統是抽象思維在純粹客觀的邏輯與數學的基礎上構造出來的。因此，以抽象性與客觀性作為其出發點的機械主義觀點，同樣不可能反映客觀世界的真實。

⑷二元性：

主要是用於瞭解價值趨向及價值判斷。既然理性來自於抽象的、客觀的、機械的思維，它同時也就必然需要一個非抽象、非客觀、非

機械的思維，即非理性甚至是反理性的思維來瞭解事物，這就造成了價值判斷上的兩重性即二元性。事實上理性管理並不能夠真正瞭解通過非抽象、非客觀、非機械的途徑來認識事物的價值。事物的整體性被理性主義的方法所掩蓋了。這就造成了理性與直覺的分野，以及客觀與主觀的分野。這種分野並不是二者的簡單分別，而是價值選擇上的偏好。二元主義在管理上帶來的結果是，既無法把握事物的整體，更無法適應事物的變化。

(5)獨斷性：

　　說的是管理控制中的推斷性、直線性和唯一性。管理的力量似乎是來自於一級接一級的管理者的梯隊，就像一條流線型的控制渠道。最高的管理者在這根管理鏈條中是一個具有絕對權威的「老闆」，他進行預測，作出決策，不斷地發號施令，既不考慮整個管理系統的互動，也不顧及這一系統不同層面的行為反饋。換句話說，最高管理者既可以不顧整個系統的實際情況而進行決策，也可以不鼓勵下屬的互動與參與。他具有這種獨自決策的專斷權力，並把這種權力完全集中到自己的手裡。所有的下屬都不過是貫徹他的政策的代理人，體現他的意志的工具。這種管理控制中的獨斷主義模式也可以稱之為「老闆主義」。這一模式使管理更像一種軍事活動：始終處於一種警戒的狀態，始終保持一種進攻的姿勢，始終維持一種等級森嚴的組織結構，以完成某種神聖的使命。這就不難理解，為什麼理性主義的管理總是鼓勵持續不斷的成長、發展和擴展，以避免管理陷入混亂。

　　上述五個特徵相互聯繫相互支持，構成了理性管理的基本模式。這一管理模式我們可以在美國的很多或許可以說是絕大多數的公司中看到。不可否認，理性管理模式具有它的長處，促進了許多大企業的成功。這是在大規模生產和資本主義經濟基礎上的成功。但是，在今天社會越來越開放，交往越來越複雜，經濟越來越市場化和社會化的

時候，理性主義的管理模式就越來越暴露出它的缺陷，越來越減少了它的競爭力。因此，在當代管理學的研究中對於理性主義模式的批評也就越來越激烈。其中一個例子就是彼特斯 (Thomas Peters) 和沃特曼 (Robert Waterman) 的批評。他們在《追求卓越》一書中，描述了理性主義管理模式的興起與沒落，並指出了它的毛病之所在。依據彼特斯和沃特曼的描述，理性管理模式的基本觀點是：⑴大的就是好的；⑵產品的生命力在於成本的多少；⑶分析、計劃與預測；⑷刻板的長期計劃；⑸文件裡的平衡比實際上的執行更為重要；⑹依照固定的模式控制一切事情；⑺鼓勵拔尖的執行者；⑻對質量控制進行檢查；⑼依據財政報表管理一切事務；⑽保證市場收入；⑾維持增長甚至為此進軍你所不熟悉的行業。理性管理模式的短處則在於：⑴目光短淺；⑵缺乏活力；⑶忽視經驗；⑷不重視實驗，缺乏靈活性；⑸排斥一切非正式的東西；⑹貶低現實的價值與文化。

　　在當代西方管理學界對理性管理模式正在進行深刻反省的情況下，我們提出人性管理的模式就更加具有現實的意義。人性管理模式的特徵正是上述理性管理模式特徵的對立面，也可以表達為以下五個方面：

⑴具體性；

⑵主觀性；

⑶有機性；

⑷整體性；

⑸相對性。

　　這五個特徵可以分別同理性管理的五個特徵一一對應。它們可以說是對理性否定人性的再否定。例如，理性管理否定人性的具體性，否定人性作為主觀因素的各種非理性功能，人性管理則反其道而行之，強調人性的具體性，強調人的主觀因素，強調人的各種非理性功能，諸如情感與記憶之類的功能，以此作為管理的重要資源。具體性與主

觀性正是人性管理的傳統，當然我們也要看到在這一傳統中存在著某些差異，亞里士多德的古典理性主義者同現代科學理性主義者存在著差異，而弗洛依德與馬斯洛的人性學說之間也存在著差異。因此，我們不可能尋求一個準確的人性主義傳統，換句話說，我們不把人性管理看作是一個封閉的充分發展的已經完成的系統。

至於人性管理的有機性特徵，我們認為它比理性管理的機械性特徵更有助於控制複雜的社會事物以及多變的人類行為。人類的行為不是機械的而是活生生的。當波特蘭菲 (Bertalanffy) 首先提出一般系統論的時候，曾經特別提及生物系統或生命系統，作為其理論的例證。當然，人類的行為系統與一般的生物系統相比，存在著等級上的差別。而無論如何，我們都不能把人的行為歸結於簡單的機械性。

人性管理的整體性即非二元性特徵，就是不像理性管理那樣把理性從人性的各種功能中特別抽出來，而是把人性當作一個整體。當然，如何把所有的功能都結合到人性的整體中，並不是沒有問題的。在實踐中我們常常看到的是人們往往只是簡單地把理性因素運用到管理決策中去。而當代行為心理學家告訴我們，人類的預感、知覺、靈感等等這些心理活動，對於管理活動的影響是不可忽視的。

最後，把相對性作為人性管理的第五個特徵，其理由是很清楚的，因為人性管理不像理性管理那樣採取絕對的「老闆主義」，而對於下屬的自主性及其自由意志等給予了更多的注意。在實踐中，人性主義的管理者不會過分自信，不會不同下屬們商量就作出決策，他更感興趣的是互動而不是服從，他對於下屬們的意見和建議會採取更加開放的態度；當他作決策時，會更多地憑藉直覺而不是依靠推論。當然，這種思想方式的短處則在於過分的靈活從而缺乏原則的堅定性。因此人性主義的管理者會比他的理性主義對手們更容易受到下屬的責難。

以上我只是對應於理性管理，把人性管理作為管理活動連續統一體的另一極，而一一展現出後者的五個特徵。但我們不必由此而把人

性管理當作比理性管理還要好的管理模式。實際上，在管理活動的實踐中，人性主義的管理模式遠遠不是那麼完美無缺的。因為這種管理框架的模稜兩可，它在實踐中很可能受到濫用乃至誤用。

回顧整個西方管理理論與實踐的歷史，我們可以清楚地看到，幾乎所有的管理實踐都會留下與之相符合的管理理論框架。沒有一種管理理論不是成功的管理實踐的反映，也沒有一種管理理論不帶上理性主義的傾向。事實上，推動管理理論發展的主要動力來自於理性的控制。西方管理理論是以美國管理學家泰勒 (F. W. Taylor) 的《科學管理原理》（1911 年）開始的。作為理性管理的典型，這一理論通過強調以工作設計來控制生產並以物質獎勵來控制工人，而充分體現出它的理性主義特色。科學管理的宗旨被法國管理學家法約爾 (Henri Fayol) 和其他人的古典管理理論進一步闡發。這一理論的目的就是運用更多的理性手段更加有效地控制生產和控制工人。這些理論用具體的案例彰顯了理性管理的抽象性、客觀性、機械性、二元性和獨斷性特徵，從而形成了整個西方組織管理理論的背景與基石。它們也進一步增強了所謂「經濟人」的觀點，這種觀點認為人只是追求經濟利益，其工作動力取決於物質上的獎勵與懲罰。

到了 1930 年代後期，在研究人類行為的基礎上發展出人際關係理論學派。這一理論注意到了人的社會性的一面，但它仍然屬於理性管理理論的範圍，因為它仍然把管理看作是運用我們對於人的客觀知識並以最小的代價來取得最大的效益的一門技巧。人際關係被利用來作為一種控制的手段，其內在的價值沒有得到正確的評價。從 40 年代直至今天，行為科學一直在美國得到廣泛的運用。雖然新的管理實踐和新的管理理論不斷在發展，例如馬斯洛 (A. H. Maslow) 的《動機與人性》（1954 年）等，但是從根本上說，它們都還沒有脫離理性管理框架和方法的窠臼。事實上，這些理論由於結合了心理學、人類學以及其他社會科學的知識，反而使理性管理的框架和方法得到進一步的加

強。當然，這些理論確實具有某些軟性的效果，具有更大的靈活性，從而更便於人們進行理性的管理與控制。甚至就連馬斯洛的「自我實現的人」的模式也可以被理性化，成為運用於任何人、任何時間、任何地點的普遍模式。我們由此而得出的結論只能是，在西方的管理實踐和管理理論中，理性主義已經成為根深蒂固的傳統。

作為西方理性主義管理傳統的對立面，我們應該注意到東方特別是日本與中國的人性主義管理傳統。很明顯，從明治維新以來的現代化過程中，日本人能夠把他歷史上的人性主義傳統運用到工業管理中去。這種人性哲學的運用使日本在二次大戰以後的經濟發展中取得了舉世矚目的成功。日本人性管理的成就促使西方學者們進一步去探索其中蘊涵著的理論基礎。其實事實很清楚，日本的人性管理主要是從《論語》以及儒家和新儒家的其他著作中汲取了智慧，而這些著作是在歷史上從中國流傳到日本去的。因此我們可以說，日本管理的最後根源正是來自於中國儒家的人性哲學。

我們還應該注意的是，最近二十年來，臺灣、韓國、香港和新加坡這些具有儒家文化背景的國家和地區在經濟發展上所取得的成功。這將有助於我們在更加廣闊的背景上全面評價人性管理模式以及中國哲學傳統對於這一模式的貢獻。下述的「C理論」則打算從中國哲學的根源──《易經》的立場探索並正確評價人性管理的模式以及它在現代管理中的作用。

作為本節的結論，我們可以說，麥格雷戈 (D. McGregor) 所說的「X理論」相當於西方的理性管理傳統，「Y理論」則相當於東方的人性管理傳統；同樣，威廉·大內 (William Ouchi) 所說的「A理論」相當於西方的理性管理傳統，「Z理論」則相當於東方的人性管理傳統。我們的「C理論」既包含「X理論」，也包含「Y理論」，既包含「A理論」，也包含「Z理論」，當然不是這幾種理論的簡單相加，而是在中國哲學特別是《易經》哲學的基礎上對於上述理論的有機綜合。

㈣C 原則與 C 理論

對於理性管理和人性管理這兩極的推定，必然引起二者的綜合問題。這一問題與二者在管理連續統一體中的聯繫是不一樣的。如上所述，理性管理和人性管理是管理連續統一體的兩個極端，存在著一定的聯繫。實際上，在管理的連續統一體中，二者只不過是被描述和作為象徵的兩個極端而已。這個管理的連續統一體，其中包含著許多不同的管理狀況，某一管理狀況並不完全體現著理性管理或人性管理的特徵。我們在這裡提出的綜合問題實際上是理性管理和人性管理的完整結合，這一結合既要體現出二者各自的長處，又要服務於一個最高的目標。因此，關於理性管理和人性管理二者結合的問題，就需要滿足下列的條件：

⑴認識二者的對立統一，而不僅僅停留在二者是管理連續統一體對立兩端的理解上；

⑵消除二者的缺點而保持二者的長處；

⑶使二者的結合服務於一個最高的目標。

為了達到上述目的，我們需要充分把握理性和人性的本質，需要掌握價值判斷的適當標準，需要發展出一個新的理論體系，並能夠把這一新的理論體系運用於決策以及其他的管理活動。

這一理性管理與人性管理相互結合的理論體系，我們稱之為「C 理論」；這一理性管理與人性管理相互結合的原則，我們稱之為「C 原則」。它們實際上是上述理性管理理論和人性管理理論的統一。理性管理原則和人性管理原則的統一，包含著以下五個方面：抽象性與具體性的統一，客觀性與主觀性的統一，機械性與有機性的統一，二元性與整體性的統一，以及絕對性與相對性的統一。

這裡所說的「統一」，指的是二者整體和總體的交匯、理論和實踐

上的融合。這種交匯融合的原則則建立在二者相互作用、相互依賴，互為條件、互相補充的基礎之上。因此，這種「統一」，可以說是二者的相互依存、相互滲透、相互作用、相互激發，彼此補充、彼此產生、彼此提高、彼此轉化，共同形成、共同發展、共同享有、共同貢獻。這種相互性、相關性和共同性的關係，足可以使理性管理和人性管理這對立的兩極形成一個有機的整體，有利於極與極之間的發展和轉化，從而形成一種創造的力量。簡言之，這是創造性的統一，在創造過程中的統一，為了達到創造性的目的而進行的創造性的工作。在這個統一體中，理性管理和人性管理各自的短處得到排除，而各自的長處得到發揚，從而能夠實現更高和更廣的管理目標。

(1)抽象性與具體性的統一：

　　就是在抽象性的思維中滲入具體性的思維，讓具體性來中和並修正抽象性；同樣，我們也可以在具體性的思維中滲入抽象性，讓抽象性來中和並修正具體性。這裡的關鍵是我們絕不能僅僅停留在其中某一種思維方式上，而應該同時發展和運用這兩種互動的思維方式，並使它們合二為一，即形成一個相互性、相關性和共同性的創造性的統一。這樣，我們就得到了一個具體化的抽象性，或曰抽象化的具體性。

(2)客觀性與主觀性的統一：

　　同樣，我們可以在上述二者互動的過程中使客觀性與主觀性合二為一，就是使客觀性主觀化，主觀性客觀化，二者形成動態的統一。在管理中，這種主客觀統一的思維方式和行為方式，既可以使管理有相應的組織架構和規章制度，又可以使被管理者的個人潛力得到充分的發揮。

(3)機械性與有機性的統一：

我們必須看到二者的相互包含性，一個機械系統既可能作為一個亞系統而被包含在一個更大的非機械系統之中，也可能包含著一個更小的非機械系統作為它的亞系統。機械系統基本上是人所能夠管理和控制的；當這一系統擴大或縮小到人所不能夠管理和控制的時候，它就成為一個非機械性的或曰有機性的系統。簡言之，一個機械系統既可能包含著一個作為它的亞系統的有機系統，也可能作為亞系統而被一個更大的有機系統所包含。因此，機械化既受到系統層次的限制，也受到操作因素的限制。機械性與有機性的統一需要有一個體現二者在大系統中相互貫穿和相互包含的觀念。這有點像「光的波粒二動性」理論：光從一個角度看既可以是波，而從另一個角度看又可以是粒子。同理，對於某一系統，從這個角度看它可能是機械的，而從另一個角度看它又可能是有機的。即使是一個站在中間立場的人，也可以從明顯的機械系統中看到有機的因素，或者從明顯的有機系統中看到機械的因素。因此，機械性與有機性的融合取決於我們在一定條件下所採取的觀察問題的角度。例如，現代物理學已經在機械性的基礎上，看到了物質結構當中的有機過程及其網絡關係；而現代生物學和心理學卻還停留在尋找生物體發育和人類心理發展當中的機械規律和統計數字，這就完全取決於它們觀察問題的角度。

(4)二元性與整體性的統一：

應該是毫無疑問的，因為只要對立的兩極結合為一個創造性的整體，那就既不存在所謂「二元」也不存在所謂「整體」的問題了。現在的問題是，在這種對立統一中，對於理性思維方式和非理性思維方式的作用應該如何理解和評價？一般地說，人們總是習慣地認為，把事物二元化的理性思維方式是有用的和有效的，那為什麼卻不能平等

地把整體化的非理性思維方式在一定的條件下也看作是有用的和有效
的呢？人們總是固執地認為，理性的方法或建立在理性基礎上的方法
是有價值的，那為什麼卻不能同時把建立在人類整體思考基礎上的非
理性方法也看作是有價值的呢？實際上，有機整體性的思維方式往往
也許是更加符合「理性化」要求的。因此，只要我們打破理性和非理
性的截然分野，我們的評價態度就會變得更加靈活和更加開放，也就
有潛在的可能去發現和發展更好的價值觀念。這正是理性和非理性，
二元性和整體性相互結合的最終目的。

(5)絕對性與相對性的統一：

　　意味著在一個相互作用的整體系統中，權威和理性將被相對化，
從而變得更加靈活。在管理中，權力和控制的推演以及支持和信任的
整合，對於維持管理者與被管理者之間的互動關係，都是十分重要的。
我們反覆強調，在一個管理控制系統中，生硬的命令，往往比不上自
覺的理解和支持更加有效。但是，這種自覺的理解和支持，其前提卻
在於人們對於系統的整體感和歸屬感。簡單的命令或者簡單的參與，
對於管理者的權威來說，都是遠遠不夠的，而來自組織不同層面的支
持才是管理權威的重要保證。為此，絕對性就要相對化，相對性就要
絕對化，既考慮到組織的理性又考慮到個人的行為。這用中國式的管
理語言來說，就是所謂「法、理、情」——它並不追求組織內部的簡
單一致，而是強調在整個管理決策的制定、傳達和貫徹的過程中，相
互激發、相互說服、相互影響的重要性。

　　以上我們描述了理性管理和人性管理融合的大致輪廓以及五對特
徵的創造性統一，這種融合和統一，本質上是理性和人性的融合和統
一。本來，理性就是人性固有的一部分，產生自人性，發展自人性；
因此，我們應該使理性服務於人性的目標，而不是破壞人性乃至取代
人性。我們也應該鼓勵理性從人性中汲取營養，就像人性從理性中汲

取營養一樣。理性與人性之間的相互激勵關係，本來就是一種客觀的存在，可惜卻被人為地破壞了。現在，我們應該把二者之間的這種關係重新恢復起來，使二者通過相互作用而得到更好的發展。為此，我們不能把人性看作是靜止的，就像不能把理性看作是不變的一樣。我們所說的「人性」，必須擴展到整個人類，包括過去、現在乃至將來的人類整體。我們絕不能把對於人性的理解僅僅停留在個人的層面上，而必須把這種理解提升到整個人類共同體的水平。即使是在個人的層面上，人性的範圍也必須包括整體的存在，特別是包括整體的理性。

人類從根本上說乃是整個宇宙系統及其發展過程的一部分；而作為其中最具有創造力量的部分，它又能夠推動宇宙系統及其過程的發展，從而體現出自己的存在價值。這用中國哲學的術語來表達，就是所謂「天人合一」。依照這一觀念，理性乃是進化的結果，是人與自然互動發展過程的題中應有之義。可惜，西方經典的理性觀念卻不這樣認為，因而無法適應當代社會中的人們的創造性需要。在完整的理性概念中，有一點是很清楚的，這就是理性必須人性化而不是非人性化，理性必須發展出一個多元的系統，這一系統又能夠在人性整體的基礎上達到最終的和諧。這一後現代主義的理性概念，既保留著現代西方理性觀念的長處，又汲取了古代中國理性觀念的精華。在理性的人性化改造過程中，無論是現代理性觀念還是古代理性觀念，其缺點都應該得到剔除，而其優點都應該得到保留。對於理性的這一改造，同時也意味著人性的發揚和光大。

正是理性與人性之間的相互滲透、相互轉化和相互補充，使得理性管理與人性管理五個特徵之間的統一成為可能。依據這一理解，我們可以把理性管理和人性管理之間的融合，看作是「理性人性化」以及「人性理性化」的雙向運動過程，具體表現為：

⑴抽象性的具體化以及具體性的抽象化；

⑵客觀性的主觀化以及主觀性的客觀化；

⑶機械性的有機化以及有機性的機械化；

⑷二元性的整體化以及整體性的二元化；

⑸絕對性的相對化以及相對性的絕對化。

從以上的討論我們可以看到，所謂理性管理與人性管理的結合，就是對立的兩極創造性地融合為一個整體的系統。對立兩極的融合是同時發生的，又是恰到好處的，這就是所謂「時中」的原則，它使得兩極之間以及兩極的不同等級之間的結合，都能夠取得最大的和最適當的效益。這可以說是「Ｃ理論」或「Ｃ原則」的精髓。

㈤整體性與時中性

「Ｃ理論」或「Ｃ原則」的關鍵概念乃是系統中的「整體性」和「時中性」。「整體性」使整個系統得到統一和融合，「時中性」則使整個系統能夠及時、恰當、靈活地運用於管理的實踐。簡言之，「Ｃ理論」作為一種管理理論需要創造出一個兩極融合的整體性系統以及使這一系統能夠實際運用的時中性。具有時中性，「Ｃ理論」才有可能運用於管理的實踐。這樣一來，「Ｃ理論」就既能夠為管理的理論提供諸如人與實在、人性與理性等問題的見解，又能夠為管理的實踐提供各種正式的或非正式的指導。而「Ｃ原則」就既可以作為合乎時宜的整體系統的理論原則，又可以作為整體系統合乎時宜地運用於管理的實踐原則。

整體性系統或曰系統中的整體性概念，其先決條件在於對宇宙實在的理論，而人則是宇宙實在的組成部分。這種理解，與中國古代哲學中的「道」的概念若合符節。當我們閱讀中國哲學特別是《易經》或孔子、老子、莊子等人的著作時，就會極其自然地引發出對於宇宙實在的整體性概念。正如我們所看到的，整體系統實際上是可以從「道」的概念中引發出來的。一方面，我們可以把「道」看成一個完

美的整體系統，它具有廣闊的內容，能夠創造性地轉化，因而具有不同的層次；另一方面，我們也可以把整體系統看作是「道」在特定狀況下的表現，它的特性可以在我們對「道」的理解的基礎上加以表述，例如整體系統中的對立兩極就可以理解為「道」的陰陽對立統一，如此等等。此外，「道」的概念也帶來了整體系統的過程因素，《易傳‧繫辭》上的「太極」概念，就是對整體系統發生過程的描述。因此，整體系統的概念最終可以被「道」或「太極」的概念所完全表達。我們越能充分理解「道」和「太極」的概念，就越能充分理解整體系統的發生和創造。

　　整體系統中的「時中」概念同樣來源於《易經》，並為《論語》和《中庸》所反覆強調。所謂「時中」的概念，指的是我們在做出決策、推行政策以及採取行動的時候，都必須因地制宜、因時制宜、因人制宜，而這裡的「人」、「地」、「時」都必須看作是整個系統的有機組成部分。因此，「時中性」實際上是以整體系統中的時間過程及其傳化為先決條件的，它強調在決策過程中決策者的創造性參與，以適應整體系統所包含的時間過程並進而創造出新的整體系統。在這個意義上，我們可以把「C 原則」建立在《易經》所闡明的時間哲學或時中哲學的基礎之上；並同上述的《易經》整體性哲學相結合，發展出整個「C 理論」，以服務於管理和決策活動。由此，「C 理論」就由以下三個部分組成：

　　⑴人性管理與理性管理相互結合的理論；
　　⑵整體性及其在管理決策中運用的理論；
　　⑶時中性及其在管理決策中運用的理論。

　　這裡「C 理論」和「C 原則」中的「C」，指的是創造性（「生」，英文為 Creativity）和中心性（「中」，英文為 Centrality），它們都來自於中國哲學，從而顯示出「C 理論」植根於中國哲學傳統的深厚的歷史淵源。「C」同時也代表著「變化」（英文為 Change）和協調（英文

為 Coordination)。「生」即創造性的概念，使我們更容易把握整體系統，因為整體系統本質上就是創造性的系統——創造性的聯繫、創造性的轉化、創造性的發展。創造性的基礎在於人的理性和人性，而理性和人性則是作為宇宙整體系統的「道」或「太極」的產物。通過「道」或「太極」的力量，人性和理性可以進一步實現創造性的轉化。創造性同時也意味著人可以通過時中性，積極參與整體系統的架構及其轉化。在管理和決策中，創造性意味著人們對系統整體性和時中性的洞見和把握。就此而言，創造性可以說是我們把握系統整體性和時中性的先決條件。

「中」的概念則使人們聯想到創造性的起點，整體系統的架構及其轉化的起點，以及時中性的起點。「生」代表著動態的行為，「中」則代表著靜態的結構。實際上，「中」也可以看作是整體系統中的創造性力量，它使系統得以保持著穩定的結構。所謂「中」不能簡單地看作是對立兩極之間的中間點，而應該理解成一個整體平衡系統中的焦點，或曰「阿基米德點」(Archimedian Point)。因此，「中」意味著系統中潛在的創造性或者時中性，它是人們對於系統的創造和平衡能力的量度。用《中庸》上的話來說，所謂「中」就是「中和」，乃是整個系統和諧的基礎。「中」的基本功能就是使一個包含著多極的對立從而引起衝突的系統得到和諧，並保持這種和諧。「中」因此可以被認為是整體系統中創造的必要條件。

對於管理和決策來說，達到「中」的境界，就是要使創造性和時中性成為可能。為了達到這一點，一個人應該瞭解整體性及其根源，這就是「道」或「太極」的概念，只有在「道」和「太極」之中，「中」和「生」（創造性）的功能才能得到充分的體現。一個管理者，只有把握「中」和「生」的真諦，才有可能在具體的管理活動中應用自如。他不僅能夠作出決策，而且能夠推行決策，修正決策，展現出強有力的管理決策水平。莊子在〈齊物論〉中說：「執其環中，以應無

窮」，這正是對「C 理論」所強調的「中」以及「生」的概念的生動寫照。

㈥「C 理論」對現代管理理論的綜合

「C 理論」實際上也可以看作是對現代管理理論特別是「X—Y 理論」、「A—Z 理論」的綜合。如上所述，「X 理論」作為「理性管理」的典型，把管理決策的基礎建立在「人性惡」的假定上，此一假定認為人是自私自利而沒有工作責任心的。與此相反，「Y 理論」作為「人性管理」的典型，則把管理決策建立在「人性善」的假定上，此一假定認為人有理想目標並且是值得信任的。「X 理論」在古典管理學派如泰勒和法約爾的理論中被認為是正確的，這些理論認為人是一個經濟的動物，他工作的目的僅僅是為了得到更多的報酬。後來的馬斯洛雖然認識到人有不同的需要，但依然把生理上的需要置於支配的地位。而在中國哲學中，孟子則認為人性是善的，就是在人類生存的基本層面上，人也依然可以展現出他的道德之善，即使是在本身的生命受到威脅的情況下，也依然保持自尊並關心別人。

同樣，我們也可以把「A 理論」當作「理性管理」的典型而把「Z 理論」當作「人性管理」的典型。根據威廉・大內的描述，「A 理論」主張機械性的組織網絡和直線型的控制系統，是一種高度理性化的管理理論；而「Z 理論」則主張團隊精神。寬鬆的組織結構、意見一致的決策等等，是一種高度人性化的管理理論。

從以上的理解出發，把「A 理論」所主張的「A 型組織」運用於「X 理論」所假定的「Z 型個人」，而把「Z 理論」所主張的「Z 型組織」運用於「Y 理論」所假定的「Y 型個人」，這似乎是十分順理成章的事情。但是，這種結論只能是理性推論的結果，恰恰反映出理性思維方式的抽象性、客觀性、機械性、二元性和絕對性的特徵；而從人

性思維方式的具體性、主觀性、有機性、整體性和相對性出發，卻不會得出如此簡單的結論。

如果我們深入觀察人類及其演化的客觀實在，我們就會看到在各種不同的條件下和各種不同的內容中，由於各種不同的對象，為了各種不同的目的，因而有了「X—Y理論」以及「A—Z理論」的不同的組合運用。如果我們深入觀察作為整體的人性的潛力，我們也可以發現人性能夠用不同的方法得到訓練、培養、控制和轉化。人性的運用並不存在著一個固定不變的簡單模式。在實現某個特定目標時，「C理論」所要求的是一個發展整體系統以及整體系統中的時中性的整體思維方式。因此，對於人性及其控制和轉化的整體性思考，也必然帶來「C理論」和「C原則」的覺醒，使得一個關於人及其組織的整體理論能夠發展出來，一個在整體人性假定的基礎上運用組織形式的整體系統能夠發展出來，一個運用時中性的整體系統能夠發展出來。

在下面的圖表中，我將展現出把「A—Z」組織理論運用於「X—Y」人性理論的各種可能性。

組織＼人性	X	Y
A	AX	AY
Z	ZX	ZY

如上所述，「AX」和「ZY」，從理性的思維方式來看是可能的，那麼，「ZX」和「AY」，也能夠說是可能的嗎？我們的回答是：從整體人性的理論來看，它們是完全可能的。對於「ZX」，我們可以看到，通過真誠寬厚的組織行為（「Z」），自私自利沒有責任感的惡的人性（「X」）轉變成具有責任心值得信賴的善的人性（「ZX」）。同樣，對於「AY」，我們也可以看到，通過理性的嚴密組織（「A」），值得信賴

的善的人性（「Y」）可以形成強大的組織力量（「AY」）。以上四種結合的模式，不僅是達到目標的四種方法，而且是實現方法的四種目標。而如果我們沒有對於不同目標和方法的整體系統的認識，那上述目標方法結合的類型都是不可想像的。當然，上述結合是整體系統思維的必然結果，是「C理論」對於「X」、「Y」、「A」、「Z」理論的闡明和發展。這也是對建立在「C理論」和「C原則」基礎上的整體性和時中性功能的生動說明。

我們應該重申的是，上述「C理論」及其運用的實例，其基礎正是《易經》哲學的整體性概念。我們可以把「X理論」看作是人性中「陰」（黑暗）的一面，而把「Y理論」看作是人性中「陽」（光明）的一面；把「A理論」看作是處理人性的「剛」（強硬）的手段，而把「Z理論」看作是處理人性的「柔」（溫柔）的手段。這樣上列的圖表就可以演變成下頁的形式。

在這個圖表中，陰剛和陽柔的中和是很好的，而陰柔和陽剛對於人性與手段的相互結合與轉化來說也是十分必要的，在《易經》哲學的整體系統網絡中，我們既可以看到純陰的自然之善（見「坤卦」中的六二爻），也可以看到純陽的人工之美（見「乾卦」中的九三爻）。坤卦六二爻的爻辭是：「直方大，不習，无不利。」而乾卦九三爻的爻辭是：「君子終日乾乾，夕惕若，厲无咎。」六二爻說的是天地自然正直、方正、廣大，因而該爻處於卦象的中間位置；而九三爻說的是君子兢兢業業，日夜操勞，因而該爻就不處在卦象的中間位置。這也許是對純陰純陽的最好解釋。

手段＼人性	陰	陽
剛	陰剛	陽剛
柔	陰柔	陽柔

綜論

C 理論的管理境界

 一、

建立中國的管理哲學

㈠分辨技術與知識

杜魯克討論管理研究的性質時，指出管理研究有潛力發展為一門科學，成為管理者的知識與紀律的來源。但在另一方面，他又指出管理學也可能只成為專業者的技術囊，為技術性的特殊需要提供工具而已。於是，管理學被認為只是有關貨物訂存、檢驗、保養、價格、財務、市場、銷售等管理技術。管理學甚至也被認為只是一套數量化的方法，用來設計或控制成果，提高效率。然而，管理技術與數量化方法並非管理學之主旨所在，因而並非管理科學。惟當我們理解管理學的主旨為何，運用科學方法來闡明此一主旨時，方得稱為管理科學。

管理科學的主旨究竟為何？杜魯克指出：該主旨在研究如何組合人與事為相互依存的整體系統以達致企業目標。值得我們注意及深省的是：杜魯克把管理學看成整體系統之學，全體與部分、部分與部分相互配合之學，以及運用決策達致目標之學。因此，管理學不僅是工商企業的發展學，也是政府機構的行政學，更是現代人生活的組織學。簡言之，管理科學就是用科學方法研究如何做到系統化、整體化、調

配化、決策化及績效化的學問。在此理解下，管理活動就是從事系統
策劃、整體調配以及績效決策等心智活動與具體行為。這些活動與行
為顯然是任何現代專業所需要的，也是現代人面對社會所必需的。因
之，作為現代專業者及現代人又怎能漠視管理科學這一門學問？

上舉管理活動自然包含了及融合了專業技術的應用。但這些活動
本身並不等於技術，卻自立為一套高層次的動態知識。因其為知識，
故有原則可循；因其為動態，故能應用於實際。管理也就可以說是智
慧的運用知識，藉以創造整體的價值境界。就企業管理和公共行政而
言，管理所創造的整體價值境界，就是績效與成果。顯然，每一行業
都有每一行業的績效與成果目標，而此等目標也有層級高下的區別。
然而任何行業的終極目標，除充分發揮其個別的功能之外，也是與促
進社會進步、提高社會生活品質此一績效及成果目標分不開的；因之，
也就與不同層次的整體設計、系統策劃、關係調配、目標建立、績效
決策等管理活動分不開的。這些也就是管理科學研究的中心課題。

(二)運用技術與知識

杜魯克對管理技術與管理知識的辨別顯然源自亞里士多德對技術
(Technē) 與知識 (Epistēmē) 的辨別。技術是一套可以訓練採行的運作
程序，具備了特殊的目標性與工具性。知識則是一組界定及描述真實
的原理法則，基於理性的認知與經驗的證驗，具備了觀念的概括性與
系統性。技術與知識的不同乃在於：技術或技巧必須經過重複的實習
訓練才能獲得，也需要不斷地運用才能臻於熟練。知識則需要心智的
理解，不但能夠實事求是，而且能夠洞達事實的所以然。再者，技術
已包含了行為指示，知識則需要透過意志的決定以達於行。此處吾人
要強調的是：無論是手工技藝或科學技術（科技），都預設了知識為其
發展的條件。更有進者，無論如何複雜的技術，也無論其需要多少心

智靈巧來駕馭、掌握，均能在一定的條件下，邏輯地解析為一系列的運作步驟與程序；也就是原則上，使之運作程序化與機械自動化。人類的科技漸趨自動化與程式化是有目共睹的事實。電腦軟體的大量設計就是科技程式化與自動化的表徵。吾人如何基於知識發展科技，如何基於科技發展自動運作系統，乃是吾人當前發展知識、應用知識的兩大方向。

　　技術是知識用於實際問題所產生的解決之道。知識越發達，技術則越精密。人類也越能改變生活環境，增加行為能力。但人類卻絕不可在開拓知識、發展技術的過程中，變成科技的奴隸，喪失生命的自主和諧與人性的道德自由。因之如何把握人類精神的自主權以及價值的抉擇力，創造人類精神的福祉，乃是人類追求知識與技術的最終目的，也就是倡導現代管理科學的根本涵義。

㈢管理與知識的關係

　　知識與管理關係的密切更可見之知識對社會的影響。知識透過理性的說服力，以及透過技術的應用性，不但促進了社會變遷，而且也把社會逐漸轉化為知識創造的成果。現代人的思想、生活與行為也愈來愈受假設的刺激，突破傳統價值，走向多元型態。這自然也是社會知識化、知識社會化雙重影響下的結果。更重要的是：知識解決了問題，改變了現狀，但現狀又出現了新的問題，因之必須再度求知。如何掌握知識，以掌握現狀、解決問題，就是對管理的第一度自覺；再進而掌握現狀，以開拓知識、解決問題，乃是管理的第二度自覺。於是管理科學乃構成知識與實際交相為用的活動，是與現代社會重視知識、仰賴知識密切相關的。因之，吾人也可視現代管理意識為社會知識化與知識社會化的結晶。管理就是應用知識於社會，以滿足社會對知識秩序的需求，因而更理性的改變社會。

　　現代社會實可描述為一知識性的生態體系。不但社會中各專業都以知識作基礎，社會中的各專業也都以知識為溝通媒體。知識的通道也就是社會主要的通道。在此一背景下，現代企業也成為一知識性生態系統中履行供應、疏導與消費、發展等功能的重要結構。若不能就此觀點發展企業，企業也就無繁榮可能。在此一觀點下，現代企業必須對外順應世界潮流，透過知識掌握真實世界的多面化與變化性，以求深入發展；對內卻要相應時空條件，透過知識，力求革新自強，立於不敗之地。管理也可說是知識策略性的應用了。

　　具體言之，管理對知識策略性的運用是掌握現在以掌握未來；相應未來，把現在做最好的運用，也相應現在，把未來做最好的運用；也是掌握全體以掌握部分，相應部分，把全體做最好的運用；也相應全體，把部分做最好的運用。更簡言之，管理也就是發揮群體與個性的知識、意志、勇氣與想像力，開闢社會進步之道，提高社會生活的品質。在此瞭解下，管理科學是鼓勵冒險犯難的精神的，此即是：在知識的基礎上作合理的冒險；勤於籌劃，勇於決策，更敢於承擔責任。

　　合理的冒險就是結合知識、意志、勇氣與想像力的冒險。任何創新與應變的決策及其承擔都是合理的冒險，只要它是以知識、意志、勇氣與想像力為起點。透過知識、意志、勇氣及想像力來掌握現在，開拓未來也就是管理的最高境界。成功的管理以成功的決策為核心，而成功的決策則有賴於掌握現在以掌握未來，掌握全體以掌握部分的知識見地、意志勇氣以及創新應變的思想透視力。人類已創造了世界的現狀，並已投身在瞬息萬變的事態中。知識不應是靜態的概念，而應是創發的活動；不應是孤立的觀照，而應是整體的判斷；不應是機械部分，而應是活潑的全體。這些都是現代知識性生態體系的社會所決定的知識特性。管理科學作為管理的現代知識學就必須接受此一知識觀念，並努力求知於社會的生態體系之中。

㈣知識的決策化

　　用知識來掌握現在以開拓未來，吾人可命之「知識的決策化」。「知識的決策化」是非常重要的概念，它不止於「決策的知識化」，英文指的是利用知識來作決策，卻不僅僅利用知識來作決策。在「知識決策化」過程中，決策者的綜合判斷及思想透視力也與知識一般重要。知識不應機械地應用於具體的情況，而應配合對具體實況的理解來達到決策的目的。「知識決策化」乃是把知識應用到恰到好處，用知識來配合目標，發展方法，健全決策。「知識的決策化」因而包含了決策的知識化，而不限於「決策的知識化」。就以決策應用的時空範圍為例，短程、中程，及長程計劃決策所需要掌握的知識因素並非一樣；不但所需要掌握的知識因素不一樣，所需要掌握的價值觀、目標感、思想組合力及判斷力自然也不一樣。決策的成功與否，往往更繫於對時、空變化度的確切掌握。

　　「知識決策化」兼重知識與決策。決策無知識則陷於盲目判斷；知識無決策則陷於呆滯架空。知識是知，決策是行。行有得於知，方是真行。知有得於行，方是真知。這也是知行合一的新義。決策的行是把位能化為動能，把現在推向未來，也就是把知識變成能力。因之，也就導向了「知識技術化」的考慮。

㈤知識的技術化

　　「知識的技術化」是管理科學的另一重要部門。它包含了兩個重要步驟：一是找出知識應用的邊際條件；二是在此等邊際條件下把知識的原則、原理分析，分解為具體的運作步驟和程序。在一定的邊際條件下，對知識原理的運作步驟的遵循就是「技術化」。「知識的技術

化」是以達到製造工業成品為目的。大規模的運用知識技術以達到大規模的生產目標就是工業。工業及工業化社會的發展乃是知識技術化的成果。泰勒所稱「科學管理」主要是指工業生產過程中知識技術化的活動。但吾人要指出的是：「科學管理」應同時兼含「知識技術化」和「知識決策化」兩方面。「知識技術化」實為「知識決策化」的後果，沒有對知識策略性的運用，則科學技術何來發展？歐美工業社會的建立及科技的昌明莫不種因於此。故在管理科學中不可不同時重視「知識決策化」與「知識技術化」兩者相互依持的關係。

(六)知識的資訊化

知識除有別於技術外，也有別於資訊 (Information)。此一區別在管理科學的實用上十分重要：知識具備普遍的律則性，透過概念系統來顯示真實世界的結構。資訊則是一套符號系統，在約定俗成的規範下，記錄消息，傳遞資料。自然，吾人可以把律則性的科學知識加以資訊化。但資訊化的科學知識只是資料記錄，卻並無認知真實的意義。故一本物理學教科書並不等於物理學。唯有透過再認知的功夫，資訊才能還原為知識。在現代電腦的設計下，吾人可以把知識大量的資訊化，也能詳盡的記錄具體事例，並把此項記錄條陳化圖示在螢光幕上。當然，吾人也能把抽象的理論與推理應用在電腦上，藉以抽取結論，預測未來。因之，現代社會的管理者必須面對豐富精確的資訊資料，隨時做出判斷、選擇與決定。故管理科學決策的重要性也因資料工業的繁榮而更顯重要。

總結以上言之，現代管理科學繫之於知識三方面的運用：「**知識決策化**」、「**知識技術化**」與「**知識資訊化**」。「知識決策化」是三者的最初條件與最終目的，因之也就是現代科學管理的重心所在。

㈦從管理科學到管理哲學

前已提及，決策作業除知識的吸取外，尚要依靠整體的思想過程以把握真實。真實具備錯綜複雜的結構，但卻為一變動不居的過程。若要把握此一動靜兼具的真實整體，吾人就需要整體的思考問題。決策本質上是意志活動，是把現有的資源作明日的投資，以期基於今日的努力獲取明日的成就。此項活動顯然帶有冒險的成分。透視明日更需要遠見及睿智。唯有整體的思考才能提供遠見、睿智及合理的冒險精神，也唯有整體的思考問題才能達致下列規範決策活動的理想條件：

⑴提供正確判斷的一般標準，而不局限於一科一門專業知識的平面。

⑵洞悉知識應用的邊際條件與運作問題，作出適當的評價與抉擇。

⑶掌握觀點與經驗，能對知識作方法上的反省，促進知識的成長。

⑷整合不同範圍的知識，開拓思想的新方法與新境界。

⑸認識不同的發展途徑以及不同發展的模型，確立發展的有效路向，並掌握發展的動力。

⑹察微知幾，深入管理系統各部門的關聯，就整體平衡發展，予以平衡的運用。

⑺提高概念層次，創造有效環境，解決難題，融化衝突，化對立、緊張為和諧、協調。

⑻革新自強，吸取新經驗，調和舊經驗，認知新事例，發現新意義，樹立新觀念典範，藉以突破現狀，創造新境。

⑼理解人生，配合時空因素，確定相應真實的價值目標，並以擇善固執的精神，努力以赴。

⑽分辨常則與變例，把握具體事項與抽象理念，有效的結合經權並用，不但可以守常，也能夠應變。

　　以上所舉十項規範決策活動的理想條件也可以說是對管理的整個思考規範，更可以說是一個理想的現代行政者或管理者所應具備的心智能力。時代愈進步，科技愈發達，此等規範條件與心智能力也愈受重視。現代社會成為上述知識性的生態體系，使社會中每一分子的判斷與行為都具有影響社會安危的潛力。因之，社會中任何一位決策者不但要彼此負責，且要對全社會負責；因之，也都應具備整體思考的心智能力，能夠在適當的時機作出適當的價值判斷與採行適當的行為方式，雖然不能裨益社會，至少避免危害社會。

　　更進而言之，現代科技增進了人與人之間的關聯，也加強了決策者對他人與社會的影響力，因而自然的賦予了任何有意識的決策行為以深廣的道德意義。故社會大眾對決策者所需求的道德嚴謹度及思考嚴密性也愈益加強。決策者需要高度的智能來開拓有效的活動境界，也需要充分的自律意志來防止危害公益的行為。這種兩極的要求正是現代人必須面臨的社會立法，更是一個管理決策者所必須接受的理性規範。沒有深厚的整體思想能力是無以為功的。

　　以上所述的整體思想的需求就是管理科學應該提升為管理哲學的理由。管理科學與管理哲學的差異乃在：前者著重在管理知識應用於管理實務或僅關注於管理知識的運用化與技術化，後者則強調發展整體思想以充實管理知識，並促使知識決策化的實現。無疑的，科學研究是管理知識的來源，但科學研究的進步則有賴於綜合的、整體的、創新的能力思考。把管理科學提升到管理哲學，因之乃是就科學知識的再發展立言，亦即就管理科學的理論性與應用立言。管理哲學包含了管理科學而為管理科學的理論基礎與應用基礎。如果沒有管理哲學，或管理科學不能發展為管理哲學，管理實際所需要的靈活性與變通性也就蕩然無存了。上述十項決策活動的規範也就喪失其意義了。

　　今日吾人處在科技日升的時代，社會及經濟的發展愈來愈依賴管理知識的進步。管理知識的進步不僅是「知識技術化」問題，也不僅

是「知識決策化」的問題，抑且是「知識整體化」、「思想整體化」問題。故管理的研究應在管理技術與管理科學的層面上，更上一層樓，盡力發展整體化的管理哲學思想及其應用效能，藉以創造現代社會發展及現代經濟發展的新境界。

㈧建立中國管理哲學的可能性

中國哲學包含了豐富的人生與社會智慧。基於其對整體思想的重視與發揮，顯然能為管理科學提供一個哲學的基礎，把重視技術的科學管理推向靈活的整體思想管理。有關此一認識，吾人可以提出下列重要說明：

⑴中國哲學重視整體觀念，有關整體觀念，中國哲學包含了最豐富的資料：

無論個人、家庭、社會及國家，均可自整體觀念來理解，個人為家庭及社會中的個人。家庭、社會，及國家均為天地宇宙中的結構與秩序。就是天地宇宙也是一個整體，不可能單獨談天說地，離析宇宙。中國哲學的整體觀念如太極、太和、天道、性命等，一則顯示為一整體的結構，另則顯示為一整體的過程。在整體中，一切事象息息相關，形成生態體系。整體最為真實，也最具有發展潛力，和人之整體具備了進德修業完成人格的能力。

⑵中國哲學強調整體中個體間相互依存的關係：

凡物皆由相互依存的關係所組成，人事也是一樣。表現這種相互依存關係的是陰陽二氣統合一體的觀念。陰陽二氣，相反相成，相得益彰。此一相依並存，變通統合的關係也是其他相應的觀念如剛柔、動靜、虛實、有無等思想模型。整體與部分的關係，以及整體中部分

間關係也莫不可依此一思想模型來理解、掌握。由於陰陽關係的相對性、多重性與相互轉化性，因此整體事物與事件均可析為重重相疊、層層蘊含的依存關係。透過此一思考方式及此一思想模型的運用，吾人才能深入理解事物變化的契機與道理。

⑶事物相互依存的關係，因平衡安穩而有和諧，也因平衡不安而生衝突：

　　整體的和諧帶來生生不已的創造力，而整體的衝突則帶來破壞與毀滅。但宇宙整體中的生滅成毀現象卻必須假設終極的整體和諧性方有意義。人為宇宙之一部分，自然具有對和諧的需求。事實上，人格的發育完成也莫不以和諧為理想。儒家強調發展道德人格，就是發展人性的和諧性與整合力以成就最大的整體感。儒家所謂中道並非折衷之道，而是不偏不倚，體現及保持平衡及和諧的原則。沒有平衡及和諧等觀念，所謂中道也就溶入折衷妥協了。

⑷中國哲學重視「合一」、「合德」、「無礙」、「圓融」等理念：

　　這些理念不但基於對宇宙事物的認知，也基於對實際人生的體驗。表現這些理念的是「天人合一」、「天人合德」、「知行合一」、「理事無礙」、「情境圓融」等等命題。它們闡述了主體與客體、天道與人性、心性與道理、知識與行為等原初及動態的關係。它們可以透過反省的心智予以理解，也可以透過篤誠的修養予以實踐。此一理解與實踐實已包含了「知行合一」的要求；理解需要實踐，實踐需要理解。這也說明了中國哲學中宇宙本體是與人生實際相互界定的。

　　表現「合一」理念的另一個要例是：經權互通。經是常道，權是變道。但經中有權，權不變經，因為在宇宙變化現象中，變中有不變之道，不變之道卻又是變動不居的。基於此一瞭解，變通、變易、變化、變革等觀念也都具備了宇宙論及實踐論的三重合「一」意義；理

解中變與常的「合一」，實踐中變與常的「合一」，以及理解與實踐的相合為一。

值得提出的是：這些重要的「合一」理念，以及上述整體、相互依存、和諧性等觀念莫不包含在中國哲學的《易經》哲學之中。上舉各命題也可以看作《易經》整體思想的發揮。整體思想在中國哲學中的中心地位也於此可見。

(5)中國哲學中有關宇宙及本體的觀念永遠與具體的人生實際密切結合：

所謂：「道也者，不可須臾離也，可離非道也。」形而上的道與形而下的器相即互與，而不可判為二橛。這種普遍原理與特殊事物結合的關係說明了「知行合一」作為行為要求的理由。知與行在概念上可以析而為二，但在實際生活中都必須合而為一。不但知在觀念上必須會攝行，行在意念上必須會攝知，真知真行必須結合一體方才相互完成。儒家對此最為重視。故儒家不輕言知，言於知就必須篤行。

「知行合一」的關係若用於現代管理科學，其意義乃十分重大；管理決策不僅是知的作用，也是行的作用。如果沒有行的承擔，所謂決策也只是紙上談兵而已，因而缺乏意志的執行力。如果沒有知的指引，所謂決策也就變成瞎子摸象，因為缺乏理知的確定性了。杜魯克分析管理決策因素即是就「知行合一」的精神立言的。

(6)中國哲學所包含的豐富的哲學理念與哲學命題具備了極寬廣的說明性與極深刻的表達力：

由於此種說明性與表達力，這些理念及命題莫不可用之於今日的個人與社會，也莫不可引申為科學研究、社會組織、經濟發展、企業管理、公共行政等活動的理解參考系統，從而令吾人更能掌握現實，開拓未來。《易經》中「生生不已」的本體觀以及「與時偕極」的時中

變通觀念，不僅是吾人所以進德修業的立身之道，也是開物成務、整合知識、創新方法、貫徹始終的管理原則。若將杜魯克論管理科學及決策化過程之灼見與之相較，吾人不難發現兩者在思想上實不謀而合。

　　綜合以上六項論點：以中國哲學為管理科學的哲學基礎，並從而建立及發展中國管理哲學，既合乎文化傳統的自然需要，又合乎管理思想發展的趨勢。今日管理決策所需要的整體性、依存性、調和性、創新性、變通性與實踐性也都可以據此發展開來。管理之學不但是技術與知識的領域，也將是智慧的園地了。

　　中國管理哲學是依據中國哲學理念發展出來的管理哲學。但它並不意味與管理科學或科學管理有任何衝突。就實言之，如無科學管理，中國哲學在管理上的應用無以彰顯，正如無管理科學，管理哲學的需要也無以彰顯一樣。但中國管理哲學卻能補足管理科學之所短，也能補足科學管理之所缺。科學重部分解析，中國哲學重整體綜合；科學重客觀知識，中國哲學重主體智慧；科學重主客分明，中國哲學重主客合一；科學重群體的實證，中國哲學重個人的踐行。科學與中國哲學兩者在方法上及層次上的配合使用，是現代管理研究所需要的。自此一意義觀之，科學管理與管理科學也正好彌補了中國管理科學之所短與所缺。事實上，科學管理與管理科學也正是發展中國管理哲學的條件。

　　中國哲學能夠應用於管理問題，並為現代管理科學所需要，一則顯示了管理問題對發展中國管理哲學的重要性，另則也顯示了中國哲學內在的活力以及對現代社會的適應力與應用性。更進一層言之，中國管理哲學的發展，不但顯示了中國哲學對管理科學及管理問題的現代貢獻，也為中國哲學的內在生命提供了一個發展的良機。中國哲學必須具體落實才能進一步發揚光大。所謂發揚光大就是中國哲學的現代化與世界化。中國哲學的建立可說是中國哲學落實及現代化的一個重要層面及環節。如何再進而使之世界化，是值得中國哲學家及中國管理學者共同深思的。

㈨中國管理哲學的文化意義

　　建立中國管理哲學除滿足管理科學的基礎需要外，還具有一項歷史文化的深厚含義。此即是：中國管理哲學為「科學管理的中國化」提供了一條道路。現代中國管理是因應民主法治社會的需要以及工商業的繁榮而興起的。因之，除發揮中國哲學在管理方面的精義外，它必須包含科學的理性，兼容科學的技術與知識。換言之，現代中國管理必須努力把傳統的哲學智慧與現代管理知識及技術結合起來。此即為中國管理哲學之精神與理念所在。

　　目前臺灣的管理實況中，問題叢生，也都是源於未能努力於傳統的哲學智慧與現代管理知識及技術的結合所致，這也反映了知與行、理論與實際大幅脫節。

　　故吾人提倡中國管理哲學，不但要為科學管理及管理科學求進一步的發展，也要為中國當前的管理問題提出傳統與現代相互結合之道。唯有此一結合之道產生理解與共識，管理的中國化及科學化才能同時順利進行，管理的諸多問題也才能迎刃而解。

　　杜魯克在 1971 年分析「美國能從日本管理學習到什麼？」問題時，特別舉出日本管理的成功三祕訣：⑴能作有效決策；⑵能調和勞工保障與生產效能的需要；⑶能結合經驗與活力以發展及教育年輕一代管理人才。如果吾人細察杜氏的分析，即不難發現日本管理之長實基於：⑴知行合一的決策；⑵變與不變的調和；⑶新陳代謝的運轉。此三項原則均為日本管理者透過制度化與運作化施行無阻，且能予以恰宜配合使用。三者都包含了中國哲學的精華，自然也發揮了中國哲學中「惟精惟一」、「擇善固執」的精神。

　　杜氏肯定日本管理的成就，直接的表彰了日本管理的特色，並與美國的管理相互比照，但也間接的提示中國管理哲學的有效性與創造力。中國管理哲學的重要性也就在此獲得了一個重要的實證。

二、
尋求現代化的中國管理模式

(一)傳統與現代

在我們討論尋求現代化的中國管理模式之前，應先對傳統與現代作一簡單的說明。

「傳統」是指我們自己的文化、歷史所形成的一些觀念、想法、作法，它代表有兩種層次的意義：第一，它有觀念層次，即是意識型態、價值觀念。譬如，中國人講求家族式思考方式，它是以孝道為中心、以父母為中心的。第二，它有行為的層次，是表現於外表的。

「現代」的觀念比較模糊，我們對它常有多元化的瞭解。「五四運動」後，包括有歐洲的現代、日本的現代、美國的現代等，對我們都產生很大的影響。現代，它也可分為觀念型態與行為模式兩項。

傳統與現代兩者不一定能配合，常互相衝突，衝突的形式有：

(1)傳統觀念與傳統行為的衝突；

(2)傳統觀念與現代觀念的衝突；

(3)傳統行為與現代觀念的衝突；

(4)傳統行為與現代行為的衝突；

⑸傳統觀念與現代行為的衝突；

⑹現代觀念與現代行為的衝突。

因為衝突是不可避免的，所以，傳統與現代必須要結合在一起，成為我們所需要的觀念；而管理也要兼採傳統與現代，形成一合乎情理、能產生最好效果的觀念與行為，使觀念與行為相互影響，這也就是「傳統的現代化，現代的傳統化」。

然而，結合的方式有許多種。有些好的結合，能產生好的效果；有些不好的結合，不但浪費時間，且沒有好效果。現將結合分為二種：

⑴理性的結合：

譬如用餐，如將西餐代表現代；中餐代表傳統。有人將中餐簡化，講求衛生、少吃、不求油膩，這是參考西餐特點，用來改進中餐，應屬理性的結合。

⑵非理性的結合：

如吃過中餐後又吃西餐或吃過西餐後又吃中餐或兩者同時吃，這都可能造成消化不良，不是合理的生活形式，不能產生真正的快樂，是屬於非理性的結合。

(二)「經」與「權」

今天我們談管理，要把傳統與現代結合在一起，提出一適合中國現代化的管理模式，這個模式不只是要維持現狀，更要開創新世界，解決問題以達成目標。

管理是對一件事情作一有次序的處理，必須是既管又理，不能只管不理。「理」有它靜的觀念，就是要有次序，有一格局，建立起井然有序與特殊的次序來；它尚有動的觀念，就是在求「理」的過程中須

講求溝通、流通、貫通、變通，這可稱之為「氣」。管而不理，理而不通，都不可稱為管理，因此，管理要能做到：

⑴有格局，不能「亂」，這樣才可以生存下去。

⑵有次序，充滿生氣的次序，對溝通、流通、貫通、變通，這些因素要能維持。

⑶要既管又理，有「生」的原理，這就是成功的管理之道。

管理在求管而理之，以求生生不息之道，這種觀念是一般性的，也就是「經」的原理。

身為管理者握有實權，應製造次序，進而維持次序，以達生財有道，也要考慮特殊性的因素，這也就是「權」的問題，也即在經的原則之下，如何針對各種情況，採用不同的特殊政策、制度、方式，以不變應萬變。

因此，「經」與「權」的配合應用，即是一般性與特殊性的應用；但是，我們很多人的作法常有「權」無「經」，這是短視的觀念，只是臨時性的考慮，沒有長遠的計劃，不能有計劃思考，往往只是玩票、投機、湊熱鬧的心態；事事將就將就，當然不能提高管理層次，也不能為企業帶來生機。因此，管理是在原則下適應環境，要達到有「權」亦有「經」。

通才就是對事物有一般性瞭解；專才則對事物有特殊性的瞭解。現代社會講求專業化，每一樣事情要有專業基礎，才能發揮最高效果，而專業以知識為導向；但是，專業之上的主腦，即組織上的主管要全盤性的瞭解，這就是要有通才，才能使專業之間流通、貫通、變通、溝通，使其能發揮好的效果。

㈢觀念的比較

管理是一種藝術、技術、思考方式，但不能將管理局限於一隅。

有人談管理科學，往往將其限制於技術的觀點，但是，管理並非只是技術問題，尚有心理、價值、觀念、文化等問題。很多人也將西方的管理觀念用於中國，可是並不成功。因為，中國有一「忠」的觀念，它是以人為中心，不以制度為中心。因此，很難將一套新的技術引用到現存的文化中。所以，今天的管理，不能不涉及到文化、哲學等傳統的觀念。

　　管理中國化即在中國之文化、思想、歷史背景當中，去找尋對中國人有效，適合中國人的管理方法，透過中國哲學好的成分，作為借鑑，發揮應用，摒棄中國傳統中的陋習、偏見。

　　依據有人作過的問卷調查得知，美國式、日本式與中國式的管理觀念，無論在管理計劃、管理決策等方面都有不同之處。而現在談管理中國化不是抄襲日本、歐美，而是要提高層次，認清問題，替自己找出一條出路來。

　　管理是一種應用哲學，對基本哲學瞭解之後，可對特殊的時空劃分為不同的觀念，這就產生了「比較管理學」；它是從不同的文化、地區等的管理哲學，比較其不同的觀念。現在我們比較三個不同的管理觀念。

⑴美國式管理型態: 它強調的是

　　①功效 (Efficiency)：美國思想、文化，大部分要配合實用主義 (Pragmatism)，以效用作為目標。譬如，建立工廠，要達到生產目標；設立公司，則要達到利潤的目標。

　　②創發力 (Creativity)：著重個人能力的發揮，他們講求自由，自由要維持下去，則要在思想上突破，發揮功效，產生其價值。

　　③責任心 (Responsibility)：對事情要負責、要講求個人突出。因此，美式的管理觀念在方式上較積極、主動，私人間具有榮譽感。

⑵日本式管理型態：它強調三點

①家族化：以家族為本位、為利益中心而來用人、來處理事件、維護公司的體制。通常家族化分為兩種：

a.含收的家族化：以家族為中心，將朋友、所用的人都包含起來，將其視為家族的一分子。

b.排除的家族化：將與我沒有家族關係的都視為外人，強烈排外。

有人說，中國太家族化了，而日本不講求家族化。其實，日本是含收的家族化，他對其所用的人使用安撫的心理，使其與企業共存亡，不擔心被資遣，這是日本企業成功之處；而中國企業把外人分得太開。所以，家族化並非缺點，而是要將排除的家族化轉變為含收的家族化罷了。

②團結生存：這是日本含收的家族化所發揮出來的「群」的功用，他們知道相互追求理想；要保護自己、發展自己，則要團結以求生存。

③細緻心理：日本人但求細緻，其花園、住家都很有條理；而且雖然其缺乏美國式的創意，但其產品模仿力甚強，這都是從細緻方面去發展的。

⑶傳統中國的管理形態：它有三特點

①講求道義精神：傳統中國士大夫講求道義精神，志向很大且高瞻遠矚；人際間講求信義，尤其五倫思想特別發達，形成一套禮儀表達關係；處理事情方面，表現合乎禮、義、道，重於實務。換言之，即「正其誼不謀其利，明其道不計其功」。而現在中國的道義，只是一種說詞，實際上，面對的是功利，與名稱不相符合。

②講求心性的修養：處處為別人著想，謙讓他人。現在雖也提到修養，但只是表面而已，內心完全不是如此。

③講求和諧思想：它表現在中和思想上，取中用和，做事要恰到

好處，以和諧為目標，所謂「家和萬事興」、「以和為貴」。但是，現在也把它形式化了，只是形式上的「中」，它是折衷、妥協；只是形式上的「和」，只求表面無事、相安無事，並無積極、和樂的推廣。

㈣範疇的劃分

我們將管理範疇劃分為下列七項：計劃、決策、組織、用人、領導、控制，及協調。首先談到計劃與決策、控制與協調都須分開。

⑴計劃與決策分開：

計劃對事情發展，作預期的安排，把各種因素分析得很清楚；決策是在決定事情做過之後是否發生效果的過程。有的人有計劃而無決策，有的人有決策而無計劃。但在傳統中國的思考方針下，計劃與決策是同時存在的，彼此互應。管理過程講求「理」的思想是計劃、「氣」的思想是決策，我們要求的是理與氣同時發揮作用。

提供我們作決策的基礎有下列三項：

①資訊 (Information)：包含新聞資料的訊息，可以當作中國人所講求的「經驗」。

②知識 (Knowledge)：它不等於資訊，而是一種思考的過程，這也是中國人所講的「科學」。

③理解 (Understanding)：它是要掌握事情變動的因緣與主客觀因素來作判斷，即是屬中國所講的「哲學」。

判斷事物理解的過程，這是管理的軟體。中國的《易經》有兩個作用，一為察微知變，這是透過細微的東西作判斷；一為變通入神，在變通當中，瞭解對方內在心理，這些都是管理的軟體；另外，中國管理的軟體因素尚有相人術、御夫術、御妻術，軟體所考慮的五行、八卦、圖書（河圖洛書）、干支都是在理解的過程所做的判斷。

　　在軟體當中又要配合硬體，即是調節主觀的心理來適應客觀的環境；如中國的堪輿術、風水，都是屬於中國管理的硬體。譬如說在營運上出問題，則要觀察室內佈置、光線、桌子擺向等，然後，再加以調節。

　　由此可見，中國這些哲學提供理解的方式，科學提供知識的方式，電腦提供資訊的方式，把這些應用在決策方面，做事要顧到理解的過程，不要光只注重資訊或知識，還要在軟體上、在理解上去發揮。

　　計劃是屬於知識、資訊、理解的成分；而決策是要作行動，故兩者要分開。

(2)控制與協調分開：

　　控制是指管理組織在人事、權責分配之下，能使其運作並作改進過程。這裡所發生的問題，往往是矛盾的現象，這些矛盾現象最大成因在於兩極化問題，它包含有：

　　①權威與責任的兩極化；

　　②名與實的兩極化；

　　③法與情的兩極化。

　　協調則是在體制之外作應急的處理。假如協調無法獨立作業，就如汽車開久了，如不加添潤滑油、不給它維護保養，讓它自然行走，則其壽命恐不會長。

　　這裡強調控制與協調必須分開，就是要透過協調來處理、解決衝突，其解決的方法有二：

　　①以「誠」來處理：即真誠地把需要告訴對方；以誠的觀點來建立情緒。

　　②以「明」來處理：即建立共識，大家都認清其中的道理，以提高大家的認知。現在很多法律難以推行，就是因大眾無法對法律同時產生共識。

　　但是，目前為何國內公司、行政系統的管理制度不作計劃？為何不以理解來做決策呢？據調查顯示，有下列因素：

　　①有人說是資訊不夠；這是基於求全的心理。

　　②有人認為計劃太多，太麻煩，事情變化無法適應；這是補充式的主義。

　　③有人要「蕭規曹隨」，不願多作計劃；這是屬於保守式的主義。

　　④有人說因公司老化，事情很多要做，主管無時間去思考。

　　以上所列這些求全、怕變的心理，造成公司發展遭阻，人事組織鬆懈。

㈤新舊的配合

　　結合傳統與現代牽涉到四個層次問題：

⑴本體：

　　這是指本身自己對事物的認識，這也是中國文化的精神。如自己到底在想些什麼事情，到底能否掌握管理目標與對管理作全盤認識，皆屬於本體。

⑵原則：

　　對事物產生認識，還要找出其中的原則出來。如「正其誼不謀其利，明其道不計其功」為做事之原則，這中間有很多道理都可以應用。

⑶制度：

　　這是將原則化為可行的條理；利用原則作基礎，制度才有一標準。

⑷運作：

　　光只有制度，仍難以執行，必須要付諸實際行動，所謂「徒善不足以為政，徒法不能以自行」。

　　本體與原則是屬於傳統面；制度與運作是屬於現代面，要傳統與現代結合，即要本體、原則、制度、運作相互配合。

　　時至今日，國內企業在東西方管理哲學與傳統、現代化的衝擊下，正需要一套屬於自己的管理模式，這套模式就是安和樂利的管理模式，也就是結合現代資訊、知識與理解，經由知識的導向，走入理性的權威。

⑴安：

　　是求得安穩，是要企業團體員工安穩，達到「安無傾」的境界。

⑵和：

　　這就是致和，使人際關係達到和諧境地，使大家都能溝通、流通、貫通、變通，內外上下和諧，眾夥同樂。

⑶樂：

　　使大家喜氣洋洋，做到「與民同樂」、「獨樂樂不如眾樂樂」的目標。

⑷利：

　　透過理性的觀念去追求權利，主動爭取應得的利益。

　　唯有經由「求安、致和、與樂、正利」的理性途徑，才能建立起「安和樂利」的管理模式。

三、
論工業化與倫理化的雙管齊下

　　近世西方在希臘羅馬文化的影響下，發展了冒險犯難的探索精神，也開拓了客觀求知的理性方法。基督教神學更帶給西方人以救人淑世的宗教熱誠。三者結合遂導致西方科技與工業化社會的形成。故西方科技與工業化社會是在一定的文化環境與倫理意識下培育出來的，其形成決非歷史上的偶然。若吾人把倫理定義為規範社會行為的價值意識與確定社會秩序的價值原則，則科技作為客觀知識與科學技能的追求，工業作為運用科技、製造成品以滿足社會需求的生產方式，顯然都有其相應的倫理條件。毋容爭辯的是，此等相應的倫理條件包含了對理性知識價值的重視及對自由意志與獨立思考價值的肯定。因而西方科技與工業化的發展也往往以實現自我的創造力與滿足權力意志的征服欲為主要前提。

　　與西方倫理意識相較，中國傳統儒家的倫理是以家族為基礎，建立人際社會和諧為其中心旨趣的。在此一旨趣下，傳統知識分子著重人格的修養與完成，把精力投向道德的實踐與相應的政治地位的獲取，因而對獨立於人事的純理性與純經驗的格物致知缺乏生動的興趣與深刻的動機。傳統知識分子更把「開物成務」、「利用厚生」看作當道者的事功，而非一般個人的責任，故而「不在其位，不謀其事」。科技與

工業之未能充足發展，成為中國傳統文化的主流，顯受此一心態影響所致。但自20世紀以降，西學東漸，科學新知啟發了新人生觀、新宇宙觀，當道者亦漸能深切體會科技與工業化對國家富強與民生經濟的重要性，致力科技與工業的發展已非選擇不選擇的問題，而為生存競爭所必需。在此項現代意識覺醒下，求變求新、發奮圖強不但為形勢使然，也可認為是儒家哲學內在的「日新又新」精神的復活。事實上，儒家思想中，不但《春秋・公羊傳》含有進化革新的觀念，《易經・革卦・象傳》更明言：「天地革而四時成。湯武革命，順乎天而應乎人。」吾人今日提倡科技，努力於工業化自然是順乎天而應乎人，既合乎理性又合乎時需的大業。

　　近代東方國家的工業化以日本肇其端。第二次大戰以後，東亞諸地區包括新加坡、香港、南朝鮮、臺灣等的現代化與經濟發展的過程就是逐步工業化，並利用工業化，逐步革新社會結構的過程。推動此一過程的力量來自開明的政權與進取的知識分子。在一定程度的民主政治基礎上，更引發了自由經濟、私有大企業的發展，促進了更多社會大眾的參與。自此一意識觀之，工業化並非單純的由於科技的引入，實更基於社會意識相應的價值認知。其成功的程度因而有賴於此項認知的普遍性與正確性。此項認知顯然具備了倫理價值的含義。

　　若就倫理的意義進一步發揮，吾人可指出，作為生活秩序與價值行為的規範，倫理已內含於生命與生活之中，而為維持生命與生活平衡、和諧、完整與創造力的原則、道理。直言之，倫理即人生與社會存在與延續的邏輯。生命與生活兼含個體及群體。故倫理內含於個人而為個人生命的倫理，內含於群體而為群體生活的倫理。個人為一有機體的整體，其人格必須在群體生活中逐漸發展完成，故個人生命已指向群體生活，正如群體生活已包含個人生命。倫理化即為個人生命與群體生活相互實現其內在律則性的一個過程，亦即人之發育為人、社會之成就為社會的過程。在此一意義下，中文「倫理」一詞所包含

的意義遠較希臘文「Ethos」或拉丁文「Moralis」所包含的意義為深。「Ethos」一詞僅指個人的性格或群體生活的氣質而言，而「Moralis」一詞則僅指群體生活的習俗慣例而言。中文「倫理」一詞已自個人生命的氣質與群體生活的習俗透露出對內在於生命與生活的秩序的覺醒。中國哲學中「理」的觀念的發展即已顯示了對生命價值的自覺與對生活秩序的肯定，故有人必有倫，有倫必有理，「倫理」即人與人間內在於人的理。理顯於倫即為「倫理」。同理，有人必有道，有道必有德，「道德」即人性中顯露道的德。德得於道即為「道德」。「倫理」與「道德」在意義上原為一致。

　　由上觀之，吾人所謂倫理化應包含了四個連續一貫的程序：生命自然顯現為一有機組合的關係和相互依存的秩序，此為生命倫理。對此有機的組合關係（和諧性）與相互依存的秩序（整體性），加以理性的體認以求人格的發展與完成，是為個人生命的倫理，亦即人格倫理。再進而擴大個人及於他人及群體以求實現更普遍的和諧與完整，是為群體生活的倫理，亦即家族倫理、社區倫理、社會倫理。再推廣到群體之和諧及完整於天地萬物，則為宇宙倫理。此四項倫理化的程序早已潛藏於個體生命萌芽之初。因為沒有宇宙大環境與地球小環境的協調和諧，生命的組織與秩序何由出現。故生命組織與秩序的出現，即已預設了一宇宙與自然和諧的狀態。生命包含秩序並追求擴大秩序以實現個人及群體的完美，此乃是生命自然的傾向。所謂實現即實踐體驗與理知省察之意。實踐體驗經理知省察以求完整穩定，理知省察經實踐體驗以求擴大秩序。此一相互連鎖、彼此推進的知行關係，其最後目標指向理性與行為的合一，生命與秩序的合一，個體與群體的合一，人生與宇宙的合一。這也就是儒家思想中「天人合一」的意思所在。「天人合一」可看作一過程。此過程即生命整體化、生活秩序化的過程，亦即生命與生活倫理化的過程。

　　自儒家哲學觀之，內在於個人生命的倫理為仁。仁民愛物是擴大

自我實現生命的過程。仁即生命，即生命的創造力與親和力。因仁的推廣，個人生命參與了群體生活，而仁也導向正義（義）、信守（信）、禮制（禮）、智慧（智）等價值規範的建立。故儒家所稱諸德均內在於群體生活而為群體生活的倫理；也就是根植於人性，而為個人完成群體、群體完成個人的道德力量。

在肯定倫理內在於生命及生活，與肯定生命及生活的目標在實現人性的價值理想的雙重前提下，若人考察工業化社會的內涵，可以認知工業化一方面帶來新的生活方式及新的生活環境，另方面卻不可能脫離人性與理性來思考行為規範與價值秩序問題。新的生活方式與新的生活環境需要新的倫理意識與新的道德規範。但所謂新的倫理意識與新的道德規範，應指倫理意識與道德規範形式上、方式上的新，而不應指兩者實質上脫離人性及理性。故吾人考察工業化社會的倫理化問題，必須扣緊人性本然與理性自然來尋找答案。儒家哲學既針對實際生活中的人性與理性，揭櫫了上舉倫理化的連續程序，其對工業化社會倫理建設的啟發性乃不言而喻。工業化不但促進了吾人對儒家倫理深一層的瞭解，吾人對儒家倫理深一層的瞭解，也促進了對工業化過程深一層的反省。

儒家倫理中所包含的和諧原理（仁）與道義原則（義）已為現代工業化日本社會所吸收，創造了成功的企業管理制度，直接或間接的促進了日本經濟的富強與其工商業在國際市場上的高度競爭力。新加坡在工業化社會的基礎上倡導儒家倫理，如果能夠把握工業化與倫理化彼此相應的樞紐，徹底推行，則其成功將不限於儒家倫理之適用於新加坡，其成功亦將為現代化、工業化社會之倫理化樹立一般性的楷模與典型。就以上兩例觀之，如何把儒家倫理與工業化社會結合起來，以解決工業化社會倫理化的問題，並發展工業化的潛力，是任何對工業化、社會發展的關心者不可不面對的課題。

基於以上對工業化與倫理建設關係的認識以及對倫理化理論的分

析，吾人應可瞭解：工業化社會倫理意識的再提升與「倫理工程」的新設計與推行實為適應工業化社會新知識、新生活、新環境所必需，亦為工業化新發展奠基所必需。我用「倫理工程」(Ethical Engineering) 一詞，旨在說明倫理化也需經過理性思考與分析、經驗考察與檢驗來達到改造社會的目的。更有進者，一如其他工程設計一樣，「倫理工程」更須配合時間、環境、制度等因素來作策略性的發展。「倫理工程」的必需乃由於工業化的自然演進，往往有導致歧途的危險：無論基於有限知識造成的無知，或基於權力意志造成的自私，當工業化罔顧社會倫理的目標時，社會的福利也就遭受威脅了。故「倫理工程」是積極從事倫理化的理性活動，藉以調和積極從事工業化的意志活動，其重要性至為明顯。

　　在急速的工業化中，社會面臨工業化的新需求及新問題，理性的倫理意識與倫理價值顯然並未發展與提升，也未受到應有的重視。傳統的倫理價值則呈現一片落後過時之感。故如何為當前工業化社會注入倫理的新生命，並進行設計與推動倫理的革新工程，乃是有識者不可不考慮的問題。尤其如何真正繼承儒家倫理的傳統，深入儒家的人性哲學與人生、社會理想，設計及發展一套具體適用於現代工業化社會的倫理規範，更是學術界知識分子的責任。對於此一設計與發展的基礎，吾人所應注意的大原則有可得而言者五：

⑴科技與工業化有益於民生經濟與國家富強：

　　基礎科學與基礎工業尤為長遠推展科技、鞏固國力所必需。唯吾人在推展科技及工業化的過程中，必須參考工業化先進國家所遭受工業化危害及危機的經驗，而力作防範，在時空人事整體中妥為措施安排，以杜後患。吾人更當精用科學理性的思考來檢討科技與工業化帶來的社會結構、人際關係與價值秩序等的變遷問題，並早擬定制宜之計。

⑵吾人應認知科學研究精神為科技及工業化之本，在其根源上
　　並不與倫理化精神對立或相左：

　　　兩者均為生命及生活所必需。吾人應提高知識與價值、科學與倫
理相互為用的共識，對於科學方法更要作廣泛的但是正確的應用。除
自然科學外，社會及人文的研究也是科學方法應用的對象。但對社會
與人文正確的應用科學方法，則應先行肯定社會與人文研究的獨立性
與創發性，並在此項肯定基礎上把握生命、人性、理性、意志、個性、
群性等基本範疇。科學方法並不化除此等範疇，而應在此等範疇的基
礎上提供概念的認知與清晰的系統化，導向倫理價值、行為規範的
建立。

　　　更有進者，科學方法也當用於科學自身價值的評估，反省科學對
社會人文的貢獻，權衡科學對達到人生與社會價值目標的效能，再相
應於社會人文的理想價值目標，不斷訂正可行的科技政策。在此評估
中，吾人應務使科技發展與工業化策略配合全面文化政策一體推行，
以求達到社會工業化與倫理化的雙重目標。

⑶科技與工業化雖強烈地影響了現代人的生活，但傳統文化並
　　不因之而消失，而人的生活內涵仍以人性為基礎：

　　　故工業化社會的倫理化應以發揮人性、理解傳統、調和現代為宗
旨。科技與工業化也應永遠視為實現人性的方法及工具，接受人性需
求與整體性的理性的指引。

⑷基於第三點的瞭解，吾人應自發揮人性的五倫思想基礎上發
　　展其他倫理關係：

　　　任何倫理關係都自人性需求、理性認知而來，代表了人與人間、
人與事物間關係的認知與價值態度。但如上所述，任何一種認知與價

值態度與其引發的行為規範，都應以發揮及滿足人性為目標。工業化社會不但面臨社會環境、生態環境及其他生存環境的交互影響問題，也面對專業化生活方式與工作方式的適應問題。相對此等問題，吾人應確定相應的具體價值標準與目標以指導如何權衡輕重，如何判斷是非，如何決定行為之道。吾人的總目標仍在求得目標與手段的平衡、技術理性與自然人性的平衡、個人利益與社會福利（利益）的平衡。因之吾人不僅應發展對社會群體的公共道德倫理，建立普遍的社會責任感，也不僅應發展對生態環境的尊重與對生態系統的關懷，建立對自然宇宙健全合宜的外行之道，而且要建立各行各業的倫理規範與職業道德標準。基於此理，吾人應發展醫學－醫生倫理、遺傳倫理、法律－律師倫理、企業－企業者倫理等等。

　　吾人不必把所謂第六倫、第七倫看作人性五倫以外的倫理規範，而可看作人性基本倫理的延伸。如何在人性基本倫理基礎上發展更完善的倫理，以因應工業化社會的需要，預防科技與工業化的不良反應，並導致更多人性價值的實現，乃是工業化社會倫理化的課題。至於五倫關係因工業化引起生活方式的改變而應作形式上與方式上的調整，自然也是現代化倫理建設的一個要求。

⑸工業化社會帶來專業知識分工：

　　專業知識分工造成專業間的隔閡及專業者間的溝通匱乏，故科際整合、科際溝通極為必要。無此科際整合及科際溝通，倫理建設必難進行，因倫理建設在工業化社會中涉及各種專業知識之故。倫理建設更涉及行政管理、企業管理及工業管理諸面。管理為維護秩序、爭取效果之學。其終極目的具備社會倫理的意義，而社會倫理也必依賴管理思想的推行。管理需要通才，此處若就倫理化的需要而言，管理的通才是指能挑擔大任、勇於負責之才，也是孔子所說「不可小知，而可大授」的君子之才。要培養這樣的人才，吾人需要加強通才教育。

四、

談企業倫理

　　企業倫理是應乎社會的需求自然發生的。在現代社會裡，倫理的關係不只限於家庭或傳統的人際定位。由於現代的個人可以歸屬於各種不同的社群，社會上的人際關係也因而愈形複雜化。同時，也因各種團體、機構等社群的存在，團體與團體之間、機構與機構之間、團體與個人之間，都必然產生一種規範行為的期盼，亦即制約行為的倫理關係。更有甚者，每一個特殊行業都有其特殊的倫理要求。例如，從事醫療工作的醫生或護理人員必須遵守醫療行業的倫理要求，所謂醫生必須有醫德，又如律師這種行業，也要求有律師的道德。其他如工程師、財務員皆有其應遵守的特殊倫理。政府具有規範社會各行業行為的最大權力，並可輔導各行業及社團、機構，實現其倫理要求的功能，然而它本身亦有其應遵守的倫理。甚至國與國之間也有共同遵守的倫理原則，所謂國際倫理。總言之，現代社會除肯定個人道德、家庭倫理外，尚演化發展出其他促進社會進化與分工合作的職業與企業倫理。將來社會更進化，分工更細，新的行業愈多，更多的倫理關係自然應運而生。

(一)倫　理

　　什麼是倫理?所謂倫理是指規範兩個個體關係及行為方式的規則。這些規則最好為關係者所遵從。假如不遵從，一定會產生破壞秩序後果，甚至於影響到關係者本身的存在，變成一種「自我毀滅」(Self-defeating) 的情況。所以一個社會對倫理原則的需要是十分明顯的。倫理不同於法律。法律有強制性，並透過公權機構具備制裁的能力。但是倫理並沒有這種強制性的制裁力，它是關係者基於生存與發展的需要，自覺地建立起的一種共識。違反倫理，雖不必受到法治機關的制裁，然而卻會受到其他同業或從屬的關係者的抵制。舉例來說，醫生憑其醫生執照行醫，這是合於法律的。但是一個合法的醫生可能缺乏醫德，小病當大病醫，即使不受法律制裁也會遭受患者或同業醫生的譴責。當然每一行業所面臨的問題不同，其行為的效果也不一樣，牽涉到的倫理問題也不一致，僅就行業的目標、功效，與行業負責者的道德、心態來討論。

(二)企業倫理

　　企業倫理 (Business Ethics) 是指任何商業團體或生產機構以合法手段從事營利時，所應遵守的倫理規則。企業倫理與商業道德 (Business Morality) 有重疊的意義，但是兩者範圍大小不同。商業道德指從事商業行為者,尤其指從事商業行為的個人合不合乎道德的考慮，例如：一個老闆做生意時他的行為是不是能做到童叟無欺? 企業倫理較商業道德的範圍為大。企業倫理指企業的發展與推動，不只影響及個人或只影響及消費者，且能影響及政府、社會、環境與其他企業。企業倫理依其特殊企業性質具有其應用時之特殊條件。

企業倫理所面臨的問題可分二部分討論。一是對內的 (Inward) 企業倫理，一是對外的 (Outward) 企業倫理。

⑴對內——勞資關係：

所謂對內企業倫理乃是針對企業家或主持人與受雇的員工，即勞資雙方的關係談倫理原則。19 世紀工業革命後，英國的資本家皆只顧謀利，而罔顧勞工的生命安全與福利，對童工、女工更採取剝削政策，這都是不道德的、違反企業倫理的行為。由於資本家與業者採取壓榨剝削的態度，所以勞工組織起來，組成工會與資本家對抗，採取罷工方式來爭取勞方利益。工會與資方的對立是現代歐美勞資關係的最大問題。

勞資對立所牽涉的倫理問題有二：一是資本家的心態，一是勞資雙方應有的共識。如果資本家把工人當賺錢的工具，而工人以打擊資本家為目的，如此勞資敵對，將會導致社會問題，甚至於會演變成為馬克思所謂的階級鬥爭。勞資雙方應該建立彼此尊敬與相互依存的一體之感，並進而瞭解互助合作的重要，同時致力於企業的發展，共同擔負起企業對社會的責任。如此勞資問題才能解決。在現代美國，資方允許勞方參與投資；而資方也盡力為勞方建立福利制度，減少勞資的衝突。自此觀點推論，最好的解決勞資問題的方案，應該是勞方資本化、資方社會化。勞資雙方如果面臨一時不能解決的困難，兩方應該建立談判磋商的原則，發揮相互信賴的精神，開拓彼此溝通的管理，理性的尋求解決勞資問題的良策。國父的民生主義勞資的看法值得我們重視。國父在民國 6 年時，提到民生主義之意義為何？曾說：「我將使勞工得其勞力所得之全部。」在今天的經濟發展下，我們亦希望中小企業或大企業能夠允許勞方參與資本，使勞方每年的收入能夠積蓄到投資的地步。我們也應該對最低工資的問題有所解決。有人認為最低工資應該能維持一家三口生活的水準。從解決勞資的問題來看，最低

工資應該是勞方的收入比維持一家三口生活的費用為多。唯有如此，勞方才能儲蓄，參加投資，有生活保障的安全感，使社會的財富平均。總之，勞資如何合作，及勞力如何資本化，資本如何社會化，社會立法如何保障勞資共同利益及社會利益，是我們目前面臨的重大問題。今天臺灣大、中小企業裡的雇員不願守其崗位，而多喜另起爐灶，造成臺灣商界每六個人就有一個董事長的現象，反映出勞方與資方的關係仍須檢討。從這個檢討中，我們也瞭解企業倫理能導致企業立法，而企業立法能導致良好的企業倫理的建立，同時促進社會秩序的安定與發展。

⑵對外──社會責任：

我們再談企業對外的倫理。企業發展是社會發展的一環，也是社會整體的一部分，因此它對整體社會應有一層權利與責任的關係。換言之，企業之存在以社會之存在為條件，所以企業應該建立在企業家的社會責任觀念上，而不要建立在企業家的權利觀念上。當然，企業家以他的勞力、心力、資本來發展他的企業，增進他個人的財富是合理的，但是他應該瞭解，他追求利益也是促進社會繁榮的要件；相反地，如果他的企業行為違反社會利益與社會安定，那麼他的企業不但沒有倫理可言，也沒有存在的理由。

有關企業對外的倫理，我們可分下列五方面來討論：對政府的關係，對環境的關係，對消費者的關係，對其他企業的關係，對其自身發展的關係。

①遵守國家法規：先就對政府的關係言。

企業對政府的關係就是守法或不守法的關係。企業是否遵守政府的法規乃屬於企業倫理的範圍之一。政府對工商業有課稅、管理和其他商業行為的規定。在臺灣有許多商人從事經濟犯罪，故意違反票據法，或賄賂政府官員，或假造配額文件，乃至逃稅，這些皆是非法的

行為，同時也是不道德的行為，因為他們直接或間接地破壞了社會秩序，危害其他個人或團體的經濟安全與利益。舉個例子，商店不開發票，達到逃稅的目標，其行為與動機皆不合倫理，而社會個人也往往故作大方，或怕麻煩，不向商店要發票，所以每年因發票的漏稅不知多少萬。這種情形顯然不是一個進步的社會、一個講究企業倫理的社會應有的現象。

②顧全社會利益：企業對外的關係，除了對政府之外，還有對環境的關係。

一個企業，尤其是生產企業，應該考慮到環境衛生及環境生態的維持。如果企業只顧自己的利益，對自然環境造成短期或長期的破壞，自然也就造成對社會及個人的損害。所以企業應該講究對環境的倫理的認識。五十年來，美國的大工業已經警覺到這個問題。當然，這個問題的認識是基於社會人士或社區居民的反應。如對空氣、水流或食品的污染，當地居民積極地要求業者改善。就此經驗參考，我們應該要求任何生產事業、工廠多方面考慮，自動自覺地防範其對環境的污染，而不應該投機取巧地草率處理。當然，對環境的保護，也需要相應的利益團體來推動，因為如何去維護自然生態，這是一般社會大眾的責任。我們今天談到企業對環境的倫理時，一定要談到對環境生態的自覺與共識，任何倫理都一樣，若無共識與堅持，則殊難運行無阻。

③確保消費者權益：第三點有關企業對外的關係，是企業對社會個人的倫理責任。

在此處的社會個人，指的是直接與間接的消費者。多年前臺灣成立「消費者文教基金會」，表示消費者已經能主動地要求生產業者的產品符合健康安全的原則，給予消費者合理的價格，要求經銷者不得居中剝削，並要求生產者提高貨品的品質等等。這自然是好的。但是從企業倫理的觀點，企業本身早就應該建立正確有關對消費者的倫理觀，其目標在促進社會的繁榮與發展。就二者而言，雖然我們已有消費者

保護的觀念，但是我覺得仍不夠積極，不夠普及化。也許基於許多行業的自我保護，所以我們還沒有醫療方面的或法律方面的消費者的保護。假如一個醫生誤診，病人得到保護的機率不大，假如一個律師判斷錯誤，誤人誤事，消費者似乎也受不到保護。只有一般化的保護消費者的觀念顯然不夠，我們仍要求特殊的行業與企業本身具有特殊的倫理觀念。今天我們談企業倫理，不能不把維護倫理的相對團體意識提高。

④建立互信關係：第四點有關企業對外的倫理關係乃是企業與企業之間的關係。

企業有的是同行，有的是不同行，有的是有關的，有的是無關的。企業間相互的倫理關係，應該謹守公平競爭的原則，以求發展自己，謀取利益。企業之間的惡性競爭與彼此互相排擠，尤其在對外貿易上，不顧整體行業的發展而削價傾銷，或透過不法的手段竊取工業祕密等，這些皆是不道德的行為，也不合乎企業倫理的原則。企業與企業之間之倫理規則，更需要溝通與協調，才能發揮出來。同時政府的輔導也很重要。我們社會上必須建立企業與企業之間、個人與企業之間的信任制度，就以銀行貸款為例，我們可以問是不是能做到公開公平呢？企業之間沒有倫理，因此才產生不倫理的行為。當然，我們也應該發展一些有利於維護及形成與實施倫理原則的條件，如此，才能使倫理制度通行。

⑤提升企業理念：最後有關企業本身的成長與發展問題。

企業家一方面應該認清對社會的責任，即應該以其盈餘貢獻於社會與文化。另方面，也應該以卓越的產品為目標，以改良產品的品質，在研究發展中追求卓越的理想，促進社會的進步與繁榮。這是企業倫理有關自我實現的、理想的要求。今日臺灣的企業顯然缺乏這方面的精神。例如以電腦業而言，臺灣可以抄襲別人的蘋果二號，卻無法生產自己的電腦，是急功好利不願投下資本研究發展呢？還是能力不足

呢? 不論就私有企業的利益或政府策略言，大力發展電腦的研究是很重要的，自我實現也是企業倫理發揚的重要環節。

(三)整體觀念

　　總結以上所說，企業倫理是一種複雜的現象與複雜的關係，我們不能單從商業道德或個人道德的觀念來瞭解。我們必須就社會全體以及企業發展的目標來建立企業倫理，認清企業發展的理由及其存在的理由，同時瞭解企業發展與存在對社會的關係。在此等瞭解的大前提下，進一步來確定企業內部的組織問題、勞資協力合作問題，以及企業對外的各種關係問題，亦即——對政府的、對環境的、對其他企業的、對消費者的、對本身成長的各種關係問題，加以適當的解決。今日臺灣科技升格，對外多賴國際貿易。我們尤其應該加強企業倫理的共識與規範，在國際貿易上、多國公司企業投資上，才能維護我們企業的信譽，才能透過企業增進社會與國家長遠的進步，而不只是增加家族或個人財富，製造一些百萬富翁而已矣。

五、
戰略的哲學基礎分析

　　西方的學術思想，從希臘開始，就是理性的、分析的思考。所以今天西方學術思想最後的根基，仍然要回到柏拉圖的辯證法或歐幾里得公理系統的思考方法。當然西方的文化發展，不僅限於希臘的理性主義，其他如羅馬的法律精神、基督教淑世的熱誠等等，都對造成西方在世界文化中的重要地位，具有深遠影響。

　　就中國來說，中國文化是一個倫理的、中庸的、中和的文化，其發展過程包含很多層面，但卻不包含理性分析上的特別突出；相反的，卻在於生命的和諧上特別講求。

　　西方的理性分析的哲學以及工業科技的發展，固然對人類有很大貢獻，但也造成人類很多的困擾和危機；而中國文化、中國哲學以一種生命的經驗和智慧，正足以補西方之短。如果能把中國的哲學發揚光大，加以現代化，應該是非常有意義的事。同時我們應不只是把中國的哲學現代化而已，更要進一步的推廣，使中國哲學世界化，亦即與世界文化相結合，中國文化與西方文化立於平等的地位去發展人類新的文明，這應該是我們努力的方向！

　　為了認識中國哲學對形上學、本體論、價值哲學等方面，到底有什麼貢獻，有什麼作用，我們可以把中國哲學的深厚思想，落實在現

代文化的各種層面。我想從五個方面的定位來討論：第一是**管理**，即管而理之；第二是**傳播**，即交流、溝通；第三是**個人修養**，即自修、修身；第四是**倫理建設**，即基於工業社會的重新組合而產生新的人際價值規範；第五是**科技知識的整理**，即指出科技知識如生化、物理等，與中國本體思想之間的密切關係。例如，西方學者最近提出生化方面遺傳因子的組合與《易經》的六十四卦組合方式正相吻合，這絕不是偶合，而是研究生命發展一個最根本的共同的道理。

至於用於策略（戰略）上面，我想先從基本概念加以分析，然後再指出其哲學性，以及透過對中國哲學的瞭解與西方哲學的認知，來尋求結論。

從字義上來看，策略應該含有計謀、方略、方法等多種意義。仔細分析這些概念，可以得到一個圖構，就是首先確定一個大方向大目標，然後再劃分以下的層次：首先吾人要確立國家的基本大法、基本方針，以實現富國強兵經世濟國的理想；為實現此一理想，必須制定政策；要推行政策，必須有很多方案；把方案步驟化，就需要程式的設計，就是計劃；執行計劃就到了運作的階段。其中重要的決策就可以稱之為策略 (Strategy)。把策略落實在具體的運用上，因人、因時、因地、因特殊情勢，作達成目標的努力，則可以稱之為戰術 (Tactics)。

策略是從知到行，從原理到實現乃至運作的一貫作業，故必須從整體思想去瞭解。也就是要針對一個計劃、一個方案、一個政策、一個基本原則去瞭解。如此研究策略，策略才有其深厚的意義。

策略還具有連貫性和銜接性，一方面銜接整體的方策；一方面銜接推行的具體行為。

要瞭解策略的意義，最重要的是要認識決策的重要。在現代化社會的運作中，任何目標的達成，都必須經過決策階段。決策是從理性到意志的過程。從哲學觀點來講，人要知，知要行；知是理性的、知識的；行是意志的、行為的，而策略正是把理性貫徹在意志之中，具

有融貫知識與行為的特點。

　　從整體的認識來看，策略應組織一切力量以實現目標。其過程是：首要把握一個中心思想，也就是思想的本體；然後導致政策或原則；然後再設計成制度；最後規劃成技術、技巧去運作。

　　策略是整體及其所含各部分的部署和定位；戰術是適當的、靈活的時空運用，亦即對策略時中的運用。制度是時空的定位問題，運作是時空的掌握問題。所以策略的哲學基礎，應該從講究時整體定位、時中變通之學的《易經》中去瞭解。《易經》是中國哲學思想之源，中國早期的思想最後都必歸源到《易經》。定位是《易經》的基本觀念，即天地定位的意思；時中是依時、依地作最好的變通的運用。定位是講求守經，時中是講求達變。因之，運用有應變的意義。歸納起來，吾人就可以自《易經》的哲學觀點對策略與戰術獲得一個較深入的概念。

㈠《孫子兵法》的策略思想

　　在回歸《易經》策略哲學之前，我們現在先從《孫子兵法》來看策略的有關問題。我們必須認識今天世界上還沒有一本有關策略的書較《孫子兵法》更具有哲學意義及周延性。西方對策略及戰爭技術的研究比較晚，而中國則因為文化發源較早，到春秋戰國時代，已經有很多經驗需要綜合；綜合的結果，在軍事方面就產生了《孫子兵法》這一本書。所以《孫子兵法》雖然是在古代所完成，但它是來自廣泛的經驗累積，其中包含的思想實在具有相當大的現代性，可以用現代語言清楚的解釋。另一方面，吾人可從《孫子兵法》追溯到更深一層的根源，也就是老子的思想，然後我們可以更進一步地從老子引申出《易經》的思想。下面我想從四個方面來說明《孫子兵法》的策略思想。

⑴首先強調的是「立於不敗之地」:

　　這是一種非常高明的說法,因為策略是要實現政策,達到目標的。如果能以最小的代價,獲取最大的成果,即是最好的方式。這顯示了中國人非常的智慧。要達到目標,並能把自己的損失減少到最低限度,一定要先站在一個穩固的基礎之上,這也就是《孫子兵法》中所說的:「無死地」,是戰爭的最高原則。

　　什麼是「立於不敗之地」和「無死地」呢? 一位美國學者寫了一本叫做《新世界的管理觀念》的書,其中提到「超穩定性」(Ultrastability) 的概念。他說美國很多的工業是應運而生,背運而滅,時間一過就無法生存。1982 年出版的《追求卓越》一書中,曾舉出當時四十幾個卓越的企業,但到今天三分之一以上已經完全落伍了,其原因之一就是這些企業在管理策略上缺乏一個「超穩定性」。

　　「超穩定性」就是基於深厚的思考,所產生的一種長程計劃,足以應變,也就是足以適應任何風暴和轉變而不會受到根基上的影響。一般系統如果沒有「超穩定性」,會因環境的變化或內部的變遷而受到損失,所以必須建立「超穩定性」的概念。

　　「超穩定性」概念,結合《易經》來說就是「不變」的概念。宇宙間「變」是一定的現象,如何以「不變」來結合「變」,容納「變」,整合「變」,是《易經》的主要原則,即所謂「以不變應萬變」。「以不變應萬變」的關鍵在如何去「應」?「應」是要在開始設計的時候就應該想到,而不是臨時去「應」。換言之,一個一般系統要整體化,使其具有相當大的伸縮性與變通性,這樣才能以不變來承受變易。如果不僅有應變的能力,並且能有「未來管理」的能力,來控制和預測管理及控制未來(即具有所謂「前知」的能力),那就是更高明的層次了。

　　另外一個管理原則是「簡易」。基本原則在把握「簡」和「易」的要求。如果系統太複雜,過程太分散,就很難收到統馭控制的效果。

所以如何以一馭萬，是一個最基本的觀念。《易經》對變化的認識，就是從一個簡單的組合，到一個穩定的系統，以應付時代外在或系統內部的變遷。從這一思想來看，「立於不敗之地」就是立於「超穩定性」的整體化的系統之上。這個整體化的系統在中國來說就是「道」。只有「道」才有這樣的力量。「道」是中國哲學中的一個理想的境界，同時也是人生實際體驗到的境界。世界與人生整個變化之機，其主動性、整體性、自然性都是「道」的特性，都可以從事實上體驗到，而不是虛無飄緲的。

關於道之為用方面，《孫子兵法》也特別說到幾項要素，就是「道、天、地、將、法」，這一結構是相當清楚的。首先是「道」，然後再一分為二是「天、地」；然後再把天地之道合起來是「將」；從「將」再產生「法」。此即所謂五校之計。其中「道」是基本大法或根本的原理，是和宇宙、人性相配合的。所說的「道」必須是「大中至正」的，也就是「中道」。此一「大中至正」之道，如何在自然秩序裡分化為二，實現其潛在的力量，其分法就是「天、地」。天是時間，地是空間，時空的關係是一而二，二而一的整體。一分為二、二合為一是《易經》本體哲學的思考方式。最重要的是必須把握那個「一」，如果一分為二以後，不能合起來的話，也就會失敗，因為鋪陳太大便不易掌握。這是由於整個宇宙必須一分為二，二要合而為一。因此，講辯證法實在沒有比《易經》更好的了。

孫子將「道」合為「天、地」，也就是時間和空間，再結合為「將」。「將」就是領導，領導就是組織，就是用人。從管理哲學來看，我把管理分為七個層次，就是：計劃、決策、組織、用人、領導、控制、協調。一般談管理哲學，只提到計劃或決策，然後談組織、用人、領導，並沒有把控制和協調分開。我認為控制是對物，即人對物、物與物的關係；協調是對人，即人與人的關係。中國人在這方面有很大貢獻。中國人把人和物的關係與人和人的關係分開。人和物的關係是

控制；人和人的關係是協調。協調是透過人性的溝通與建立共識共信來達到的。如果只有控制而沒有協調，和平仍是一種假象，最多是和平共存而已，不能持久。

「將」本身包含很多意義。孫子解釋「將」的時候提出「智、信、仁、勇、嚴」五德。這乃是從人性的立場來著眼。換言之，要談領導不能只從物性來看，還要從人性來看，還要從人性與物性的配合來看。「智、信、仁、勇、嚴」五德表示的就是從人的共信、共識、共知來建立領導。如此才可以立為大法，成為制度，變成策略，付諸實行。所以「立於不敗之地」也就是掌握人心。中山先生說：「順乎天，應乎人。」也是《易經》上革卦與兌卦所說的話，「順乎天」就是順乎世界潮流，「應乎人」就是適合人群需要。這是革命的基本原則，也就是「道」。以這個「道」來結合時空中的相關因素，統合為一來加以推行，這就是「立於不敗之地」。無論從管理哲學、人性發展或歷史教訓來看，這都是一個不變的道理。

⑵「知」的重要：

根據我個人的體驗，人如果不知，就很難對事物下判斷。有時知道並不一定能夠作判斷，但是不知道則根本無法作判斷。知識是判斷是非的基礎，同時知識具有啟發性，可以使人產生判斷的能力。科技知識也是如此，因為科技知識基本上是假設性的，必須透過客觀的實際驗證才能得到。我曾在一篇〈管理哲學〉的文章中提到知識決策化，決策知識化。也就是決策要以知識為基礎；知識要以決策為目的，如果知而不能用，則知是抽象的，所以如何把知用於生活之中，是十分重要的。

《孫子兵法》中談到「知」的地方很多。大體說來強調要知道三樣東西：

①要知道「整體和部分的分別」，也就是全偏的關係，孫子所說的

「道」就是整體，「九變」就是部分。

　　②要知道「反正」，也就是「奇正」、「經權」的運用。

　　③要知道「彼此」，如《孫子》上所說「知彼知己，勝乃不殆」。

　　總括來說，是由主體來知對象，以能知知所知，這是一種一分為二的活動，而用的時候則要把所知和能知，主體和對象結合起來，成為一種二合為一的活動。所以，「知」基本上仍然是辯證法的運用，仍然是《易經》中的辯證思考。

(3)如何因時、因事、因地、因敵而行，也就是應用的問題：

　　當我們有了「知」，有了「立於不敗」的道理，要怎樣去用它呢？這就需要應變、變通的原則。這個原則在《易經》上可以找到根據。知道原則、知道敵我關係是策略層次，而如何把它推行到事物上面，達到成功的目標，則屬於戰術範圍。孫子說：「能因敵變化而取勝者謂之神。」不但敵情可以變化，不但要因敵變化，整個宇宙也是變化的，所以孫子說：「五行無常勝，四時無常位。」面對這種情況，就更要能一般的通變、應變。不過應該注意的是通變還是要基於一個整體的知識系統來通變。

(4)從主體自我加以昇華，加以把握，以加強整體中主體的深度，其表現在於治心、治氣、治力、治變等方面：

　　這也就是如何去多面掌握主體的「道」。「道」透過主體，也就是要透過作為一個領導者、一個策略家不斷的努力，不斷的用心，才能達到百戰百勝的目標。要掌握「道」首須治心。中國哲學家談「心性」，有心因而有性，有性因而有天，心與道有貫通的一面。治心要透過自我反省，認識外界的宇宙。《中庸》說：「合內外之道，故時措之宜。」能合內外之道，才能把心充實起來，表現為時中的行為。治心之

後，形之於色，形之於形，化為一種實際的形態就是氣。氣是一種實際的身體狀態與行為狀態。氣表現為力，然後達到治變、致用。依這樣的次序來達到變化莫測的境地。所以主體昇華，是基於對客觀事物的瞭解與配合來做的個人的修養。這也是儒家哲學與道家哲學共同所特別強調的。

從以上所提出的四點，可以看出《孫子兵法》確實具有策略哲學的意義。

(二)老子《道德經》的策略思想

如果把《孫子兵法》和老子《道德經》作比較研究的話，我認為《道德經》提供了《孫子兵法》一些認識論上的基礎。當然從歷史上考證，到底兩者何者在先？其間的相互影響係如何？是屬於另一個學術上的問題，在此不敢妄作論斷。不過《道德經》一書很可能是《孫子兵法》重要的思想來源，而《易經》又是中國思想文化的主流。其發展應該是從《孫子》、《道德經》到《易經》一步一步的向上追溯。《易經》是夏、商、周文化的累積而為孔子所接受所闡揚，《道德經》則是此一主流中的一個重要枝幹。

《道德經》包含的道理很多，有人說它是權謀的思想，有人說是純粹的本體論、宇宙論，與人生哲學。總而言之，它不只是一樣東西，甚至不是一個人所寫。下面我只就幾個與策略有關的問題，提出參考的意見：

(1)得一無適：

《道德經》很講求抓住根源，根源是無或無極，至少是已忘於形，而其本身則是一個整體、一個統一。《道德經》第四十二章說：「一生二，二生三，三生萬物。」其意義是抓到一就能創造無已，有所成就。

《道德經》第三十九章說：「天得一以清，地得一以寧，神得一以靈，谷得一以盈，萬物得一以生，侯王得一以為天下貞。」如果得到這個「一」，就不需要特別執著在那一方面，且能實現一物之理想狀態。所以如何掌握「一」非常重要，瞭解了「一」的觀念，就能駕馭自我，駕馭這個世界。換言之，就是立於不敗之地，立於不敗之地，運用才能夠自如。

(2)無為轉化：

得到「一」即可以立於不變應萬變的立場，然後才能無為而轉化。無為並不是完全清淨無為，是無為而無不為的無為，所以一無所為不能叫做無為。無為是動態而非靜態，要透過無為使一個整體發生自然的轉化，不假以機械而達到一種最佳狀態，才是最高明的。從策略上講，如果能運用謀略自然解決問題，不動一兵一卒而得到勝利，乃是一種最高的境界。這也就是《孫子兵法》所說的「全國為上，破國次之」的道理。

(3)相反對治：

為達到目標，可從相反的一面去想辦法，不應把事情看得很呆板，要把宇宙看成一個變化不居的宇宙，把時空看成一個變化不居的組合。《道德經》第三十六章說：「將欲歙之，必固張之，是謂明。」指出事物的發展，其變化規律是發展到極致自然就會歸於消除；「消息」是宇宙的自然現象，能夠掌握「消息變化」之機，就是成功之道，也就是相反對治的道理。

(4)大象無形：

掌握了相反對治的原則以後，在運用上還要能大象無形，見小為大，掌握整盤的棋局而不流於形跡。如何看到大的現象固然重要，而

如何看到最小的現象也是很重大的問題。我認為一個成功的戰略，就是要能夠掌握大跟小。歷史上的許多失敗，就是失敗在當事者沒有看到大局，也沒有看到小點。所以，大小、遠近、強弱，都是相反對治的延伸，都是很重要的認知對象。在這一方面《道德經》裡提到很多，不再加以引述。

(5)未兆先謀：

　　未兆先謀就是在事情還沒有開始以前，先作整體計劃。處於現代社會中，此點尤其重要。如果只是臨時應變去求發展，最後必然有一些想不到的問題存在。只有事先考慮周詳，制定很多方策，才能掌握先機，立於不敗而方寸不亂。但是未兆先謀要知道「兆」之所以起，就是見小。《道德經》有很多啟示，要從最微小之處，找到最大的東西。預見先兆在《易經》裡就是「察幾」、「見幾」。《道德經》的此一思想，顯然根源於《易經》的瞭解。

　　總而言之，從《孫子兵法》到老子《道德經》是一個哲學基礎的延伸。

(三)《易經》的策略思想

　　下面來談《易經》。中國人的思考方式的來源是《易經》。最近大陸馬王堆出土的《帛書易經》，可能是最古老的一本，其卦序與《周易》有所不同。由此推斷，《周易》以前可能有另一種《易經》的組合，傳說中的《歸藏》、《連山》也確有可能。從《易經》的歷史淵源來看，的確有夏、商、周文化的背景。整個夏、商、周都重視「天命」，《尚書》中也曾提到「天命無常」，從這一點體會，判斷《易經》是綜合夏、商、周文化所發展出來的一套彰顯「天命無常」的符號系統，是很有可能的。我們雖然不能確切說出伏羲是何時、何人？但《易

經》為中國思考方法作了最早期的定位，是可以肯定的。

　　儘管有很多人不贊成《易經》，不研究《易經》，但是其思考方式，從現象學去觀察，仍是《易經》式的，只是沒有自覺化、體系化而已。中國人不論是在語言上或價值判斷上，往往受《易經》的影響而不自知。舉例來說，我們常用的一些語彙如：革命出自革卦；無妄之災出自无妄卦；觀光出自觀卦；制度出自節卦；否極泰來出自否卦、泰卦，都與《易經》有關。其他如乾坤、陰陽等觀念，也都深受《易經》哲學的影響。

　　《易經》本身的組織成分──卦，代表一個結構和變化。宇宙的現象都是一個結構，並且是活的結構，隨時在變化之中。可以從內部的局部的變化形成外部的全體的變化。內部的變化是說內部產生必須變的因素，由於內部某一部分的變導致另外一個卦的形成。這就是中國人常說的「變卦」，其整體性的意義非常明顯。部分的變影響到全體的變，正如下棋時，一子之差全盤皆輸；相反的，一子之當也會全盤皆贏。變卦之變甚至於相反也可以變，顛倒也可以變，其方式可以用錯、綜、移、互來說明：錯是相反；綜是相對；移是上下轉移；互是內部的重新組合。以上所說是漢朝以來幾種較為常見的方式，事實上還有很多其他方式，因為不盡符合簡易的原則不再列舉。

　　卦的內部的結構包括空間意義、時間意義與性質上的意義。這三種意義是天與人的結合、天與物的結合。易卦結構整體化之後，變成一個象徵系統，這一象徵系統，從數學上講，是很邏輯嚴謹的，從解釋學上講，是很豐富多元的。

　　《易經》還有一個重要之點，是應比。應是彼此呼應，每一部分都有其呼應性，如一與四，二與五，三與六等皆是。彼此相鄰近變成比，鄰近之後有上下關係即成乘、承的關係，其中又有定位與時中的關係，定位看當位不當位，正不正。正而中最好，正與中是從整體中產生。正中的觀念是《易經》哲學的中心思想。

　　《易經》是一個整體系統；整體中產生定位，所以是定位系統；定位後講求彼此之間的溝通，所以是溝通系統；溝通之後講求彼此之間關係的轉化，所以是轉化系統；應付時間的變要講求融合，所以是融合系統。融合的目的在應變，融合的意義是因時、因地再次成為整體，再定位、再溝通、再轉化、再融合。如此才能生生不已，以應無窮。此一觀念可以用於管理，也可以適用於其他方面。

　　《易經》哲學更重要的一點意思是：掌握一分為二，二合為一，一體二元，變動不居的思考方式。掌握此方能生生不已，能收能放，能分能合，能正能奇。

　　整體就是一，可視為太極，太極變成現象，自然就成為陰與陽；陰陽又可為二，一直推行下去，就可以放之彌諸六合；另一方面又可以統之有序，歸之有元，以至退藏於密，既簡單又複雜。討論辯證法，堅持一分為二，但卻完全不瞭解《易經》中一分為二，二合為一，相輔相成的思想，將沒有辦法得到結論。

　　歸納起來，《易經》整體定位時中之說，是最好的決策系統。其最終境界是天、地、人的調和，以謀求消除矛盾，解決衝突。至於用於軍事政治，我有以下四點體會：第一是**立極**；第二是**知幾**；第三是**應變**；第四是**時中**。

　　總括來說，如果把現代策略觀念作《易經》的定位分析，顯然能夠獲得深厚的哲學意義。從《孫子兵法》來看策略問題，非常符合現代管理哲學的原則，而《孫子兵法》的思想基礎，與《道德經》實有著密切的關係，《道德經》又源於《易經》。所以，《易經》是策略觀念的最後哲學基礎。

　　最後我想舉美蘇對抗中，雷根的策略思考作為例證說明，結束本文。

　　雷根是一個具有特殊性的人物，其思想屬於保守派，把美國的傳統和利益看得很重。對國外的軍事與經濟部署也以美國的利益為中心，

不像威爾遜總統講抽象道義、抽象原則，以理想主義來解決問題。在發展美國國力方面，雷根建立了兩個政策：第一，要美國人民自己求生存，不能完全靠政府；大公司大企業公平競爭，發展個人自由與個性。因此，強調教育應屬於州，國家不能有太多的補助，甚至考慮逐漸淘汰社會福利。第二，國家本身要強，才能應付外來的強敵。他假想蘇俄是他的對手，所以強調軍備的保持與擴充以對付蘇俄。美國國會削減預算，國防預算削減幅度最小，並且仍佔整個預算中最大的比例。同時還要提出新的策略來對抗蘇俄，這就是星戰計劃。雖然有些人對星戰計劃的立即效果表示懷疑，反應並不一致，但可以讓蘇俄瞭解美國重視武力，以實力作後盾來對抗蘇俄，對造成蘇俄心理壓力，促成蘇俄談判，仍有作用。從更深一層來看，科技研究確實在朝此一方向發展，美國不做，蘇俄也要做，為什麼不掌握先機及早著手呢？過去美國軍力之所以落後，都是在科技發展上未能領先之故。

　　發展星戰計劃也是基於「網路思考」來設計的。從起點到目標有很多通路，其中也有很多干擾，包括時間、空間、財力、人力等等的干擾。如何避開干擾，在一定的時間裡，以一定的經費來達到目標，就是「網路思考」。在此思考方式下還要把敵方的相關因素考慮在內，以掌握先機制約敵人。其中時間因素非常重要，其形式最後仍要歸結到《易經》所說的一分為二，二合為一的思考。就此言之，《易經》不僅是中國哲學的基礎，也是現代策略思想上的一個核心，只是西方不知道這是中國的哲學而已。如何把它再加以發揮，以促成中國思想的現代化與世界化，是我們必須努力的方向。

六、
決策過程的哲學分析

決策可以說是管理中的一種預測行為，也是管理過程中的核心，如何運用中國管理哲學於決策中，是企業所不可忽略的一個重點。

㈠決策要立其大者

從西方管理思想來看，決策是根據經驗科學與行為科學所作的一種理性而客觀的判斷。利用資訊系統，對於所有的可能性加以評估分析，衡量收益的質與量，再加以選擇，這樣的過程幾乎已完全撤除了主觀的因素。

但是，做決策的人畢竟是人，人不是思考的機器，而是感情的動物，有許多不同的面，因此不可能完全實行「理性決策」的模式，實際上，如此產生的結果也往往不見得切實可行。

相形之下，中國人重視大原則的把握及個人參與，容許相當成分的主觀理想、目標與認知融入其中，反而使決策過程更為實際可行。所謂大原則的把握，即儒家所指「立其大者」，在做決策之前，先行確立原則，然後就各種可能性加以評估，由於融入個人主觀目標、理想與認知，所以產生「有所為，有所不為」的原則性選擇，這樣的選擇，

不單純是理性、知識性的，而且是智慧性、整體性的。

㈡人有四種思考能力

人的思考分為四種不同能力，分別是：

⑴理性能力：

即觀察、分析、評估、判斷力。

⑵感性能力：

對事物有知覺性的認識，如一葉知秋，由小見大，見微知著的能力。

⑶情性能力：

是指以己之心度人之心，設身處地、知己知彼的一種心態。

⑷悟性能力：

以情感而非理性投入人、事、物，進而掌握趨向核心、癥結，理出頭緒的能力，此即《易經》所謂：「返博歸約、由繁入簡、直指人心、迎刃而解。」

為使理性能力在決策中發揮實用的效能，必須培養感性、情性及悟性能力，來配合理性能力，因為這三種能力所產生的是智慧、灼見，理性能力所產生的是知識、資訊，兩相配合之下，才能產生最好的決策，這也是中國管理哲學所強調的智慧決策，它不排除理性決策，但在決策性質牽涉到模糊、變化、不確定及風險等因素時，理性尤須智慧的協助。

感性、情性、悟性等內在能力的培養、整合，便是所謂智慧潛能

的開發，它必須經由鍥而不捨的教育、訓練、自我充實和自我修持才能達成。

㈢決策者善用資料

對管理而言，目前最大的一個問題就是資料庫建立得愈來愈普遍而頻繁，容納的資料愈來愈多，輸入的速度也愈來愈快，管理者往往難以從變化多端、千頭萬緒的人事資料中作出有效的決定。因為，機械化的數據，對於管理者所面臨的人物交混的狀況及一些心靈世界，所能產生的分析效能相當有限，股市變化的難以預測，投資決策的難以掌握，便是最明顯的例子。

決策分為「決」與「策」兩個步驟，決定後策劃決定的執行，兩者有互為因果的作用，決定愈堅定，愈能深入策劃，策劃愈完整精密，決定也愈能確保成功，兩者是知行關係也是目標與方法的關係，因此必須密切配合，才能產生作用。

㈣決策與預測相輔

決策之所以是管理中的預測行為，是因為管理者可透過眼前所作的承諾、目標、計劃來規劃未來。一般事物的預測，是根據經驗定律，採取科學化、數據化的方法來進行，但因管理牽涉的是人文與經濟，尤須運用人的主觀能力去進行客觀性的預測，並藉人的主動能力去積極開發實現。以決策規範未來，便是一種動態而整體性的預測，它所蘊含的積極主動精神，便是孔子所說的「知其不可而為之」，實際上，未來往往可經由決策的規劃貫徹而改變。

決策與預測亦各為主、客、陰、陽，前者代表意志，後者代表理性，兩者互動，相輔相成，企業潛力便得以開發。

七、
整體定位、應變創新的思考

(一)從整體化到個體定位，從應變到創新

(1)中國哲學可以落實於管理：

中國哲學提供一個有關一種管理的理論的基礎。據此，我們可以談中國管理。所謂中國管理，就是從整體的觀念來確定個別的作用，也就是整體定位，這是由《易經》來的觀念。沒有整體就沒有個人；沒有整體，就不能確定相對的個體的位置，也就不能發揮個體的作用。

另外一個相關的觀念乃是如何在整體定位之下，對世界之變、人生之變，做到適當的應變。有應變才能創新。變是必然的道理，但要在變中求不變，就要有本體，才能應變。從應變到創新，從整體到定位，這是中國哲學最恆久的智慧。中國哲學的智慧，如果能夠落實到管理方面，必然可以解決許多政治、經濟、社會與文化問題。所有的管理，都不外乎整體定位、應變創新這四個方面的考慮。我就是從這個角度來談中國管理的。

日本企業的成功，甚至美國企業的成功，都是基於這些道理發揮

出來的。原是中國固有的哲學道理，卻被日本於管理上借用，而中國人反而沒有去肯定它們。這就是我為什麼要提倡中國管理的原由。

(二)加強溝通、促進和諧，強化倫理、健全分際

(2)中國哲學可以落實於文化的傳播：

　　人類文化的發展，已經到了必須要相互溝通的階段。只有在相互溝通與相互嘉惠的條件下，才能促進人類的和諧。所以，溝通是非常重要的，傳播亦是非常重要的。中國哲學特別強調人與人之間的溝通。而人與人之間的種種關係，都是從情、理、法的溝通發展出來的。所以，人際關係是溝通的根本基礎。現在人類的文化是走向溝通的文化，在此，中國哲學可以發揮很大的用處。

(3)中國哲學可以落實到倫理的層面：

　　倫理是人與人之間的一種關係，而這種關係是合乎道理、合乎人性的。倫理是基於物理與生命之理之上。理有三種：物理、生理、倫理。先有物理，才有生理，就好像先有宇宙，然後有男女、夫婦。但是有夫婦還不夠，還要有子女、父母。這種關係是不能變的，在這種關係下可以發展新的關係，進而形成社會，形成國家，形成世界。雖然人性與文化是一體的，但也有它的分際。在分際裡面求全，全裡面保持分際，這是倫理的基本原則。所以，中國文化與中國哲學可以落實在倫理方面，達到使人類組織整體定位，應變創新的目標。今天是個科技發展的時代，但倫理的本質卻是不變。中國傳統的倫理，可以現代化、可以世界化，更可以多元的落實化。

㈢肯定知識、明辨是非，追求知識、由博而約

⑷中國哲學可以落實在知識方面：

這個觀念非常重要，因為今天我要講的主題，就是如何發揚中國文化。關於知識方面，我要特別強調，現代人的進步，全賴於知識的發展。知識的發展，改變了人類的生活方式。如何求知，如何肯定知識，來建立正確的人生觀、社會觀、世界觀，這些都是現代人必須正面考慮的問題。為此我們又必須考慮，如何分辨什麼是正確的知識，什麼是不正確的知識，什麼是正確的語言，什麼是不正確的語言。我們必須要有真理的觀念和正確的知識觀念，也就是說，我們要有是非、真假的判斷。在科學知識方面，今天人類的知識已經到了錯綜複雜的階段，甚至陷於矛盾而不自知。如何從錯綜複雜的體系中，找到簡單而又深入的原則；由博而約，由繁而簡，再發揮其新的知識力量，這是中國哲學可以給予的啟示。

我們並不能因外在的知識爆炸而受迷惑。譬如很多青少年問題和社會問題，是因為每個人都是站在自以為是的知識多元體去行為，並沒有瞭解到知識本身也有一元的基礎，並具有簡單的原理。更有進者，知識也有它一貫的目的。不瞭解此點，就容易產生知識的認識標準與應用範圍問題。求知與求知識的整體是一貫的，也是中國哲學能夠提供給現代科學和現代知識的極大智慧。基於這個原因，我才來談管理問題、傳播問題、倫理問題和知識問題。這四個方面是中國哲學與中國文化可以在現代社會及現代生活中運用的方面。當然，我的主題還是中國哲學，還是從《易經》到儒家與諸子，到宋明，到中山先生，以至現在的中國哲學傳統。

㈣文化之本體為天道天命

現在我要談的是如何發揚中國哲學、中國文化。首先，我要對「文化」作一個簡單的解釋。文化是一個很複雜的現象。我在基本上分四個層次來看文化。所謂「文化」，顧名思義，「文」是一個表象，是顯露在外面的東西。「文」是形式，是看得見的章法，是一種生活行為，但它也是一種力量，能夠產生一種境界和價值。至於「化」的意思，是指人類生活行為的轉化，能夠轉變現實為一種新的氣象。綜合「文」、「化」，行為與價值的轉化作用，就叫做「文化」。它代表一種創造力，也代表一種創造成品。文化有它的根源，是基於宇宙的力量發揮出來的現象。

文化有它的根源，那根源是什麼？我們可稱其為本體。因此，文化亦有它的本體。就中國哲學來說，文化的本體就是天道、性命。在這裡，我不想作太深入的闡釋，但我要指出，文化有它的本體性，這個本體性，就是天道，也就是宇宙萬象變化中一般的、不變的道理。天是最高的存在，代表良知、真理。天道乃是中國最古老的觀念。從天道產生生命、產生人性，所以叫做性命，天道與性命就是文化的本體。

㈤把握本體、建立原則，把握原則、改善制度

僅有本體還不夠，如要轉化世界，化為天下的力量，則必須有另一番道理。所以本體落實到第二個層次，我們稱為原則。原則是透過人的理解而發生的，我稱之為「是非道理」。應用本體在生活上面，能夠辨是非、明善惡，就是是非道理，也就是原則。所以從本體到原則，是文化的第二個層次。但是，光有原則還不夠，還要有制度，制度就

是大家都可以遵行的法則、規章，也就是所謂的「典章制度」，這就是
文化。因為人類有了生命、有了理性去認識宇宙、認識人生，人類就
可以建立一些大家都可以遵行的規範，以及法則，這個就叫做制度。
當然制度不是一成不變的，從夏商周而下，一直到今天，制度是就本
體及原則來建立及變動的。在這個過程中間，人的心智有個靈活性，
即必須抓住原則改善制度，抓住本體建立原則，這是一貫的道理。

㈥實踐力行、達成目標，持中致和、一以貫之

第四個層次，是如何運作，如何行為。我們有很好的制度，但是
沒有很好的行為，大家不去做，只是空談，那也不行。因此要達到
「化」的目的，要有行為。我們稱為「生活行為」，也就是運作，也就
是道的實際面、實用面、實踐面。革命的目的就在建立一個大原則，
然後透過制度到行為來實踐。實踐就是在生活裡面，表現出人的理解，
達到一個共同的目標。所以，「生活行為」是非常重要的事情。從本體
到原則、到制度、到行為，是一以貫之的。今天有許多問題發生，就
是因為不能抓住這個道理。有人只是盲從，這是不好的行為。孔子說：
「一以貫之」，這個「一以貫之」，還可以分兩面來看，一個叫做縱貫；
一個叫做橫貫。從本體、原則、制度、行為，各層次一貫而下，來抓
住根本的真實、真理，來思考問題，這就是縱貫的「一以貫之」。

另外一個「一以貫之」，乃是要鋪排出去，這是橫的關係，就是從
原則到制度，已經牽涉到很多人、時間、空間的因素。在時間、空間
上展開制度，及實踐制度，這是橫的考慮。就文化的本身來說，它有
時間與空間面，有縱貫面、有橫貫面。假如我們現在講現代化問題，
那是從縱貫面來看，因為傳統的行為方式、習慣有問題，所以才要改
變制度、改變行為。如果現在的制度有問題，我們就必須要有新的原
則來改變制度。如果原則有問題，我們就要追求本體，認識所謂人性

的真理，然後來改變我們的原則，達到創新的目的，這是一種「持中」的道理。我解釋「中道」，是從本體、原則、制度、行為，一以貫之，叫做「持中」。至於橫的一面，如果你能夠將縱的事物在空間上作各種的安排，這叫做「致和」。「和」是橫的一貫，「中」是縱的一貫。文化本身應該有「中」與「和」的兩面道理，這是中國哲學最基本的智慧。而這個智慧，是世界性的。所以，中國人瞭解文化，不應該僅僅是讀讀文化人類學而已，而必須要找到根本的道理。要從縱與橫的方面來找，同時要找它的價值。因為中國文化包含了很深的哲學智慧，包括了中與和的道理，所以我們要使中國哲學現代化，不但使其具有現代的面貌，也使其能為現代所用，促進人類生活的現代化。我們今天要返本求源，再將中國哲學的成果創新為新觀念、新用途，這就是一種世界化。這種世界化，是一個橫貫的道理，而現代化，是一個縱貫的道理。

(七)醫治社會之大病，必須從文化著眼

我們的時代面臨著許多問題，我將它歸納為社會問題。什麼是社會？社會是從文化發展出來的。社會就是一種制度、一種行為。社會的問題反映了文化的問題。我把目前社會的現象歸納為四個趨向：

(1)保守主義：

就是食古不化，頭腦僵硬，不知如何改變自己。

(2)本位主義：

只顧自己，忽略了全體。譬如今天經濟發生了問題，就是財政自以為是，經濟自以為是，工商業自以為是，而造成工商界、學術界、與政府之間無法溝通，所以，才需要革新，這是本位主義。

⑶空言主義：

　　這是學者的大病。常常空言、大言，不切實際。

⑷現實主義：

　　就是太重視當前的利益，而缺乏長遠的計劃。

　　從以上所舉的這四個問題，反映出從本體到原則、到制度，乃至到行為的不一貫。換句話說，就是缺乏縱貫的道理、橫貫的道理和兩者統合的道理的自覺，這是我們社會的大病。為了要解決這四個問題，我們只有回到本源，回到中國的智慧源頭，整體定位、應變創新。這是中國哲學最基本的道理，也就是如何開創新的宇宙氣象的道理。在這種瞭解之下，我們可以從生活上的衣、食、住、行，以及精緻文化等方面著手，來發揮我們哲學智慧與文化智慧的潛力。

㈧幾個具體例子

　　就以麥當勞快餐店到臺灣來為例，雖然是外來的投資，也不一定很好吃，但是卻可能帶來好的效果，就是其所在地很乾淨，有餐巾紙，一般中餐館又髒、又亂、又吵，又沒有餐巾紙。所以，至少麥當勞起了示範作用。中國餐廳並不是不能做到如此的衛生程度，這就是中國文化中現代化的管理問題。

　　再以中國的音樂來說，我最近在夏威夷為兩位師專的教授主辦一場古箏演奏，我發覺古箏很有意思，因為它的音域和鋼琴接近，如何能使世界接受，甚至變成交響樂演奏的方式演出，值得研究。古箏並不古，日本人、南朝鮮人可以把他們的箏發展到很精緻的境界，我們為什麼不能？我相信我們也一樣可以從音樂上來轉化這個世界，這是第二個例子。

第三個例子，是我在幾個月前，見到美國一位學者寫的一本有關中國語言的未來的書。它說：「中國語言沒有什麼未來，必須要把它音符化。」我完全反對這個理論。人類的知覺，來自五官。譬如基於眼睛所見形象的語言，是視覺語言；基於耳朵所聞聲音的語言，是聽覺語言。聲覺固然重要，但視覺更為重要。中國語言是形象語言，這種語言與聽覺語言有相輔相成的關係。因為那位學者不懂得哲學，所以他認為中國語言必須音符化，這是一個錯誤的觀念。中國語言無疑具有世界性的內涵，因為它本身就是視覺形象發展出來的。世界上沒有一種語言能像中國語言那樣具有形象性，為了人類文化的平衡性和豐富性，我們要發展這種形象語言。

第四個例子是中國醫學。以整體來看，中國醫學在診斷方面有很大的潛力。所以中國醫學也是可以現代化、世界化的。總而言之，現代化、世界化，是必然的趨向，我們必須肯定自己。肯定自己，必須要追源溯本，然後整體定位、應變創新。

㈨建立自己模式、擷取歐美長處

反觀中國過去，自鴉片戰爭以來，中國所遭受的處境十分困難。中國已經有一套完整的思想、制度及行為方式。行為方式發為權力，而行為方式則來自制度，制度來自思想。但西方有西方的思想，發展成為制度，再演變成為行為方式與權力。中西兩個系統發生衝突，在權力方面，中國人受到很大挫折。在這種挫折之下，中國人自有一種情緒的反應，這個反應，就是否定自己傳統的一切。軍事上中國是打敗仗了，但打敗仗並不表示中國的制度、中國的思想完全有問題。縱使有問題，也可以改進，並不需要全盤否定。另外一個事實是：就在西方這個衝擊之下，中國並不瞭解西方權力背後的制度是什麼，思想是什麼。這需要中國的知識分子花較長時間去探求。但在未獲得對西

方理解之前，中國人的種種情緒反應和自我否定，雖是可以想見的，但卻不一定是正確的。歷史的教訓和痛苦的經驗已證明這一點。

今天中國人痛定思痛，一方面我們必須從學理上來分析造成西方列強侵略中國的因素何在，另一方面我們則要瞭解中國為什麼失敗。必須痛定思痛，檢討過去，策勵將來。中國歷史上有好的制度，如考試制度與監察制度就是很好的制度，但中國也有不好的制度如君權專制。歷史上雖早有民本、民權觀念，但卻沒有發揮成為制度，這些是值得吾人做理性檢討與理性批評的。

西方在兩次世界大戰後，已成為先進的工業化國家，但西方國家，仍有許多問題存在。工業革命後，窮富懸殊、勞資對立都是重大問題。中國要學習西方的科技、科學知識和經濟發展，但不能囫圇吞棗地全盤接受過來，因為全盤接受過來，就會帶來新的問題。我們必須將「傳統」與「現代」同時作一個理性的檢討，也把兩者的好處，作一個理性的結合。例如從《易經》到儒家之大中至正的中國哲學就大有值得開掘、發揮之處，特別是《易經》哲學的變通性、貫通性與融通性。從通變、變通、通情達理來看人生、宇宙、文化，就是《易經》哲學。《易經》哲學就是整體的思考、定位的思考、應變的思考，以及創新的思考，在不變中求變，變中求不變。這是很重要的思想，這種思想也可以稱為革命的思想。事實上，革命的觀念是從《易經》的「革卦」而來。正如中國人的很多觀念都是從《易經》而來的（如「觀光」是由「觀」卦而來，無妄之災是由「无妄」卦而來）。

「革」是什麼意思呢？「革」就是革新、改革、變革的意思。為什麼要革新、改革與變革？因為宇宙人生有新的情況產生，我們就要整體應變。「革」因之是一項基於整體的思考的行動。「命」也有它的道理。什麼叫做命？命就是天道流行的秩序。秩序發生了問題，要建立新的秩序，這個就是「革命」。並不只是個人的命才叫命，天地的命也叫命。命且不是一成不變的。中國人一向認為人類可以創新，但創新

必須先瞭解天道的本源，然後才能創新，也就是需要整體化的定位，應變以創新，這是非常重要的道理。

(十)中國——人性自覺的文化，西方——理性自覺的文化

依據「傳統現代化」的模式，我們來談倫理、民主、科學，應該從中國哲學與中國文化的整體來看。關於中國指向與中國文化，我在這裡要特別加以說明的一點乃是，中國哲學與中國文化包含了極崇高的「人性自覺」。人性是善良的，人性具有民胞物與的潛力。中國的哲學與文化，是「人性自覺」的哲學與文化。如果和西方哲學與文化來比較，西方的哲學與文化乃是「理性自覺」的哲學與文化。理性是分析的、客觀的，以世界為對象的。簡單地說：中國文化強調人性的自覺，西方文化強調理性的自覺。人性與理性，都是人類所需要的。如果只有人性，而沒有理性，人類就只有質而沒有文，只有情而沒有理。只注重人性，會流於只注重人際關係與個人面子，而不能運用理性去尋求普遍化的原則。若只有理性，而沒有人性，則人將流為冷血的機器，喪失道德價值的肯定，只講求方法而不講求目的。就是有目的，也將是不正確的目的。今天我們要談中國哲學與中國文化的發揚，一定要堅持人性的自覺，同時也要擴大理性的自覺。現在我就人性與理性兼顧的立場對倫理、民主、科學等價值分別來作簡單的分析。

(十一)認知現實，把握自我，發展「倫理工程」

民族主義以倫理思想為要義。要恢復中華民族的自尊心，就要恢復中華民族的文化本體，也就是必須恢復中華文化的倫理精神。所謂倫理就是人與人之間的基本道理，是內在於宇宙的。今天我們要談倫

理，只講傳統的五倫是不夠的，必須要談各種不同的人際關係。在這裡我要說明一點，我的立場是跟一般所講五倫的觀念延伸不一樣。有一種說法，就是除了五倫之外，加上第六倫、第七倫、第八倫，來強調人與群體的關係、人與環境的關係等等。我認為發展倫理思想，必須要在整體的思考之中，作整體的定位。換言之，五倫的關係，也應該在整體的思考之中，作適當的調整。譬如說父母子女之間，我們應該強調教養與孝敬，但必須基於知識的瞭解，來強調教養與孝敬。今天我們如果要解決家庭問題、青少年問題、老年問題，以及一些新行業所帶來的關係調整問題，就必須要在知識基礎上建立適當的職業倫理、企業道德、法律道德，和醫療道德。這些都是非常重要的課題。我們要清楚的認知什麼是公共道德，什麼是私有道德等等。在此我無法加以一一詳盡討論，但這些都是要基於對現實的認知，對自我的把握，透過整體的規劃才能解決的。我曾創造了一個名詞來說明此項整體的規劃，那就是發展「倫理工程」！如同遺傳工程，把遺傳學應用在優生的設計上，「倫理工程」就必須把倫理學應用在人際關係的定位與設計上，以樹立尺度與標準、觀念與價值。在這種「倫理工程」的設計中，公共道德與私人道德，家庭倫理與社會倫理，人性倫理與職業倫理才能同時建立起來。今天我們擁有中山先生所提示的「傳統現代化」的模式，我們應進一步在知識的平面上，把我們整個的價值體系，作整體的規劃，建立一套完整的「倫理工序」。這就是我們為何要發揚中華文化來達到倫理的建設。這裡我再要補充一點：我曾提到「管理」與「倫理」相互為用的問題。「倫理」是內在的，「管理」是外在的。我們今天要強調：若要建立一個好的倫理，同時就要建立一個好的管理。倫理不足的地方，要用管理來彌補。同樣的，只靠管理也是不夠的，只有管理而沒有倫理，只是一種外在的規範，而沒有內在的約制，因為不能收到最好的效果。所以，管理還要內在化為倫理。也就是管理之不足，必須濟之以倫理。倫理與管理兩者，是相輔相成，相互為

用，並互為因果的，必須並行發展，缺一不可。因之今天我們必須同時講管理倫理化、倫理管理化。如此我們才能發揮整體定位、應變創新的方法論。

㈢加強政府與民眾溝通，建立良好的民主程序

談到民主問題，有人把民主分成實質的民主與程序的民主。我們認為這種分法並不完全正確，民主就是民主。無論是實質的或程序的，都應該以民為主。換言之，主權、政權、治權，三種要溝通。這又是整體觀念。主權在民，政權在民，治權最後也是在民，這也就是「寓政於治，因治而正」的意思。有國家，就有政府與人民。政府與人民之間應是相互溝通的。在相互溝通之下，民主自然實現。因此，政府應善體民意，人民也要瞭解政府的政策，這是一種溝通過程。政府的政策應經溝通來達到目標。人民群體愈複雜，政府與人民的溝通愈重要。中國的傳統哲學，有民本思想，也有民主思想。的確，中國儒家強調民本思想，《尚書》謂「天命」即是「民命」，孟子謂：「君輕民貴」。很明顯的是強調民本之重要。至於民主的過程，「選賢與能」，以中國的傳統來解釋，是從上選下，但從下選上這種過程還是可以肯定的，只是沒有完全理性地發揮出來而已。在這點上，西方的知識模型是值得借鑑的。基於知識的瞭解，為民主找到一個好的程序，由好的程序達到好的目標。所以，為方法講求目標，為目標講求方法，這是自然合理的發展。今天我們要吸收知識，加強溝通，來建立民主的程序。這個民主的程序自然不可撇開民主的實質。這民主的實質是什麼？就是為民服務，造就一個人人共享的安和樂利的理想社會。總之，建立中國民主，可以把中國的儒家哲學在知識基礎上加以擴大充實，並制度化，使其適應世界的潮流。

㈢肯定中國哲學的目的性，吸收西方哲學的方法性

在科學知識方面，更明顯的是：中國有整體的、本體的自家思想，是與科學的精神不悖不違的。中國思想中往往強調的是科學的目的性，而不是科學的方法性。譬如《尚書》、《易經》中所強調的「利用厚生」與「開物成務」思想，就是這種觀念。其實科學本身內含了要達到民生的目標。為了要達到民生的目標，人類必須開發資源，發展科技，把洪荒宇宙開發成人文世界，這是一種科學精神。但是科學精神有它內在的目的性，即是為了生命與生活的目標而獲得肯定與發展。西方哲學強調方法性，卻不強調目的性。科學的方法是一步步的去實驗，一步步的去搜集資料，然後一步步的去分析、推理、進而求證，這就是科學的方法性。但是，有方法沒有目標，這個方法是盲目的。相反，只有目標，而沒有方法，那也是徒勞無功的。今天，中國發展科技，是可以從西方得到許多啟示的，但我們不能放棄自我。當我們反省到目的與方法的整體性時，我們一方面要肯定自我，一方面要接受他人。返本溯源，吾人更可以肯定自我，更可以容納他人。吸收他人之長，並不是非把自我放棄之後，才能做到。我這裡所講的重點，就是要發揚中國文化與哲學，才能接受西方文化的優點。不可為了接受西方的文化，而放棄自我，若是如此，那必是因為自我反省與自我覺悟的根基不深、層次不高、範圍不廣。唯有在大、廣、高的瞭解下，才能包容，才能整體定位、應變創新。

㈣唯有發揚中華文化，才能實現世界大同

總結來說，中國文化必須發展，只有發展才能現代化，才能世界化，才能達到大同的理想。大同的理想，中國哲學早就有所發揮，如

《論語》言「四海之內皆兄弟也」，《禮記‧禮運篇》提出了大同世界的理念與理想。宋儒講「民胞物與」的思想、明儒講「天地一體之仁」，都是講天下一體的大同思想。至於「中國」一詞的觀念，更包含了「文化大同」的理想。中國是一個文化的國家，是一個發展人性價值的國家。所以，「中國」一詞本來就有世界化的意義在裡面。大同的思想，並不是要消除一切的差異，而是要在差異中求溝通求和諧，同時實現人類個別的價值及整體的價值而不相礙，也就是和而不同。這是中國哲學的基本思想，也是王道的政治思想。從這個觀點來說，只有發揚中國文化，才能實現世界大同，亦唯有如此，才能幫助西方，走向大中至正的道路。總而言之，為了現代化，為了世界化，為了人生價值與人生理想的實現，中國哲學、中國文化，必須要積極的創造與發展。至於發展的方法，則必須切實求知，認清目標，講求方法，力行實踐。力行實踐是講求目標、講求方法後一致的努力實踐。團體要實踐，個人也要實踐，這樣我們才可以開拓整體定位、應變創新的局面，為人類帶來光明的前程。

C 理論走出中國管理自己的天空

如果今天要為三十多年來的臺灣管理模式下一個定義，我認為是東拉西扯、沒有格局，也不成氣候。可以說是，一窩蜂地賺錢，短視近利，實現功利主義的個體管理，這是一種管理危機。

所以，歸納出來，臺灣企業沒有自成一格的管理，除非我們創造出具有中國特色的中國管理。事實上，今天我們已經面臨到一個經濟轉型，需要經濟層次再提升的關卡，勢必要在管理的方法上、意識上作再認識、再出發的覺醒。

(一)中國管理科學化，管理科學中國化

1979 年，我第一次在臺灣發表「中國管理科學化，管理科學中國化」。提出來的動機有兩個：其一是，臺灣企管教育以美式或西式管理為教材的重點，留學生自國外帶回來的也是西方的觀念和方法，究竟他們如何將它利用在中國人的環境？其二是，臺灣企業成功的理由何在？基礎何在？能不能將它轉化為一套科學理念？

(二)科學、哲學、藝術三位一體的結晶

從哲學的觀點出發，我有一個基本的體認是，任何管理都應該有思想基礎。管理不能看成是技術，它是科學、哲學與藝術三位一體的結晶。可以說，它的方法運用是科學的；它以知識為本位，以系統、判斷組合為工具。而哲學的基礎在於，知識能和人性、人的遠見結合，使知識的基礎更深厚。所以，它是管理科學的網絡，缺乏管理哲學，就不能將管理科學延伸，更靈活運用。臺灣發展到這個地步，我不能不談這種理念和基礎的問題。

我們看西方管理的沿革也是如此。從 19 世紀發展至今，不管是人性和組織理論或 7S (System, Structure, Skill, Supergoal, Staff, Style, Strategy)，都是基於某種哲學的考察和反省得來。但是它的考察是否很周延？從比較哲學的觀點，我認為顯然是中國的文化更深厚，中國的歷史經驗更豐富。所以，整個中國哲學是中國人智慧的泉源，可以成為一種資源。如果能抓住它的奧祕、體系，那麼就可以用之於現在，促進現代化，而現代化又可以成為工具，發掘我們歷史的資源，這是我們要走的路，唯有如此才能靈活運用管理知識，達到更高的管理效能！

談到管理的藝術，在管理的過程和行為中，有很多無形的方法和個人經驗結合的智慧。所以，管理藝術是個別化的，同時也是許多人經驗的累積，但不能死板運用。所以，它是融合了個人和歷史經驗，卻運用了科學方法和知識的管理智慧。

(三)日本人一手拿《論語》，一手持算盤

70 年代以後，日本汽車工業在美國市場大放異彩，很多人在問：

「日本人為什麼成功?」

　　美國哈佛大學教授歸納出日本式管理的特質，認為他們是充分顧問制、長幼有序、平等待調、組織彈性運用、重視新陳代謝、人才一般化。一般認為，這是 Z 理論的印證。

　　日本人自己將這種成功歸諸於日本文化。事實上，日本文化要溯源至「明治維新」的唐化運動，無異是中國文化的翻版；許多大企業談日本管理都喜歡引用中國《論語》、《中庸》、《資治通鑑》，顯然日本現代企業很成功的運用了中國哲學的智慧；而將它們與現代企業目標及科技結合，產生一種新的管理組織和人事運用。不僅在決策計劃、人事組織、財務的長遠投資方面，日本人做得很成功，日本人也善於將思想轉化為制度實行。

　　事實上，西方的管理和日本的管理都有缺失。基本上，美式和西方的管理，是理性控制的模式。日本是一種人性管理，配合一點理性，但是人性運用層面只限於獨善其身，不能兼善天下，他雖然以建立東亞工業圈為號召，事實上很自私。另一方面，日本管理創發性不夠，借助別人的文化開拓自己的文化。

㈣中國管理以理性開發人性，以人性充實理性

　　而中國管理在先天上所表現的圓融和整體性，可以彌補西方及日本管理偏執在 AX 和 YZ 理論上的缺失。在《易經》的系統裡，中國管理可以靈活運用；同時於一個時間和空間的系統裡，作人性的考慮和目標的達成。換言之，中國人兼顧了整體運用的配合。

　　具體來說，除了既有的 AX 和 YZ 模式的管理，中國管理也可以涵蓋 ZX 和 AY 兩種管理模式。以《論語》感化的力量教育頑劣之人便是 ZX 的模式；對人本性善的認同下，相信「天將降大任於斯人也，必先苦其心志、勞其筋骨……」，給予適度施壓，這又衍生出 AY 理

論。我將這些可以代表中國管理的思想方法，統稱為「C理論」。

㈤ C理論的外在意義

這個 C 理論有外在的和內在的兩個層面的意義。就外在意義上，我們可以說，C 代表 China（中國）、Change（《易經》）、Confucius（儒家）、Culture（文化）。很湊巧，我的名字英文也有一個「C」。所以，「C理論」的外在表徵有五個「C」。

不可否認，文化是整個人性實現自己的過程和表現。所以，文化的意義也包含其中。我要強調的是，「C理論」代表的儒家精神，是一種倫理思想方式的管理；人如何管理？人與人、人與物、人與世界的管理如何結合？因此，考慮客觀形式的建立，還須注重人性的自發、自我實現，作人性和理性制度的結合。因此，孟子說：「徒善不足以為政，徒法不能以自行」。

㈥ C理論的內在意義

C 理論內在的意義，我以為也有五個（視下頁圖）：

⑴ Centrality——中國人居中自我修養，而能兼善天下。

⑵ Creativity——生生不已、創造不懈。

⑶ Coordination——協調、包容。

⑷ Contingency——權變。

⑸ Control——王者之道的統治。

Control 是最高境界，但前四個要素缺一不可。

如果將它們落實在現實經濟管理上的名詞，Creativity 是生產部門；Coordination 是人事部門；Contingency 是市場部門；Centrality 是決策部門；Control 即為行政部門或是經理部門。

　　所以，這樣的中國管理包含很多面，是一個較為完美和整體的化身。事實上，今天臺灣經濟成長，在整體來看，多少反映了我們這個中國管理的特質。它是社會、政治、個人的多面參與，加之國際條件和整個歷史條件所發展出來的成果。

　　這是我從哲學的觀點，來看中國的管理理論。至於如何變成實際運作，應用在企業上促進臺灣的經濟再發展，正是今後可以積極推動的軟體工程，應用的範圍不僅在人性開發、市場拓展、生產品種、人事協調、政策規劃，而且在五者的相互運轉和相互促進之中。

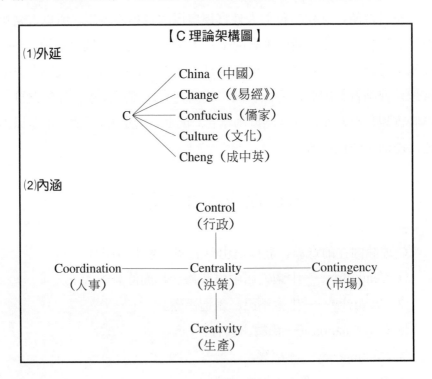

附論

C 理論的講演與答問

一、

北京講演錄（1991 年 3 月）

　　當今中國管理哲學——C 理論：《易經》管理系統，是以《易經》為基礎，以中國傳統智慧與西方科學精神融會貫通為目的，以「中國管理科學化，科學管理中國化」為宗旨，以集科學、文化、藝術三位一體為特徵，總結古今中外管理理論而建立起來的一套具有中國特色的現代管理哲學理論體系。

(一)中國管理哲學是中國哲學現代化的產物

　　C 理論認為，中國管理哲學「是依據中國哲學理念發展出來的管理哲學」。「以中國哲學為管理科學的哲學基礎，並從而建立和發展中國管理哲學，既合乎文化傳統的自然需要，又合乎管理思想發展的趨勢。今日管理決策所需的整體性、依存性、調和性、創新性、變通性及實踐性也都據此發展開來。」正如 C 理論指出的，管理決策所需的「六性」可以從中國哲學的六個特點中找到其存在和發展的理論依據。其相關關係如下：

　　(1)哲學重視整體觀念與管理決策所須的**整體性**。
　　(2)哲學強調整體中個體間相互依存的關係與管理決策所須的**依存**

性。

　　(3)哲學關於事物相互依存的關係，因平衡安穩而有和諧，也因平衡不安而發生衝突的認識與管理決策所須的**調和性**。

　　(4)哲學重視「合一」、「合德」、「無礙」、「圓融」等理念與管理決策所須的**變通性**。

　　(5)哲學有關宇宙及本體的觀念永遠和具體人生實際密切結合與管理決策所須的**實踐性**。

　　(6)豐富的哲學理念與哲學命題具備了極寬廣的說明性和極深刻的表達性與管理決策所須的**創新性**。

　　總之，管理決策從中國哲學中尋找其存在和發展的依據，使傳統的中國哲學在現代管理科學中獲得新生。依據中國哲學理念發展出來的現代中國管理哲學及其管理系統的建立，實質是中國哲學的現代化及其在中國現代化管理和現代管理中國化進程中發揚光大的一個重要層面及環節。C 理論《易經》管理系統作為當今中國管理哲學的代表，也正是中國哲學與現代管理科學相結合的產物。

㈡易是中國管理哲學的開端

　　《易經》是中國文化淵源諸子百家的「群經之首」，是中國哲學的基礎。易乃太極，太極即「一陰一陽之謂道」。張順江教授在《現代易學與決策學》中指出，《周易》是以「一陰一陽之謂道」為第一公理的辯證法體系。從象上去觀察，陽剛陰柔，相摩相蕩，其結果是「變」是「易」。對這種「變」、「易」過程的表述就是《易經》。他認為，《易經》的發端是「一陰一陽之謂道」，符號結構是「太極」，其象的表述是「乾坤」。「乾坤」是《易經》開端的表述，是易之門。乾坤兩卦的卦辭分別是「元亨利貞」、「元、亨利牝馬之貞」。乾坤兩卦卦辭「元亨利貞」也就是對《易經》和易的開端解。

同理，以《易經》為本的中國哲學，其作為管理決策所需的基礎理論的「六個特點」也可以用「元亨利貞」詮釋。

⑴「元」即大始：

元作為道，負陰而抱陽。在中國哲學中表現為無所不包的整體觀念，如太極。

⑵「亨」即通：

是聯繫，是「剛柔相摩、八卦相蕩」，表象是實踐。在中國哲學中表現為整體中個體間相互依存的關係；「合一」、「合德」、「無礙」、「圓融」等理念；有關宇宙及本體的觀念永遠和具體人生實際密切結合的「知行合一」，有的稱之為「保合」。

⑶「利」即宜，統一：

在中國哲學中表現為「經中有權，權不變經」，使得事物相互依存的關係，因平衡安穩而有和諧，不因平衡不安而發生衝突，以達到由變生利，由利共存，成為「太和」，實現變而有生，生生不已，不斷出新。

⑷「貞」即實有、存在，是正是固：

在中國哲學中表現為豐富的哲學理念的真理性與哲學命題具備了極寬廣的適應性與極深刻的表達性，使其成為千年不衰的定理和萬事萬物生滅運化的固有規律。萬物均為具象，具象歸樸於「元」，所以「貞」又為終，復歸於「元」。

由於《易經》和易的開端解同樣適應於中國哲學，因此，對於從中國哲學理念發展而來的中國管理哲學來說，易，自然也應是其理論體系的開端。

(三)《易經》管理系統是以易為開端演繹的中國管理哲學體系

　　《易經》管理系統作為中國現代管理哲學理論，如同中國哲學一樣，以易為開端，演繹形成其特有的《易經》管理理論邏輯體系和管理模式。C 理論認為，《易經》管理應當是「以人性、智慧為中心，兩者結合互動，便構成一種陰陽互補、相輔相成的」理想的中國管理體系的基礎模式。

(1)管理系統源結構模式「八義」：

　　C 理論根據《易經》八卦歸納出的：「守成知變、窮化創新、定位斷疑、簡易即時」四個主要原則和管理的「知、行、體、用、主、客、內、外」八要素，以「太極」為始，闡述了「八義」，即管理體系八個定位，形成了《易經》管理理論體系的基本架構。

　　①太極定位：明確企業最高目標與最終價值的整體性企業定位。

　　②陰陽定位：明確企業經營必須確立從主客、內外、人物等等正負兩面考慮問題的二元觀。

　　③三才定位：天、地、人三才定位是強調時空因素與人為因素、組織內部上、中、下之間的充分協調和配合。

　　④四象定位：組織運作要兼顧春夏秋冬四時與上下左右四方，兼顧上層下層左輔右弼，才能維持穩定謀求發展。

　　⑤五行定位：以決策、領導、應變、創新和人才周而復始的「五行」循環模式。

　　⑥六階定位：以乾卦為依據將人、事發展劃為六個階段和層次。

　　⑦七復定位：將終極目標、風格、策略、制度、技術、行政、結構七個「S」整體定位，使其首尾相繼、上下呼應地運作，同時強調

不斷應變的精神。

　　⑧八卦定位：使知行、體用、主客、內外平衡作用，成為持久而有活力的管理架構。

⑵管理系統源理論模式「五學」：

　　C 理論引進中國古代諸子百家的優秀哲學思想作為其管理系統的理論依據。強調學習道家的決策哲學、法家的領導哲學、兵家的權變哲學、墨家的創造哲學和儒家的協調哲學；以道、法、兵、墨、儒的精神分別代表管理中的決策、領導、生產、行銷、人事五項要素，摹仿《易經》五行相生原理建立了管理要素運作和評估整合系統模型；還指出儒家長於人事協調而短於保守和權變，法家長於紀律導向而短於關心人激勵人性與潛能，兵家長於權變但有道家與法家的決策和領導精神為基礎才不致偏差，墨家長於勤勞重視科技而須有儒家的人事哲學配合才能發展，所以聯合的管理必須博採眾長，避其所短，才能融合運用，發揮管理最高效能。

⑶管理系統源動力模式「十德」：

　　C 理論強調管理以人為本，對人的管理是管理系統運行的原動力。在對人的管理中，「以理性開發人性，以人性充實理性」，既能彌補日美管理偏執在 AX 和 YZ 理論上的缺失，又能於同一時空系統中，同時作人性的考慮和目標的達成。所謂「十德」是我將「五學」中諸德之集述，是「以理性開發人性，以人性充實理性」的要素和基本動力。「十德」依據人性和理性的辯證關係，以陽陰相摩相蕩原理分為五組：一曰「禮、信」與「勢、術」；二曰「仁、愛」與「明、嚴」；三曰「道、義」與「智、利」；四曰「經、合」與「權、變」；五曰「衡、中」與「策、決」。用易分析，五組「十德」每組前者為「陽」為「正」為「隱」為人性所求，後者為「陰」為「奇」為「顯」為理性

所為。「十德」依據管理行為準則，以五行生剋運化原理又可劃分為：「道、義」與「衡、中」為「土」德，「明、嚴」與「勢、術」為「金」德，「策、決」與「權、變」為「水」德，「經、合」與「智、利」為「木」德，「禮、信」與「仁、愛」為「火」德。「五行之德」「土」德治「道」以達「共識」，「金」德治「氣」以達共為，「水」德治「變」以達共知，「木」德治「力」以達共進，「火」德治「心」以達「共容」。五德又歸樸於易：「土」德為「元」，「金、水」德為「亨」，「木、火」為「利」，五德相生形成穩定的管理循環系統和周而復始的大道之規為「貞」，復歸於「元」，形成了管理系統運行的原動力。

⑷管理系統源表徵模式「C」：

《易經》管理系統理論架構的外在表徵為「中國、《易經》、儒家、文化和作者姓氏」英文單詞的五個「C」；具有內在意義的「居中、創造、協調、權變、控制」；五個「C」又表現為決策、生產、人事、市場和行政經理部門的五大職能。「C」不但表徵了《易經》管理系統在理論架構形式的完美，而且也構成了內在邏輯關係的完整，使《易經》管理系統成為從形式到內容得以用「C理論」予以概括的完整的管理哲學理論體系。

㈣ 「道」的管理是中國管理哲學超出其他管理理論的新境界

管理有五個層次。一為機器管理，是對技術的管理；二為手的管理，是對技巧技能的管理，兩者或是手工製造與用手操作機器運作，或是機器自行運作自行管理，兩個層次在管理中為下用；三為腦的管理，是對知識的管理，為中用；四為心的管理，是對價值觀、自覺性

與奮鬥目標的管理，對人的管理；五為道的管理，是對人性與智慧的管理，對「天」的管理。道和心的管理為上用。如果說西方和美式現代科學管理以機器、手、知識技能的管理為主要特徵，那麼重視心的管理正是日式管理超出並優於西方和美式管理的根本特徵。中國管理哲學涵蓋前四層次管理的全部內容，又提出「道」的管理新境界。這種超出美日管理模式的「超管理」系統，就是《易經》管理系統。它把「道」看作是宇宙大系統，是有生命的複雜有機的整體的全息系統，認為管理應以「道」為統，實現人的自願、自主、自為的行為。使管理和決策達到「周遊六虛，變動不居，唯變所適」，分後能合，分工明確，事權統一，功能相合，處處逢源，相輔相成的最高境界。因此，道的管理不是一項具體的操作技術，而是集科學、文化、藝術於一身的人類管理智慧的結晶。

　　從上述結論引申分析，對手和機器的管理用的是「技和數」，完善的是「制」；對腦的管理用的是「記和述」，完善的是「志」；對心的管理用的是「計和術」，完善的是「治」；對道的管理則用的是「禪和悟」，完善的是「智」。管理的層次愈高，管理對人的素質要求也就愈高；管理中人的管理比重愈大，管理難度也就愈大；管理對人的知、智、性、靈發掘得愈深，管理境界就愈新。可見無論從管理層次，還是管理手段、管理目標，以道的管理為特徵的中國管理哲學——C 理論：《易經》管理系統都可堪稱現代管理的新境界。

二、
濟南講演錄（1992 年 5 月）

這次到山東來，收穫很大。想到山東濟南來訪問一下，是兩年前的計劃。這次來，剛好有紀念孔子誕辰 2540 年的機會，時間不多，只好在曲阜與濟南之間選擇。為什麼選擇濟南？最主要的原因是東港實業有限公司在濟南，濟南有溝通企業發展和管理決策科學發展的共同點。

在過去兩年中，我和張順江教授有個協議，就是把管理決策科學與中國民族精神結合起來，發展成有中國特色的決策管理系統，中國今天的經濟發展和企業發展，顯然必須建立在中國人的文化基礎上面，但還需要有世界眼光。要立足在自己民族優秀文化上面，還要有世界眼光，這是一個很重要的觀念。

這些天，在山東能跟各位朋友見面，做些瞭解，很有益。我給大家講一下，去年開會時，我跟張順江教授、劉化樵教授有一個高級管理決策學術研究和教育計劃。主要有兩重意義：

(1)在今天的經濟發展、企業在多渠道的建設過程中，管理者、決策者的學識、眼光，要發展要配合，要多渠道化。在工作中求得學習，在經驗中求得理論，這一點望各位重視。

(2)希望大家把中國的發展跟世界的發展協調統一起來。換句話說，

就是能在海外給管理者提供一個進修發展的機會。希望突破現階段的所謂固定化的學習方式，探索具有現代性、具有相當彈性的一種發展教育的方式。這樣，我們就談到管理與決策的進修與研究的問題。在這樣的眼光下，發展一個多元化、多渠道的高級決策管理研究教育事業，這是在理論上結合中國的高度智慧、西方的高度理性提出來做的。

在西方，管理學扮演了一個重要的角色，它的發展是從經驗中總結出來的。西方在工業革命之前，並沒有明確的管理科學。是因為後來有了大工業、大企業，集體企業和私人企業同專業化結合起來，達到一個目標，才有了管理科學的產生和發展。管理科學是由於時代的需要才產生的。在今天工業化的西方，管理學還有它的局限性。新興國家的企業，不一定非得走他們走過的路，可以借鑑，發展有自己特色的管理科學，來達到一個更高目標。日本人就是這樣做的。日本人這樣做的基礎是什麼？我考慮是基於中國的文化、中國的傳統。他們把中國文化中對人的瞭解、對事的瞭解，加上機械文明、加上科學管理，形成了一套很好的管理制度。至少在現代，它發揮了這樣一個人與機器很好配合的高效率。這樣做很成功，我們必須承認。但這個成功，好多來自中國的傳統。我們有這樣一個優秀傳統，為什麼不能把它發揚光大？為什麼不能把它中西融合、兼併，發展成一個更高一些的管理系統？這是非常可能的。這樣做就會後來者居上，更何況中國還有很深奧的、具有世界眼光的理念。這在《易經》中可以體現出來。我想在管理科學系統中，找到一個根基。這個根基又是和中國人這種自強不息、生生不已的精神結合起來。因為《周易》精神不但是一個大系統、一個兼容並包的整體系統，有變通性、創造性的這樣一個系統，同時也是一種生命力的發揮發展和意志的堅強，即中國人的民族精神。這樣一種民族精神加上民族智慧，跟決策者的知識、方法結合在一起，力量就會很大。因為它有內在動力，又加上外在的知識、方法這種科學的工具，就能避免許多錯誤，找到一個更高的觀點，來縱

觀時局，為自己定位。同時找到一個起點，知道要做什麼事情，該怎樣去做它。這樣一個科學的瞭解，這樣一個管理系統的建立，在理論上是很需要的，而且要得到一個相當完整的發展。

在這裡，我特別提到張順江教授。他寫了三百多萬字的決策科學系列叢書。他每寫完一書，便送我一本。我特別留意他寫的書。他將辯證唯物主義與系統論、信息論、控制論綜合歸一，形成新的方法論，創立法元論。這與我自己在海外體會到的中國哲學悠久的文明智慧是完全配合的。

多年來，我一直關注中國哲學的現代化和實踐化。我寫了一些這方面的書。我希望看到中國哲學不是過去僵化的或屬於歷史塵埃的東西，而是具有生命力的、能提升到理論層次高度的東西。這方面，我做了一些努力，主要是使《易經》系統成為一個現代化的整體系統。這個整體系統運用在管理、溝通和領導方面，就使它本身能使用在現代生活當中了。在來濟南的火車上，我和張順江教授談了，意見完全一致，真是「英雄所見略同」。這是基於研究者的理解和瞭解。

另一方面，決策管理循環問題，這表現在我的 C 理論中。我簡單介紹一下，讓大家瞭解。管理者和決策者不斷地求知、進修和研究，是對整個企業和社會有很大作用的。管理層不應把管理看作只是科學技術的運用。科技是重要的，但不是唯一的最後的重要。科技這個層面是需要的，這個層面是技巧、是技術、是技藝，是目前知識諮詢的積累。瞭解世界要從經驗、從科技、從知識方面著手。包括最新科技，一定要掌握。能夠運用電腦諮詢，能建立 MIS（電腦諮詢，Microcomputer Information Service，即微型計算機信息服務──編者）的，就應建立 MIS 這種技術在決策中，加以運用。那麼再高一個層次呢？就不只是技術問題，就屬於方法論的問題。我們用什麼最好的方法，把這些技術用在最好的方面？怎麼把這些技術結合運用在短期目標裡，所以這屬於法的界面。法的界面是一個中級主管或中下級主管，

這是要講究的，應該有立體掌握技術的能力，而且應該看出來這個技術應同整個公司的目標、整個系統的運作、跟人跟事的配合問題。所謂管理方法問題，就是要掌握自己的管理性格和管理勢態，要能作些判斷。法的根據是什麼？還要進一層，這就是理的觀念，就是原理是什麼。方法跟原理應用之後，有時候要變通，有時不只一種方法，可能有多種方法，而且還要改進。還要在研究方法後，創造出新的方法。所以這就是理的道理。要深入瞭解這個系統更高的層次，這就是我說的道的層次。這就是元科學。張教授說的元科學、元學層次，就是縱觀世界潮流，能決定正確的目標，能找到正確的價值取向，確定一個截止標準，來評估自己的發展，不斷地改進，成為整個企業發展的動力。從上而下，綜合聯貫，從科技運作的層面，到制度化的方法的層面，到知識觀念的系統價值層面，成為一體，成為一個貫通的系統。我覺得這個需要很大的功力，需要慢慢摸索，慢慢去成就，所以這樣一個管理思想，就可以在不同層面上去發展，去建立堅強的、在艱難中求生存、在發展中能制約的一種方式。這樣使管理變成一個有機的系統，像一個有機體一樣，能應付各種條件。不但能瞭解環境，也能應付環境，而且能創造環境、改造環境。我們看到好多大企業的成功，都達到了這種地步。有些人有這種能力，但不一定知道這一點。從決策科學、管理科學上看，從教育觀點上看，我希望大家能有這樣一種看法，然後憑自己的智能的充實、經驗的豐富去發展。在規範當中發展出管理的這樣一種職能，也是管理學促進企業發展的一種方式。我看西方、日本大企業的成功事例，大體上經歷了這幾個階段推陳出新，來進一步發展。所以從這個角度來考察企業的優勝劣敗，就可以大致得到這樣一個結論。以後有時間再給大家詳細分析。

今天，我認為，從整個管理一體化的結構，從管理本身境界的提高，來充實管理學內容，這一點很重要。有道的層面、理的層面作為決策的基礎，因為決策既代表一種智慧、知識，又代表一種意志力，

一種決斷。

再講一個問題。整個中國循環的大系統，即相生相剋的大系統，就是我說的 C 理論的管理系統。整個管理的過程，其核心是決策者本身。管理決策者應有一個動力，這動力一定是個中心的力量。這中心力量我把它叫做中心土、黃土的土。這個中心力量要深厚、穩健，要有發展的潛力，叫做決策動力，這是管理的核心。決策代表計劃，執行人員要有實現計劃的判斷力。這判斷力能提升他對世界的認識，因此就產生一種領導力。所以從中心土的觀念中產生一條意志，用中國人五行的觀念講，就是土生金。金表示果斷，「其力斷金」，是一種力量，這就是領導。領導的基礎是決策的智慧、土的智慧。今天上午我第一次去看了黃河，很激動。黃河也是土，雖然是土，但它是力量、原始的力量，這個力量不能放棄。有了這種領導力量，你才能面對波濤萬千的世界而不驚。不管世界多複雜，你能基於這種智慧，基於這種決策、這種領導力，衝破重重圍欄，建立一個廣泛的有影響力的銷售網，你的行銷能力、市場能力就會很強，所以用水來代表，因為水是變幻萬千，市場也是變幻萬千。今年可能看漲，明年可能看跌。在自由市場、世界市場上，你更需要一個渾厚的領導力與決策力作後盾。有了它才能夠征服水、控制水一樣的變幻萬千的世界市場，顯示你面對世界的推銷能力。這樣才能產生生命的信心，才能掌握世界。企業的生產活動是生產力，是開採充實自己的力量。多搞市場調查，才能掌握生產，才能作生產計劃。這計劃就像樹木一樣產生出來，自然地規劃出來。所以生產不能隨便要怎麼生產就怎麼生產，背後要有一種相生的東西作後盾。有了生產，有了在世界範圍內立足的高品質的產品，你才能造成內部結構的活現，吸引更多的人才。所以從生產到人事，從生產管理到人事管理這個過程中，假如我們從傳統觀念角度看，這人事就是火焰。火本身發黃，代表一種成熟、成功，也可代表一種人的薈萃，代表人的智慧的發展。眾多人的力量團結在一起，這樣更

能發揮決策者的潛力，啟發更多的人力。有了人就有了發展的信心，沒有人就不能發展。人的發展就應像火一樣能集中、和諧、團結，才能旺盛、才能發展。這樣才能充實決策的信心與意志，建立更高的諮詢系統來進一步發展企業。這樣一個循環，我用了「C」字母。有幾層意思：

從管理學角度講，決策工作是中心化的，中心化叫 Centrality，領導的能力叫 Control。領導能力能夠掌握變化，就是 Change。掌握時間變化，產生一種創造力，來控制這個世界，來應對世界不是盲目的創造，而是有計劃、有目標的創造，這叫 Creativity。由此再產生一種協和力、人事的協和力，叫 Coordination。這五個 C 再回到 Circulation，就是一個循環。這個循環，我叫它「C 理論」。我們從中不但看到決策管理的重要性，也看到整個大循環中管理本身要充實的各個面。當然，C 理論還隱含著幾個意思：C 還代表中國 China，C 也代表《易經》Change（即 The Book of Change——編者），C 還代表文明化 Civilization。這些是我的整個想法，要把它再發揮出來，還需要時間。今天我講這些是為了說明：為什麼決策管理科學的教育有很大的重要性，它跟企業發展的交接點在什麼地方？

這次有機會到濟南來，跟東港公司非常年輕有為的總經理劉先生接觸交談，非常高興。東港的這幾位先生都是非常優秀的。合資企業一方面有法律上的規範，另一方面又有個人智慧、智能。我覺得是最有希望的。

從這裡，我看到一個非常好的遠景，需要大家共同追求。我站在一個海外華人的立場上，非常願意盡我自己的力量，為發展管理決策科學教育和研究，為到國外進行高級學習培訓研究，為學位制度或進修制度提供協助和配合。同張順江教授他們在國內的研究生教育進行配合，我想我會盡力去做的。希望大家跟我聯絡，我會給大家提供幫助，盡力而為。

三、
廣州講演錄（1993 年 3 月）

㈠從管理科學到管理哲學

　　管理科學是基於科學發展後，引入西方管理模式而來的。引入中國，早期叫科學管理。60 年代末期，臺灣經濟開始起飛，加工區開始發展，開始有外向型所謂出口經濟的發展，要考慮到公司及企業組織聽眾和對外貿易，於是感覺到管理的重要。不是說以前沒有管理，只是「管理」這個詞是由西方引進的，英文是「Management」，它原意指用手操作的過程或方法，「Manage」指「用手」，與「Manipulate」指「操縱」，是同一詞源。中國人講管理比較宏觀，不僅說用手操作，管理機器與管理一群人、國家不一樣，涉及的量和質都不一樣。中國也有管理，中國人最早的管理意思是所謂控制的觀念，治曰管理，控的管理，控制，治規定一些事情能用一種力量掌握，規定使之運作，按自己的意志達到既定目標，即管理最早是主使觀點。誰做主，誰就管理。政也是管理，《尚書》裡說怎麼能治國，政和治都是管理。中國強調用《周易》管理。

　　西方的管理是在工業革命後，英美已經建立一種很好的工廠制度、

企業法人組織，在企業組織與企業目標的要求之下產生管理。工廠式的管理基本上是工廠管理一群人在生產中怎樣使之增加生產量，減少成本。管理也可科學化，西方也有管理治國，有各種主使觀念，控制、操作為了生產，達到企業目標。這個管理隱約有個模型即科學管理，美國人是最早提出科學管理，以科學技術為基礎的。作為生產管理的科學化還有個意思是客觀理性地去考慮工作怎樣數量化，人的勞力如何數量化，用經濟公式計算產生價值，把投資價值與之對比，作一種改進。管理中屬於技術性研究是時間序列研究，在一定時間流量中能做出多少工，考察在規定時間裡怎樣增加工人工作量。管理是先瞭解客觀情況然後做出要求，基於情況提出和制定法則、法規，達到要求、目標。企業目的當初以生產為基礎，而在生產的背後則是賺錢，即商業目標，企業發展最終目的是賺錢。中國走向市場經濟，大家向錢看，也就是看是否收支平衡，是否有利潤。

　　管理初期，只是努力增加工作量，對提高品質沒有注意。現在西方管理是增加量、減少成本、提高品質。西方科學求量化，量化是客觀化、標準化。但是否任何事物都能當作客觀過程來量化？是否量化的標準不變？是否要精確的量才是最好的時間管理方式？這都是問題，西方追求精確的量最後都成了束縛，尤其是在現代企業管理，可以有量，但在量之上，還應有量子論的模糊性，一個活動的動態空間。這樣才能夠發展，這就是所謂的西方科學管理觀念。

　　中國在引入時出現這種情況，在臺灣，科學管理許多教科書都是從英美直接翻譯出來的，學校裡講的都是科學管理。但臺灣沒有哪個企業用科學管理，講和做分離，講的是很好的名目，做的卻是另外一回事。講的不做、做的不講是個顯著特色，臺灣大企業是土法煉鋼。所以那些受過科學管理教育的人還必須接受本土化的教育。本人在1985年提出中國管理科學化，管理科學中國化，管理是可以客觀化、量化、精緻化，這個過程從科學管理到管理科學化。運籌學、決策分

析、模型理論都是管理科學，它是相當數量化的學問。數量方法的好
處即脫離管理來看管理，建立完整的數量系統、控制系統，能成為樂
於型研究。把計劃管理中一環的建立作為校正計劃或作為參考資料或
作為預測的一個方案提出來，這是基礎要求。管理科學把它當作基礎，
是作為必要條件而不是充足條件。管理的精華就在於管理科學，管理
科學是從科學管理中出來而又慢慢脫離出來的模型。模型可用於管理
中，應用不只是作為決定性規定而是作為模擬式參考，作為一種聯想
的開發，作為訓練的思考工具，也可作可行性研究規則，是作為對企
業長遠開發計劃的一個思考規範的模型提出的。

　　講管理僅講管理科學是不夠的，西方以美國為標準，東方以日本、
亞洲四小龍和中國大陸為代表。當然作為發展模型，德國和法國也自
有一套，英國與美國較接近但也有自己的特色。西方的概念有大有小，
在討論時可就其共性來瞭解。西方有很多問題，問題也是它的好處、
事情好的一面、長處推到極限就變成壞處，相反的，一件事的壞處在
一定條件下，在深入認識之下也會變成好處。這是辯證觀點，中國的
老子、《周易》都已提出類似觀點。西方管理中一些結構性問題要從正
反兩方面看，由於管理科學發展為理性的、數學化的東西，西方的管
理就變為一種形式，西方根據模型來決策，最後反而造成很多失誤和
問題而落後。與日本比較，這是西方管理中最大的問題。日本管理成
功，美國管理下落，在於美國太重視管理科學模型，把人看作管理系
統中一些項如 A、B、C，這些項不能掌握它的變值，成為固定項，即
把工人假設為自私、自利、懶惰的，管理中有 X 理論和 Y 理論，西方
大多講 X 理論，假設人是自私的，有舒服條件就去享樂。17 世紀，英
國的霍布斯就有這樣的看法，認為人好鬥、自私、自利，充滿欲望、
不相信別人，這可以說是達爾文主義，自然進化基本上是這個道路，
西方談早期達爾文主義少，新進化主義有另外一些特色，西方人認為
適者生存，物競天擇，整個自然是公共競爭的市場，一個開放的世界

即弱肉強食的世界。西方的歷史也顯示了這一點，從古希臘羅馬到中世紀，這些所謂歐洲人種的興起，神聖羅馬帝國的建立到分裂再到人文化，文藝復興到宗教改革到啟蒙運動到工業革命到信息工程革命。從進化論觀點說，基本上是個進化過程，科學戰勝人文精神，也是種落後。希臘有所謂人文品質觀點，對人認識比較深刻，文藝復興尤其是啟蒙時代，18、19 世紀，由於科技發展，資本主義發展，人的基本欲望是追求財富、權力，若不能用和平手段追求就用暴力追求，暴力也可用和平方法表達出來，把科學知識作為追求財富、權力的工具，知識成為工具，甚至宗教也成為工具，最後的目的是控制和掌握權力 (Power)，權是可以用的、發揮的，可由多種方式表現如人權、政府權、企業權等，有些權在國際社會不是用明顯方式表達，而是用意識形態、口號、觀念表現，例如現今，大家都講和平，甚至和平成了暴力手段，美國總統利用各種說辭來阻止中國的發展，也是一種權。現代西方的人性假設是人要權，權表現為財務、自由、發展、權力，權是無形的管理，最後目的讓人知道有權，享有一種自由。西方工業革命發展後，把人看作自私自利，對權利要求很強。若沒有對抗平衡，就要專權、濫權，走向不道德，權力是會腐化的，絕對的權力是絕對的腐化表達西方人對權、人性的認識，構成西方管理核心。中國人對人的認識不一定這樣，追求人類共同點，中西不同，在不同看法中看能否融合、交融，對人的瞭解更深，創造出更好的人的文化，這是管理的最高目標，也是世界目標、宇宙目標，任何企業經濟發展若帶來更多問題，發展就沒有價值，經濟發展，文化不發展，沒有用。任何企業發展應有轉化，對大陸投資，經濟投資重要，教育投資也很重要，經濟發展到一定程度，應至少把 10～15% 利潤作為教育文化投資，對企業有好處。美國對教育文化上的投資減稅，國內也應採用。當然在中國經濟發展中，再投資對企業發展很需要，但教育是無形的經濟發展力量，教育提升可推動企業的發展，任何企業、個人若能注重人才

培訓，注重開發人的能力，提供職工、領導者各種受教育機會，它的發展就更大。作為董事長需不斷提升，好的領導會時常考慮自己缺少什麼，應補充什麼，因為決策管理是要認識這個世界是在不斷變化中，人能否主動變，創造好的變化，這就是對人的挑戰、對管理的最大挑戰，否則就會發現自己落後。變化是在時間、空間、人的環境中進行，未來也是種環境，它會給你一種處境力量的壓力。壓力若不充實，就會被扭曲，所以企業一定要注重人才，一定要發揮人才，對人的認識要基本正確。西方問題，從管理角度看，就是不能對人有更好的開發，對人認識僵化，管理科學模型變成抽象、脫離現實，所有大公司問題都源於此，政府也如此，雷根掌政後，幾年財政赤字、國債高達三十兆美元，人的運作僵化，達到應改變而沒有改變的地步。

在企業規劃中，在長期設計中應有短期應變處理，但任何短期也不能忘記長期目標。長期設計應考慮階段性、機動性，階段性應考慮長期，美國在這方面沒有做好，應變力不夠，大公司，像 IBM 被譽為不老常青樹，也發生財務問題，因為他長期設計失敗，沒有考慮電腦的普遍化、靈活化，一些小公司如蘋果公司慢慢發展，適應了現代需要，小而美，小與大同時兼顧，而 IBM 整個重點放在大型計算機上，對社會變遷、市場投資太抽象化，今天它的股票由 500 跌到 40，近乎十倍。美國的另一問題是管理科學抽象化，一切以數學為決策基礎，什麼都變成投資化，金融作業最容易賺錢，若決定正確，一天內可賺很多錢，但若每個人都如此，產業就變成金融數字，產業本身動力失掉了，結果使產業空洞化。生產是跟著原料、勞動力市場、好的社會環境來發展的，環境好、治安穩定、勞動力便宜、原料充足、交通方便，在開放情況下，所謂市場就是好的環境，環境與經濟因素、文化因素、人口因素、社會因素有關。這說明西方對人的概念、對管理科學抽象化的運用造成西方管理的失落。到西方學習管理沒錯，但技術科學不是充分的而是必要的，因此在應用時，應把它當工具之一用。

手動腦想，但腦力結構不只腦還包括理智分析、意志、直覺、整體性智慧，現在要開發腦的意志力、判斷力、創造力，作為現代化的中西管理哲學發展。它用在現代管理中就成為現代型的中西管理科學，用在實際上，就成為中西結合的管理技術和管理藝術，管理技術包括操作規則，管理藝術包含人的因素，二者是不同的。管理應有承繼觀，如有的公司發展到一定程度，應需更新，不是把成果當作進步，而是把成果的產生過程及其背後的動力作為進步，這樣公司才能日新月異，有了品質觀念，不斷創造的觀念。公司不是把利潤放在口袋裡，而是用來增進工作環境，激勵工人，培訓人才，老闆與員工溝通，鼓勵他們，給他們向心力、協同力，公司才能不斷發展。日本人做得較好，美國是經濟技術大本營，現在經濟不景氣，但他有自由空間、社會開放、物產豐富，管理上若能改進，還可以重新發展起來。

日本人的管理不只走管理科學的路，他不是抄襲以美國為代表的科學管理，他很注重科學管理，日本式的管理瞭解否定美國的管理科學。我在日本講學時，參觀一些大集團，在一個規模很大的汽車廠，每一分鐘有十八輛車開出來，給我留下很深印象，第一、工廠乾淨、整齊，設施好，十分注意生態；第二、機器與人的配合好；第三、講效率。在臺灣，一分鐘只能生產七、八輛汽車，不到日本的一半，這一方面可能因為技術，另一方面也顯示中國不講求效益，看重人但太馬虎、沒有精確感。在日本任何地方都能提供完全的諮詢，日本人向美國學習有兩個階段：一是明治維新，一是二次大戰後美國的佔領期。日本人會抄襲但又不僅限於抄襲，學來後能改造的就加以改造創新，而且反過來教給你。例如在汽車工業上，技術是抄來的，但他生產出的汽車對美國有很大威脅。在夏威夷，本田汽車佔領市場的二分之一以上，打破豐田的紀錄，他們間的競爭是良性的，日本其他產品如照相機、錶也很有競爭力，日本人精益求精，中國有句話「青出於藍而勝於藍」，很適用於日本，中國人自己卻沒做到。

　　這裡講的管理是超管理、管理哲學、管理智慧，這對高級管理人員很重要，涉及決策和整個潛力開發。日本管理把西方管理作為結構性的核心，加上美國沒有的東西，即對人的開發、培護、依賴，形成牢不可破的企業體，這個企業體也是文化體、教育體、生命體，做到了這一點，經濟不景氣對日本影響才不大。當今美國失業率達 10.3%，日本沒有失業，因為不景氣，日本工人可少分一點，少拿一點。但美國人做不到，經濟不景氣，只好裁員，日本則沒這個必要，企業基於感情、經驗，給他們的彼此內在情感。日本人包含力彈性大，日本人不貪，他們講信譽、道義，這也是戰後要建立好的信譽的努力。也可以說是接受中國文化薰陶，用上中國文化好傳統，在相當大程度上用儒家、道家、法家，用得最多還是儒家，強調儒家忠誠觀念。中國人強調孝，孝是親情，但容易走向家族經濟、企業、政治，變成宗法社會、封建社會。日本也有封建，但日本家是包含式的家，中國是排斥式的家。中國的家是我做老闆，你永遠是夥計，夥計跟老闆一輩子也可能得不到什麼好處，這樣每個人都想做老闆。在臺灣，每個人都要做老闆，「寧為雞頭，不為牛後」的心理，是因為一般中國人沒有受到太多尊重，美國人則不會因為職業而不受到尊重。美國人自以為好便好，而中國人是別人認為你好就好。而日本人有家族特性，只要你忠於家族、企業，就有機會成為公司的中堅分子。松下企業的首長不是松下的兒子、女兒，而是他女婿，在日本做老闆，看準有能力，對公司忠，對國家忠。另外在日本歷史上沒有漢奸、內奸，而中國歷史上常出現漢奸，尤其是在內爭外鬥時。日本人在任何時候都保持忠，這對企業的發展很重要，孟子哲學「至誠若神」，荀子哲學「學海無涯」都被日本大公司所採用。在明治末期，一位政治家大商人寫過一本書，把人際關係當作企業發展的力量，倫理可以成為企業發展工具，做人做得好、忠誠，加強對人的認識和瞭解；企業也是倫理發展工具，企業是為建立好的社會，二者是相互為用的，企業需要倫理，倫理也需

要企業支援。在好的社會企業才能發展，日本人還不太瞭解，因為應用中國文化資源還比較少。

(二)《周易》管理原理

《周易》決策管理就是要把《周易》文化資源更廣泛開掘出來，不只講單個的儒家或道家或法家等等，而是把儒家、道家、法家、墨家、兵家、禪等六個資源包含在更大的資源裡來論述。這是一個淨化的過程，提升的過程。人要開發，這種悟的精神超越，深入內化精神，淨化心靈，把六種資源融合在雙軌並行、融合兼包的哲學思想中，就是《周易》哲學。《周易》決策管理是把中國文化思想資源作為管理方法，策略知識來應用、組合起來成為一套方法學和本體論，也就是對人的深入開發。這個理論我稱為 C 理論，C 強調變化 (Change)，在變化中創造自己的財富，和美好的世界。C 代表中國 (China)、中國的 (Chinese)。把中國人對宇宙人生人事（天地人）的變化的理解當作動力，並依之制定不同運作的方針和原理，創造更多的價值實體，就是《周易》決策管理的中心思想。我們可以說，C 理論是融合中西這兩個傳統開發出的綜合型、智慧型的管理哲學。

人不只是單純性存在，人有文化性、歷史性。基於這一點，每個人處境都不同，從這個意義說，科學所說的時間是種抽象時間。我們所能經歷的時間是文化、歷史、生命的時間，有時人會覺得快，有時又會覺得慢。主觀決定的心理時間也受文化、歷史影響，決策要考慮文化時間、文化空間、歷史時間、歷史空間。假設一個抽象的模型不能考慮此，則有效性是不高的，決策管理科學基礎一般是理性，應用媒體是文化因素，但人能融合理性、文化、歷史，把它看成哲學，要從相當深度、高度說。我們對宇宙本體有所瞭解，對人在宇宙中的定向、地位、扮演角色有瞭解，對人與宇宙關係有瞭解，這是很基本的

認識。這個認識中國與西方不同，在本體論基礎上不一樣。今天我們對中國哲學有更多認識，這是新認識的開始，基於這一點提到《周易》哲學。管理基本問題導向《周易》，作為本體論、方法論來瞭解，以這個瞭解作為決策管理最基本原則。《周易》本體論、方法論統一融合理性、文化、歷史，才能對決策管理及它的用有更深更好的把握，C 理論把《周易》宇宙論這樣一個形象和方法的過程融合起來後作為決策管理模型提出。

用 C 理論整理中國固有文化哲學資源，C 理論管理哲學不是單純那一家，至少包含諸子百家。把它還原到現代決策管理一些要求上，使它能對決策管理提供真知灼見，能幫助我們做更好的決策判斷、認識和利用，C 理論提供了用。C 理論本身還容納理性科學成分，把理性科學決策作基本結構來發揮。不是取代理性科學，而是把理性科學融合在整體性管理決策模型裡。把實際理論模型用在企業中來評估，看具有那些特色、問題，甚至看出自己企業中優點、弱點，從而進一步加以改進、完善。另外還進一步考慮自己對決策管理具體事件加以運用，是否可由具體經驗提出對 C 理論的建議、看法，表示某種程度的論證、擴充。體和用相互激蕩，用更大，體更精，用支持體更大。最後一點，作為領導人、管理人不是發揮權威、提出提示，而是要有深入理解。智慧讓你能夠自己覺得變化，能做出判斷，能對自己判斷、決定負起責任。世界在變，人也要瞭解變化，並對變化作出反應方案，對方案作出說明、辯護、論證，在適當時負起責任。要認識變化，掌握變化中時機做出應變，應變不是投機，投機是不能負責的，而應變是你能負責的，步步為營，能考慮後果，而後做更好的發展，在管理人格上很重要。管理人格應與文化、歷史、時間聯在一塊，管理人不會覺得自己能力枯竭了，管理這種人格、心態應是創生力。對高級管理人員來說，應要求具有這種能力；對中層管理人員來說，應努力培養這種能力；對基層管理人員來說，應有接受的能力、認識好的判斷

的能力，這樣才能取之不盡、用之不竭。

　　以上是從宇宙論來說管理哲學的基礎問題，首先要指出人是在自然環境中創造文化，建立人的生活，人的生活資源、創造都是從宇宙中得到靈感。能夠善於認識、瞭解宇宙，就能適應宇宙，尋找新的價值，人不能脫離宇宙、自然。人是在不斷變化之中，變是一種不變，不變是在變，對變的瞭解是必要的。歷史、社會在變，尤其是今天的社會變化更大。作為宇宙變化，它有一種相對固定性，在其中又產生各種變化，然後形成對比，這就是在變化中感到不變的東西，不變相對變化來說的。中國人說天、地是不變的，但天、地本身是變化的，天地不變是就天地中事物來說的，天長地久，但天地還是在變，科學是對天地之變得出規律性認識，觀念、定律也有變化過程。

　　天地就是宇宙，用法上，宇宙是自然體，把宇宙看成更原始，世界是宇宙變化出來的。人文包含在層層變化中的人的世界，人的變化造成更大的變化。人創造人文世界，造成歷史，各種變化如社會變化會影響到管理企業。人的變化影響到天地即生態平衡的破壞，當然天地本身也影響人，影響是相互的。有了更深層宇宙體變化，才能有天地變化、道的變化。相互影響產生的是價值還是反價值，是要探究的，有些變化導向毀滅、破壞、無序、失序。有的變化增加秩序、結構、再生能力，這種價值是創生力，創造更好狀態，這種狀態包括和諧、美、善，這些是高層次梯形價值。另外在此可產生人的吉凶、利害。利具體化為實際的好處，可用金錢表達；利抽象化為貨幣、金錢觀念。它真正價值在於能提升成為人的綜合和諧狀態，一方為道德面，一方為功利面，道德與功利不是矛盾的。不是用道德壓制功利，瞭解用功利取消道德，而是說道德是功利一個高層面，道德能幫助功利發揮更大。在宇宙變化中，基本原理在於形成創生能力。中國人講情義，它是種投射，自己不一定得到享受，可覺得你的朋友能得到享受，就快樂。人不只為錢，還為了一種認知。感應表現在心中，是一種很高秩

序、價值，人與人之間感應中有共鳴、激盪，而發生一種價值。變化是絕對的，有創造也有毀滅，中國人認為宇宙在變化中走向善，更多地帶來正面價值，克服反價值，宇宙是有生命的、有希望的，人也是有希望的。與此相對的看法是以佛學為代表的認為反價值多於價值。欲念帶來煩惱、問題，雖然同時也帶來短暫快樂，但很快會失落、痛苦。這些是從反面看，人有太多欲望，欲望若得不到控制則變成毀滅性力量，在輪迴中，人越來越走向莫名狀態，除非你能超脫生死，跳出變化，遠離變化，走向空無境界。斬除煩惱，走到菩提寧靜狀態。中國人的看法從體系上看更符合實際，從另外講一定不可以用這種態度來把對事物執著作為管理自我的方法。在管理上也需某種禪悟、淨化作用，超越自我能力，從中國人眼光看，是投入宇宙中，但不受宇宙一些變化影響。中國佛教已經中國化了，一種世間的投入，但是具有不執著心態，可以造成更好決策、判斷基礎。

　　再回來看，道代表本體，天地為何產生由道來解釋，道需由整體對宇宙、生命認識體驗。《周易》有「觀」的觀念，「觀」是一種對一件事物整體性的不中斷的認識；同時開始整體直覺，有的事不看不知，看得太多又會喪失對事物整體性瞭解。往往對事物整體性直覺認識是「觀」，而且在這樣心境平和中更能掌握事情的全貌、事物的相對關係、事物變化的一些機制。觀很重要，不只可以觀物、觀象，還可以觀自己。觀過程看起來是流動、變動狀態，觀之慧通，觀是行動、行為。孔子言「聽其言，觀其行」，觀有宏觀、微觀之分，即使是小的角度也是觀，觀本身是展開風貌。人要決策，要掌握、管理複雜現實。

　　什麼是主觀性，即已成為自我的那些沈澱的因素。我們看一個外面對象，如白的顏色，中、西感受是不同的，中國人感受白，如白布代表喪禮，而西方認為代表純潔，代表婚禮，這就有文化上的差異。觀是可以有一個面，是掌握現實的重要認識，觀可以深入。人的主體性可以抽象到理性境界，也可以放在感情上，想像某種欲望狀態。假

設人有幾種狀態，從情理，從法律，從關係，從理性等。中國人喜歡講情理，不認識某人時，完全從法，具體時講理，最後講情，如何把三種融合在一起，沒有矛盾性觀，是決策重要因素。如何統獲自己，使你得到統攝的觀，作為決策管理參考系統是需要認識的。中國人從觀肯定宇宙變化，觀可以悟道，具有特殊立場。觀從這個立場，會感到悲觀，從另外立場會感到樂觀，這種觀帶有一種價值眼光，看你內部修養，文化、歷史的組合的內涵。觀可以發現事情，也可反觀自己，產生主、客平衡，那樣就比較完整、穩定，《周易》哲學的觀是如此，中國人觀了很多年。《周易》的產生經歷很長一段時間，中國人在長遠觀察中獲得宇宙圖象，我們叫做八卦，宇宙系統是長期修正客體而來的，《周易》與佛學不一樣，佛學是釋迦牟尼的悟產生的，中國的《周易》有相對穩定性、客觀性。

談談關於變的問題，社會的變有複雜因素，變有變的因素在裡面。社會的變跟管理、經濟有關，有下列幾種因素：

⑴人口因素，人口在變，對整個商業講有很大作用，人口多少對市場、企業發展很重要，企業決策、發展、投資與人口有關。

⑵科技在變，人能科學思維，能做出發明、技術改進，逐漸用更高速度、效益達到某些方便，處理和解決一些人的問題。科技變化影響我們處理一些變化，企業用人的創造力解決變化中問題。以前用政府力量解決問題，變化性不高。發展企業有多元性、適應性。能針對變化，解決問題，企業應靈敏。瞭解企業最終目標，製造更好的價值，企業作用是解決問題，利用變化創造更多價值，從被動變為主動。《周易》哲學是變的哲學，基本思想是變化思想。變化是創造價值，變化尋求和諧平衡，以變化作為決策管理基礎是很重要的。

⑶消費者趣味變化，流行不流行與一代人的心態有關，趣味決定感受、感染，產生一種流行，現代人生態意識加強，比較喜歡自然顏色，以前有人喜歡怪異事物。年齡對趣味也有影響，吃東西也如此，

以前人們喜歡大魚大肉，現在改為喜歡清淡食物，人們開始瞭解如何保健自己。這種變化產生企業新的決策，掌握變化，事物間關係才能決策。

閉門造車，尋求純粹主觀，而不是主、客觀互相平衡，是不行的。決策管理需以對宇宙、自然、人的平衡地觀察和瞭解做出來的。

宇宙是個開放系統，充滿生機、活力，是變的根源性，它不斷地產生力量，這是從中國人的考察獲得的。這個系統與科學系統及一般系統不同，一般的所謂系統是比較能掌握的模型，封閉的，有邊界，它的質量不變、功能不變。系統論是把封閉系統用在其他事物上，用在物理現象上有其作用，在相當穩定狀態下也很有作用，一般系統模型是有效的。牛頓物理學在某個意義上講是古典物理學，是古典系統，絕對決定論。古典物理學是一般系統，這個系統即現在所說的客觀事物系統。動力學把這個作為標準，想說明都是一些中間元素相互作用，對每個元素並未做內涵上進一步分析，系統有多少元素，把元素分解出來，需假設把任何東西都能還原到最原始因素即基本元素。以前我們認為原子不可分割，現在知道原子可分割，是否有最後最原始元素存在而且是不變的存在？基本元素在封閉的實驗室存在，基本元素是不確定的。另外在一般系統中，運動量是否完全不變，實際上也不能確定下來。過去說物質不滅，物質不滅在於狀態的轉變。宇宙是擴大，原始爆炸的發展、擴散，擴展成宇宙。這裡面是永恆狀態還是波動狀態，測出的量都是不穩定的，瞭解確定的，不滅、永恆只是相對而言，「道可道，不可道」，真正宇宙不一定能用一個系統、一個模型、一個定理來說明。一個就有主觀性、限制性，換了時間、空間，在人的關係中加上社會、歷史，這個動力學就有許多變動因素。從哲學上講，承認這種變動因素是要從觀的體驗來決定，尤其是在決策管理中，不能把物理學模型用在決策管理上面。決策管理是歷史文化的產物。

宇宙充滿生機，宇宙不是走向死亡。物理學家用第二熱力學所說

的慢慢走向無序、冷漠狀態，一個渾然無序狀態。找不到先行內在結構，自然結構化即道法自然的意思，道是在整體中，是動的、活的、變的秩序。自生組織即自身能產生自身結構，它生機盎然。人有生命、有自生能力，基於外界感應，它是源頭活力。道就是那樣的源頭、活力。在《周易》中，被稱為太極，道即太極，太極即道，道是從整體的觀、整體的動態過程來講。太極從道的根源性來講，有三大系統：佛學、《周易》、西方的上帝系統，這與系統論有關係，這個系統是開放性的，充滿生機和活力，而且有不斷發展的根源，它無法用物理學規定，物指物的理，講物不講人、事的理，因此宇宙有創造性，也要相信人有創造性，不能把系統看得太死。也有相當大變化性的、隨機性的，即一種感應，這種感應產生的效果，只能觀察、感受。掌握適當機會，失敗不要氣餒，成功也不要得意。同時性不是因果關係，而是感應關係，是基於原始點的感應關係，它是一元通過媒體感應。通過媒體可做自己做不到的，媒體、介體對決策的發展很重要。有時需要間接性，從一個機體系統才能掌握，每個整體可以影響它的任何部分，影響方式看個體在整體中的時空定位；部分也可影響整體，任何部分都會或多或少產生對整體的影響。

　　掌握整體、部分結構，掌握自己的地位，做出適當決策，能產生價值，減少反價值。價值是多方面的，有道德價值、功利價值。對某機體系統作具體瞭解，做出決策，基本標準是要產生好的價值。

　　在傳統《易經》中談到三種變易：簡易；不易；變易。宇宙在變，天氣在變，季節在變，人口在變等等。變易是從一種狀態到另一種狀態，任何變易都有其內在動力，越是屬於人，內在動力就越多，越是屬於外在的，它是一種內在的自然力。自然力通常說為自然本身的動力源，人也有自然力，人越能認識外面宇宙，就越能主動變化，主動去改變事物。宇宙在變，人也在變。自然變、宇宙變是中國假設，每一樣東西包括人都與動力根源連在一塊，中國有句話：「道，不可須臾

離也，可離非道也。」道是根源，你不能離開它。即使愈能感覺到它，愈能發揮它。人和社會的動源都是道的作用，天地、自然的變也從道的內涵動力而來的。動力學是道義動力學。變有自變和他變，自己變是生命性的，任何事都有自變一面，變的速度、時間長短由個別決定，人就愈有自變能力，這是人與動物的區別。物由礦物─微生物─植物─動物─人，是層遞性存在。不易是個限定詞，相對是不變，人變化大，日、月、星辰沒什麼變，實際它也仍在變，也有生有死。不變是相對於變有穩定性，道以變易為不易，變即不變，不變即變，看從那個前提講。變易經常發生，一件事不易，表現出相對穩定性，有承繼性。推理也是，掌握不同承繼性，就能做不同決定。

　　遇到衝突、問題，如何解決，有兩個原則：層次性原則，決策中的衝突矛盾在這個層次上解決不了，就到另一層次上解決。擴大範圍或縮小範圍，有時可小範圍低層次解決問題，有時可提高層次大範圍解決。宇宙有層次，可由層次來解決。簡易基本上是對事物的看法，站在宇宙起源點看都是很單純，是單純狀態，被稱為太極。它是一種非常統一平衡狀態，也可有內涵，即陰、陽、動、靜，任何事都可從一個原始點、起點來瞭解，或從事物的終點來瞭解。在過程中有許多複雜因素，可還原到起點，或引申到終點，能夠有個共識。所以簡易是個目標原則，抓緊一個目標解決問題，排除干擾因素，抓住核心、真正問題焦點，事實上變有原始點、核心點，毛澤東在《矛盾論》中談到主要矛盾和次要矛盾，矛盾主要方面和次要方面，也是講這個問題。

　　傳統中變從三個層次講，此處，還有兩個。交易即事物之間興趣、貨物、勞力、權交換、互換的平衡、變化。自然狀態下也有很多變化，氣流的變化代表一種交易。在大環境裡系統中平衡經濟也如此，交易求得生產和需求平衡。交易在《易經》中出現過。另外還有個「和易」即趨向於平和，和也是改變事物的方法，和產生互補、互承作用，家

庭在和中產生新的價值，一種愉悅狀態，從個人產生一種對稱的美感。有些和是雄壯的，有些和是寧靜的，配合恰到好處。中國畫有種和諧美，人與人以和為貴，人際關係的改變，以和為基礎，這種易在人間、社會、人類社會中非常重要。為了更多的和，也會有衝突、矛盾，但是把和當作一種功利價值，衝突、矛盾這些也最終為了和。不是否定競爭，而是做更好的價值分配。和代表公平、正義、和諧，《周易》是變化哲學思想、變化論，《周易》不外於科學，包含科學，用在決策管理上不是套公式，而是新的宇宙觀。物理科學開出的世界觀，它最終融在變化哲學裡。

　　新的決策研究叫多標準決策，如買車子，考慮顏色、價格、品質等等。多種目標，考慮綜合問題，機體內的系統論提供多標準、多目標決策體系。對陰陽認識是從經驗中來的，陰相對於陽是隱蔽的，看不見的東西，陽是光亮的，陰陽是對自然現象的描述。水之南，山之北是陰；水之北，山之南是陽，任何事物都要雙向瞭解。陰對陽，多元性表現，陰是靜、柔，陽是動、剛，陰是看不見的東西；給人感覺是靜的，靜的生命給人柔的感受，柔對你是沒有壓力、刺激，代表主體對宇宙客體本體感應產生的。陽是在光亮中事物變化，就有種陽的光亮出來，動是陽的作用，動的是力量，剛的東西是有力的、動的。這兩種狀態可用很多種不同感覺經驗闡述，用動和柔來說明靜和剛，說明事物完全可就其感覺來說：進、退、動、靜、長、消、熱、寒……，可用很多來說明。中醫用這種方法來治病，這種測量也是把靜動量化，變成單位化。作為決策管理對一件事態的說明，把它作陰陽分析，在分析中掌握變化，陰、陽多樣性。另外，陰陽還有相對性，並不是一件事為絕對陰或陽，而是相對於另一件事而言的。相對某人我為陰，相對另一人，我可能就為陽。某人對上司是陰，對下屬為陽都是可能的，事物具有陰陽特性。就相對關係說，一件事物相對各種事物後才能定位、定性、定量、定向等。管理中也可考慮，有權威是陽的特徵。

陰是受動，包容、接受是陰的特徵。

　　陰、陽是互生的，陰陽之間的關係是陰到極點變為陽，陽到極點變為陰，宇宙是個動的宇宙。所有東西都是一樣的話，靜就自然有動的發生，處在動的話就有平衡作用，靜的趨向，動極而靜，靜極而動。佛教講有、無，空極中什麼都沒有又什麼都有，有、無相生，有無相生與陰陽互生是同一意思。無是看不見的，絕對虛無，它是種有動，由動的狀態說明，基本上是一個沒有規定的限制狀態。存在，它是種自我限定表現方式，界定陰和陽的自我組織。陰、陽互生可以同時存在，也可有時間序列存在，時間、空間是陰陽互生表現形式。空間表示陰陽同時存在關係，時間是陰陽連續存在關係。

　　社會主義開放市場，市場經濟處在一種狀態，從經濟上講是公平分配、財務增加等，分配、生產平衡問題在這種狀態中可以說明。亞里士多德認為在政治上沒有絕對形式，有循環形式，貴族政治─民主政治─專制─貴族瓜分是循環。每種狀態都有它動的方向，假如不能製造好的條件，就有傾斜。陰陽之間互生、互動、對立的、對抗的、平衡的、補充的、相互完成的，一個動態的平衡，作為人的創造來講，靜態平衡加深創造。從自然看，道在平衡中找不平衡，在不平衡中找平衡。從自然進化講，在最好的情況下，宇宙產生人。人不可離開道，從原始宇宙本體講，說明人與自然關係，人能弘道，人能夠發揮本體的宇宙創造力，人不能與宇宙疏離，人不斷追求知識、體驗、認識存在過程。具有這種力量才能成長，同樣，用在管理上能創造更好的品質生活。在市場競爭中，品質很重要，品質是一種價值，追求品質，提高品質，使消費者瞭解品質的重要，這是管理中需要重視的，決策要考慮提高品質。

　　陰陽走向互補、互承和在互補、互承中創造新的，因為互補、互承導向創造。生命創造也是兩種力量的配合。所有產品都是各種因素配合創造出來的，又要加以重新認識，去創造、認知、再融合。另外

一方面，用得不好，陰陽對抗、對立到相互銷毀、抵消。一個狀態有兩種可能：創造價值，消滅價值。作為人，人的因素很重要，參與、主動性有很大作用，在凝界點上能保持平衡，走向創造。

　　瞭解了宇宙原理，人就可以立於不敗之地，這是說他可以在動態中不敗。做生意，薄利多銷，如果季節過去了，而不知轉型、分向投資、主動變，就會賠錢，但也不能太超前，要跟著時代走，才不會被淘汰。

　　在西方企業，關於人性有兩種理論，採取兩種對人的認識作為企業的人事管理的基礎：

⑴ X 理論：

　　相信人是自私，以欲望作行為標準，懶惰、被動的，不是自我奮發、自我管制的存在，人要在外面的訓練、要求、控制下才能達到工作目標。西方基本上採用 X 理論，管制人訓練他，給他很強紀律、壓力、規定，企業組織嚴密，強調權威觀念，是 X 組織基本要求，美國企業組織基本方式是 A，從董事長到科員分了很多等級，有家大公司，員工七十萬人，分十三級，領導與普通員工無法溝通。美國的企業文化中，溝通很困難，文化基本上是個人化的文化、自由化文化，不像日本，美國人本身自由程度高，個人獨立性強，在這樣的文化背景下，加上許多企業制定各種法規制度，造成基層無法清楚瞭解一個命令，一個指示經過層層解釋已面目全非了。判斷、決策需要信息，信息進來後若不經過組織整理也沒用，整理後如無正確解釋也不能發揮效用。如股票市場是難掌握的，沒有整體性觀，沒有對人的瞭解，完全靠數字作業，是行不通的，這說明組織不能太死板，要隨環境、科技、人口的變遷做調查，增加功能化。功能化與對人的管理、對人的瞭解有關，如把人看作懶惰、自私，就會採用嚴密組織 AX 形態，X 理論從陰暗面看人。

⑵Ｙ理論：

　　把人看作開明、好學有自尊心，性善的，對這類人組織上就鬆散些，不需要太死，階層不太多，即日本式的管理，相信人是好的，訓練他、尊重他、保護他。當然日本也有階層觀念，那是因為年長，資格自然就高出。然後看專長，但也不完全看專長，日本招工人寧可招沒有技術的工人，不像香港喜歡招有技術的工人。日本組織趨向於彈性，只要負責任，職務不很重要。從日本人名片上，你看不出他的職位，他在自己的職權內有地位，說話算數。

　　把這兩者任何一個看作最好的，都不行，應參考中國文化對人的瞭解，擴大豐富管理理論內涵。有一種人的確自私，心思不好，有很多缺點，對這類人管得嚴，他可能花樣更高。所謂「道高一尺，魔高一丈」，在此情況下，應用懷柔的態度，在一定目標下，用柔感化、影響他，最好的例子如《三國演義》中諸葛亮「七擒孟獲」，七次抓獲孟獲，七次把他放掉，最後孟獲終於被感化，心甘情願地歸順蜀。從長遠目標看，這未嘗不是個態度。對某些人和事，進行評估，然後決定用哪種方法最好，用整體性思維來決定。另外對性善的人，也要給以鍛鍊，孟子相信人善，但也說要「苦其心志，勞其筋骨」，因為天將降大任於斯人，大任在身。這也有其策略上的意義。相對什麼類的人做哪類決策，這是高級管理人應解決的，既要考慮人的惰性，也要考慮他的自覺性，再好的人，如放鬆他，就容易墮落，再用嚴厲的態度，造成良性循環。企業內在的變化，訓練人才機制的變化，也可從陰陽變化來瞭解、判斷。

㈢陰陽、五行與管理

　　太極分為陰、陽，陰陽之為道，代表一種繼承。相互影響產生，

也可以說是相對的，一陰一陽，代表陽的是「—」，代表陰的是「--」，它是八卦的根本，這兩個符號不同組合構成八卦，把八卦兩兩配合，共得六十四卦。六十四卦實為深入觀察宇宙，反映人的思維方式，要對宇宙深入考察、認識、直觀才能把宇宙定在八卦中。

八卦如何產生？抽象講，思維方式一分為二。從宇宙講，宇宙展現的歷程是從分化中展現出空間、時間，每階段都存在承繼，承繼不是撇開過去。太極—兩儀—四象—八卦。八卦與它們同時存在，太極分為陰、陽兩儀；兩儀又分化為：太陽、少陰、太陰、少陽四象；四象又分化出八卦；八卦再分化出六十四卦，這是由思維方式決定的，決策中有個理論由美國教授提出的：分析承繼決策，與《易經》承繼思想不謀而合，例如買車子，有多種選擇，首先要選擇一個標準再推下去，找到自己的目標。感性和理性不能完全配合，選擇以理性為基礎，做決策，也可以根據感覺，但從企業長遠發展看，則需要理性，例如現在關於三峽的廣泛論證。

不是思維決定存在，還是存在決定思維的問題，而是觀的問題，卦包含一個內在承繼思維方式，每個卦都有它的發展歷史，講卦，講現象，現象背後有歷史。講人，人背後也有歷史，有時間、文化，人性有文化性、時間性。思維應是雙向的，從下而上是歸納，從上而下是演繹。天、地，火、水，山、澤，雷、風都是對應，這種對應是內在的交應，作為宇宙看不見的力量，相輔相成，對應也是種平衡，代表一種平衡狀態，是內在的平衡，它是整體和諧的對稱，秩序在於我們掌握一定的對立性和互補性，不是任意的，是基於對整體宇宙最簡易的太極狀態的描述。

在企業，企業目標決定後，也可用這樣的思維方式。首先組織架構平衡，有董事會、經理然後向下分，企業組織可以通過這樣認知作評定。同樣為達到目標是否要確定一些事物？掌握什麼資料？假使有資本、人才，又如何平衡目標和資本？從組織上講，基於資本和人才，

如何擬訂政策達到目標？先是目標指揮組織，牽涉結構人事安排，組織與人事由目標確定，組織與人事又如何執行策略達到目標？目標又如何進一步從生產的人事、組織結合一些管理達到目標，是策略、決策，是主動的人按目標設立組織。如達到的是另外一個目標，則要評估人事、組織哪方面有問題，《易經》幫助我們掌握宇宙創造性達到企業目標、發揮自己思維的判斷，幫助我們做組織和人事的進一步決策管理。宇宙觀代表企業平衡狀態，但僅維持這種平衡是不夠的。宇宙已經存在，它是動態狀態，追求平衡，這種平衡是創造性的、發展性平衡。過去早期管理者思考水與火之間的關係，水可以澆滅火，火可以蒸發水，水是陰的，陰中有陽；火是陽的，陽中有陰。

　　五行學說是古代中國人長遠觀察世界的五種存在狀態而得出的，基於它們的相互關係作出對它們的認識，相剋相生的關係。從相生眼光看，生長最需要水，水生木，木生火，火生土，土生金，金又可融化為水，金生水，構成互生的循環關係；從相剋關係看水剋火，火剋金，金剋木，木剋土，土剋水。相生理論構成另外一個宇宙觀即後天的經驗的八卦。八卦是五行的展開，五行是八卦的簡縮，中國人認為自然的趨向是相生的趨向，相生多於相剋，宇宙趨向是生生不息的。人的努力也是盡量認識事物相生關係，造成相互關係。基於宇宙的相生認識企業體，C 理論提出把五個狀態看成一個企業五種作用、功能。

　　宇宙發展過程與思維方向是相配合的，宇宙展開過程和思維方式的配合的認識、宇宙論與方法論的結合是《易經》哲學的原點。西方有種思維即上帝思維，中國人是太極思維、宇宙思維。上帝思維有個上帝，上帝基於不太清楚的目的創造各種東西，他無所不能，無所不知，他有意志力，也會憤怒，上帝創造是因為他高興，他不高興時也隨時可毀滅東西，他是不可知的，他創造出的東西彼此相剋的成分多，相生成分少，從某個意義上看，西方認為自然是上帝造出來為人所用，人可以任意宰割自然，這是謀於自然的心態，與自然不是為友不是中

國人的「天人合一」而是「天人分離」，中國人認為人是太極，人要對自己的宇宙負責，對自然要有自然倫理，道家有很好的自然倫理，今天可稱之為環境倫理，對自然是欣賞、愛護並感到快樂。而西方人的快樂是人為的、刺激的快樂，天人分離，人與人爭鬥，基於對抗產生平等。正因為許多不合理，所以特別強調合理性。自然奴役人，人反過來奴役自然，產生抽象的理性，於是產生邏輯，產生科學，人與自然分得清清楚楚，主、客分開後產生科學，人與人分清產生個體性、責任，這也有其好處。中國人主、客分得不清，難說誰好誰壞，在管理上西方人不認為有內在聯繫，需在法律、權威約束下，外在權力最大的是上帝，上帝不可知，西方管理中最高權威是實際掌權的老闆(Boss)，他絕對可以決定一切。管理中是直線控制和橫線分離。管理模型是上帝模型，從上而下式，平等個體各不相關。印度不是這樣，印度因為超越，把變化看成走向極滅狀態。西方人民盡量爭取做上帝，上帝被宣告死了，西方人內心希望成為人間的上帝，唯一辦法是辦企業，兼併企業走向大發展，這是西洋文化大特徵。只有在企業裡，才能享受假設中的上帝權威。新教的興起與資本主義興起有密切關係，新教基於上帝的權威及對上帝恩惠的爭取，人不斷努力，以理性為態度。完全冷靜發展企業，不只為了錢，還為了權力感。東方人是智慧型的，誰最有德，誰就最受尊重，但今天的企業文化也受到西方影響。西方人是絕對型的，決策快，但實行慢，而東方人以日本為典型代表，決策慢，但執行很快，日式管理不同於美式管理。

先天宇宙觀轉化為五行看法，從哲學上看，為了掌握宇宙資源來創造一個秩序，達到一個目標，就要瞭解各種因素的相生關係、促成關係，也要瞭解相剋關係。以相生關係組合一個企業，因而產生後天的宇宙，五行的宇宙即後天八卦，基於宇宙各種事物之間的相生相剋關係所瞭解出來的基本過程即五行，把五行變為人類可以用來作為企業發展的基本規則和結構。關於土，土是不動的，包含一切有生力量，

給它一個中心點，即目標，作理性意識規劃、計劃，然後再決策，決策與計劃是一體兩面的。有了計劃沒有決策，計劃就沒有動力。決策人處於中心位置，作為一種宇宙太極，提出來作個規範，企業管理決策是人的主動性表現，符合宇宙自然發展規律。控制怎樣推動計劃達成目標，需組織和安排，這是五行表達，決策需包含、靜止、能承受，決策人本身應先靜然後動。組織、領導可看作陰、剛性領導，本身以金為身，好的決策產生好的領導。

任何企業要考慮對外界變化的掌握，用變通產生策略，這樣才能夠掌握生產資料，創造出好的相應於外界的成品，甚至改造產品來作為面對變通世界的需要，這是生產與改造。創新與改造是陰陽關係，日本人的成功不是創新而在於改造，美國人的失敗是由於只知創新，不知改造，尤其是在汽車工業上。這裡可看出生產與市場的關係即產銷一致。過去企業以生產為導向，現代企業以市場為導向。沒有通變，就無法競爭，隨時拿出好的品質，才有競爭能力，造成內部團結，改善工作環境和人事，人和事通，有好的溝通，水生木，木成長，由企業的各種人事匯報產生新的決策，新的決策再影響領導，領導掌握反饋，再調整人事，一直下去最終實現企業目標，這就是應用宇宙中的相生關係達到理想目標。

道家的長處在於能寬大、寧靜想一個根本問題，能無為而無不為，能辯證思考各種關係，把 C 理論看作道家資源表達，以法家為參考系，法家強調剛性領導和組織，但法家需以道家為基礎，法家只是用，不是目的，只是工具。兵家講作戰策略，而對萬變情況作決策，基礎是在堅定領導和正確決策。在諸子百家中，墨家精神最好，墨子講勤儉、創新，講究功利。重要的是墨家講改良，墨家是個團體，證明其自立，尋求社會正義。中國人勤勞源於墨家，中國人會無形中講功利也是源於墨家精神，墨家提出「兼愛」，強調集體經濟、勤儉、理性、邏輯，這是生產管理、創新改造很好的基礎。儒家強調人間溝通、瞭

解、協和，人際調適、協同即儒家之所長。Ｃ理論代表了以上五種，代表了在變化中求進步的中國，對這種管理理論作運用時，需要一種機體論、系統論，於是提出《易經》系統。Ｃ理論是用來調配實體包括人、財、物、時間、空間、關係、資源。從自然觀點看，悟為自然所用，從個人看，悟物可超越自然。作為悟性，禪是和作為宇宙思維的易相互作用，互為己用，Ｃ理論是種管理創造論，達到一種依照自然來實現企業目標。

宇宙是永遠在活動狀態，現代物理學，基本粒子沒有個點在時間上說一直是存在，而為波動型存在。任何事物在某種意義上都有個點，任何點都是平衡點，把範圍擴大到足夠大時，平衡點包含陰、陽，陰、陽本是任何事物的內在本質，所以疏離那個平衡點，既不是這個又不是那個，好像不存在，如不是陰又不是陽，那也就既是陰又是陽。所謂新秩序的產生，不能用機械的動力學來說明，人類基於他的理性能建立他的文化，不好就被淘汰，好的，人所共取。中國在發展，存在生態危機、人口危機、教育危機等，可是我們還有能力去解決，有些問題不是靠工業發展就能解決的，但就中國現狀而言，發展比不發展要好。中國人可以基於自己的文化，建立好的可以貢獻給世界的秩序，經濟發展中的問題、地區性問題、一時的問題需要解決、改進，但我們不能因噎廢食，只有發展才能對抗工業國。

《周易》是保存最好的先秦書，被認為是占卜書而沒被秦始皇燒掉，但也因此歷史上沒有給它正確的評價。在民間流傳，在官方不是顯學，這也就涉及到中國哲學問題。現在已承認有中國哲學，它是中國人對宇宙、人生作出的價值觀念的認識思維。任何文化都有其開始點，到夏、商、周開始有宇宙圖象、八卦觀念，宇宙圖象走向社會圖象，六十四卦講人事，八卦講自然，圖象是宇宙論也是思維方法。在用上最顯著是占卜，占卜是《易經》的用，是以宇宙觀為基礎，占卜要有個參考系統，否則無法解釋，沒有宇宙觀作基礎，意義就無法確

定，中國人思維方式決定宇宙觀問題就是《周易》。這是中國思想哲學的源頭活水，孔子首先基於《易經》思考作新的人文主義發展，孔子很少談《易經》，但他的思維方式已經是《易經》式的，他講對偶性、和諧性、全體性，他講的易是人參與的，人的參與力、創造力產生人文世界。道家強調恢復原始點的創造力，認為人在文化創造中會產生很多積澱，會產生很多問題，會失掉人的本性，產生不快樂。道可以說是另外一種對人文世界的批判，這是由於周的社會不安造成的。墨家基於體驗走向形式主義，墨子講究理性、功利。道、墨在某種意義上都批判儒家。法家是進一步融合了道家、儒家、墨家的新體系。基於老子，基於戰爭經驗、《易經》的思考，《孫子兵法》是《周易》的應用，基本思想是《周易》哲學加上老子哲學用在實際的戰爭策略上，理論基礎完全是老子的。另外還可找到縱橫家、名家等的影響。莊子在〈天下篇〉，「道為天下裂」，裂是分化。有道可循籠罩在《周易》思想裡，當今中國人的思想還是《周易》的思想，不變不是不好，《周易》是自然狀態下表現自然內在的形式，天人合一，人和天相互反映。西方人是上帝模型，跳出自然，相信神，一切都講理性，但起點卻是信仰。今後人的思想方式可多樣化，但研究顯出這樣的跡象，對《易經》本身認識越來越清楚，社會越來越受到尊崇。

　　馬克思主義在中國有過很大作用，但現在對它需求已超出它能提供的，把它作為文化資產來用，但不能作為唯一資產來用。馬克思的辯證法基本上走黑格爾的路，黑格爾的辯證法是演繹系統，是種精神辯證法，它往往基於西方理性主義格式化的情況而走向形式主義、機械主義。辯證法應當是創造性的，馬克思主義的辯證法變成公式化的辯證法。馬克思主義曾發揮很大作用，現在也可發揮作用，但應正視中國人的思維方式，給它一個好的結構，道家、儒家、《易經》都有很好的表示。在思想中、談話中，只用框框式辯證法沒有意義，因此不如把馬克思主義當作資源結合其他的考慮提出完整性的思維模式。《易

經》不是限制而是開啟我們的能力，讓我們自由發揮創造更多的文化和經濟效益。馬克思主義是一套有時代使命的哲學，今天我們面臨更多的挑戰，所以要有更多的資源。在當今經濟發展中，中國只有善於變化、安排、調劑，才能慢慢發展為真正的、具有中國特色的經濟制度，也可叫社會主義市場經濟。西方有人稱之為中國的資本主義。事實上，資本主義和社會主義已混合在一起，資本主義走向社會主義，社會主義走向資本主義，二者間不能畫一道鴻溝，應從太極思維把它們調解起來。

　　任何符號在開始創造出來時有無窮意義，所有意義都是後人加上去的，問題在於它能否承受對它意義的注釋，是否注釋產生好的效果，即為什麼有些著作經久不衰，而有些著作漸漸為人遺忘，因為符號連注釋都不可能。我們可以賦予一個符號意義，但這個意義要能為我們感覺，否則意義就會慢慢消失。如有人認為罵人也是暴力，這是注釋。所有書都是符號，看不懂，對於你，其意義就為零。宇宙有同構性，有多樣的表象，《易經》的符號表現的結構，思維可能是宇宙同構性的表現，不是說同構，把它放之四海就皆準，必須經過實踐、求知過程，與實際經驗結合起來，《周易》管理理論是基於自然宇宙論而來的。對西方的管理批評因為它只是理性構造，而未考慮宇宙的基礎，西方許多實證科學也如此。沒有一樣東西是絕對的，但它的同構性也不能否定，《周易》有管理作用，因為(1)我們的文化給我們的；(2)它有宇宙論基礎；(3)事實證明它有許多作用。

　　《周易》哲學是重要資源，不單純因為它是歷史書或資料，而是它表達的意義是經驗和思想的結晶。《周易》管理不是復古，而是求新。C理論總結《易經》管理指出四個原則，基於對《易經》瞭解，掌握時機和變化，針對生活、宇宙實際加以整盤性的深入瞭解，不應是片面的，應有個整體性原則，要隨時面對實際變化的內涵去考驗，不把實際當作一個抽象的概念，而應當作具體經驗，強調變化。《周

易》管理是變化管理，要能認知又能參與變化之中。一般變化可簡單化處理，儘管它本身不簡單。人看世界，是基於自己的眼光，生活實踐是個哲學名詞，世界是由許多生活實踐構成的，基於生活實踐，就可與世界發生關係，既能瞭解又能觀察、參與它。《易經》所說的觀，觀現象背後的東西，變化背後有個元，變化元即太極，把握變化的各個層次，掌握元就能掌握變化的動向、趨向。大趨向研究，數學來講，都是個微分方程式，大趨向從歸納可看出，能知道新的地方又能看到轉變因素，就可慢慢掌握方向，先把世界每個變化換成微分，計算出來成為積分，二進位用微分達到積分，這是個從認識到參與的過程。

　　宇宙先有易，易就是變化，才有《易經》，才有易象，才有易數、易學，用易學掌握易象。作為主觀者，由主體性產生透視力、觀察力、判斷力、思辯力、解釋力，最後把它變為新的形式，新形式是由內而外發展而來。《易經》從管理角度看，培養判斷、認知能力即決策力，決策力是綜合應變，若不以認知、理解為基礎，判斷就不好，行動也不會有效。判斷力為意志與已知的結合對現象變化的掌握。主體是結構性主體，世界有很多層次，一方面有時間性，又在現實中存在，過去在現實中可發生作用也可發生反作用，把過去變成正作用即主體性。主體與客體都是從本體而來的。把主、客體結合起來就產生認知。

　　第二個原則是整合差別和矛盾，世界是矛盾的，矛盾、差別需簡化。世上沒有絕對矛盾的東西存在。從邏輯上講，絕對矛盾不存在，如圓的方，A 並且非 A 等。已經存在可見只是相對矛盾，相對性由不同觀點決定，由相對性可變成不存在，變成反價值，有的矛盾可轉化為相輔相成。管理中，不能意氣用事，不是你死就是我活作為贏的一種遊戲規則，不是非要不可的，最好雙方都贏，最壞是雙方都輸，一個新的秩序應該互能轉化為對方的互補因素。

　　第三個原則，決策管理一方面從現實中達到成效，另外也要考慮方向、規劃，開發潛力，不求一時成功，而要在實踐中持續成功和發展。

　　第四個原則，以一體多元方式解決問題，評估問題，發展企業成果。

　　這四個原則用八個字說明「**整體定位，應變創造**」在 C 理論不斷創造性循環中去決策、領導、掌握市場、生產、改造、協調溝通，再決策再計劃再開發。

　　決策者應有堅定的凝聚力、目標的確定，還要有哲學基礎，即管理領導上的簡易。模糊不清就有問題，要剛定堅定。交易，應變、交換信息，取得企業與市場密切開放關係，爭取影響力。變易，即在創造與改造中力求新，力求與時代變化配合考慮，它與人口、科技進步等有關係。和易，即人事問題上、管理上力求和安，以情感為基礎來發展理性，情理兼顧，一種變化管理才能達到人和為貴，五個易能融合在 C 理論中，有八種價值提出來，後天八卦在 C 理論中表現為五行。

　　八卦代表的東西很多，有很多意義不是單純從科學上講，從意義的認知和體驗講提出八種價值，剛好是八卦代表的價值。乾代表 Power 即力量，坤代表關懷、愛，離是清楚，有光亮，坎代表技術 (Skill)，科學的應用，巽代表財富，艮代表平和、安定。八卦即八種要求，C 理論認為任何決策都是綜合性的，要考慮各種價值，不能單獨考慮其中之一，如錢或權，考慮是否公平，是否合乎法律。從個人講，應有公平、正義原則在你心中作為決策標準，還考慮決策是否帶來個人充實，基於知識而又不是單純知識，還要加上智慧。此外還得考慮決策是否帶來新技術，所以應有整體考慮。決策還牽涉到其他，如能否帶來後遺症，能否帶來人性的溫暖，對人的關懷等等，把這八種價值綜合起來，因時、因地、因事做出決定，決策標準可在不同時間、不同過程中有不同發展計劃。

　　決策者面對外界，個人價值判斷標準可有多元的，不是每個人都要有一樣的標準，每個人不同，主體性可以發展，對客體認識及對認識的投射即預測 (Forcast, Fortell)。在經濟學中，預測基於對時間序列中發生的事件歸納得出對未來的投射，通過統計學、管理科學技術運

用進行趨勢研究，不是單純個別的，而是基於綜合的。預測是綜合性對客觀事實瞭解，當然預測瞭解絕對準確的，因為無法掌握所有資料。基於經驗，盡可能用客觀綜合的方法得出結論，它的正確性大於 60% 或 50%，就說預測是長期有用的，叫大數原則，還可盡可能地不斷修正。預測有隨機性、波動性、非決定性、解釋性。另外，人與環境關係可影響預測結果。有些預測涉及人的世界如股票等，人的行為、企業行為的預測尤其是與人的關係密切。人能做的還有決策，有種情況，不考慮預測就做了，人有基本自由，存在選擇。在開放社會，存在內在意識的選擇，意志自由。意志作用表達一種決定即是決策。決策是多樣的，有合理的決策和不合理決策之分，決策從風險上看有大、小之分。作出決策後，人還有能力使之成為現實，成為追求決策成功的人，決策包含某種程度預測性，正如預測包含某種程度決策，決策時反映了某種預測。預測常常能成功，因為預測包含決策，決策有時會成功，因為決策包含某種程度客觀性。在預測與決策間找到預測與決策、主體與客體相互配合行動方案，在 C 理論中，決策與預測聯繫在一起，以《周易》為參考系統發展 C 理論，具有創造性。

在很多地區和一些少數民族，占卜是一種相當普遍性的文化行為，很多是非常原始的信仰，找個徵象看怎麼做。把主體性投射在客觀上面，有一點點根據就作出決定，一點根據也沒有，雖是完全自由，但自由又無法落實。中國人占卜有個長處在於基於宇宙觀的認識來用占卜方式，看自己處於哪種情況。對於《易經》應先把它看作宇宙觀，然後再用於占卜上。中國人一面搜集外面情報，一面根據情報採取行動，《周易》成書時，宇宙情報顯示為一個圖象，圖象表達在六十四卦中，六十四卦表示宇宙六十四種情況。有兩個意義：

　⑴宇宙包含六十四種情況；

　⑵宇宙中任何一種情況都可用六十四卦中一個來說明，在同一層次上，宇宙包含六十四種情況，不能包含再多，也可說宇宙任何情況

都可用裡面一種情況來說明。

　　尤其是一個人生活情況屬於一種，而不屬於另一種，這些情況之間可相互轉化、牽掛，任何情況經不同方式可達到另外任何一種情況，宇宙圖象加上價值觀變成《易經》占卜的基礎。占卜是個過程，使你找到你的處境和如何做，歸納出兩點：不一定要通過占卜找到情況，占卜不是找到情況的唯一途徑。荀子說：「善易者，不卜。」懂《易經》的人不一定要占卜。瞭解變化，胸有成竹，不需要卜。人到後來對於宇宙知識，已有瞭解，對自己個人有自我管理、控制，管理就不需要占卜。例如到了中午要不要吃飯，就不需要占卜。當我們沒有任何知識，處於黑箱時，處境困難，沒人幫助解決問題或問題急需解決時，是盲目聽命運主宰，還是有某程度參與性？占卜代表哲學意義上的一種參與，參與比不參與好，占卜有其決策學的意義，投射主體到客體中，找到一條人造的自己解釋出來的路，但不能把占卜當作一種習慣。作為職業研究和應用，把卦投射在各種情況下，說明關係，這不是理論，只是種暫時投射，本身用處在於說明宇宙現象，對世界本身考察，瞭解世界中關係變化因素，才能解釋卦，用卦解釋現象。我們要用《周易》啟發一種求知心情去瞭解世界變化，用《周易》注釋世界，在哲學上「整體詮釋論」，文化是相互詮釋出來的。西方人用其方式解釋中國人，中國人以自己的方式解釋西方人，解釋有共同性時，就可以溝通，溝通後不妨礙這兩種不同解釋系統。

　　人員組合是很重要的，同一個人才，組合後可發揮不同功能。因為很多時候是個配合問題，組合不好會互相牽制。作為管理者，他應知道每個人的長處，如何與其他人配合，給他一個目標、任務，組合不一定是永久組合，只是問題小組，問題解決了，就回到各自崗位。對人才、人事資源都是組合問題，好的主管，善於組合，把人適當運用。在西方一些強調英雄主義色彩的情報電影裡，解決某個問題必須找某個人，《周易》是個循環系統，任何一個有生命的系統都是循環系

統，整個地球生態是個循環，一旦有阻礙，生態就被破壞。環境保護關心如何使循環不斷進行。人的身體也是個循環，同樣一個管理制度也是循環，一定要找尋管理環節關係，在管理中實現管理目標。

　　《周易》的生生不息原則是創造性原則。瞭解一個管理，發展一個管理體系，需在一定層次上掌握動與靜、剛與柔的配合。動的機制是《周易》所說的一生二，二生四的發展過程。靜是從有到無。禪代表悟的境界，這是個靜止、超越原則，從頭做起，超越出來。禪宗與《易經》有相互轉化作用，禪為中國佛教最精密、精華部分，當然是中國文化。禪從 6、7 世紀到 9 世紀到 12 世紀，有輝煌的發展，持續到今。中國大陸開放後，對禪的研究開始並發展。禪在中國沒有斷絕，近一千多年，中國人思考方式上也有禪的意味。西方人有幽默感，中國人有禪機、禪趣。有的中國人比日本人更有禪趣，日本人想學，但學得不像，日本人把禪看作自己文化一部分。中國人不像日本人把禪看作自己的，但禪的品味在中國人裡有了，中國人的「一笑置之」、「心無牽掛」等都是禪。管理上也如此，不再執著、盤旋。中國人喜歡率直、誠懇。事實上禪源是道家精神：變動，能夠投入也能跳出創新，拿得起、放得下，不拖泥帶水，開門見山。禪代表道家精神落實在生活、文字、思想的表現，由佛學注意靜思發展而來。它有佛學的形式，有道家的精神，禪是內於中國而不是外於中國。現代管理太容易為自己情緒或當時的處境所限制、影響，管理決策面對很多問題，是很大負擔。成功固然好，得到快樂、滿足，失敗怎麼辦？怎樣不讓自己情緒、個人得失過分影響自己？能夠跳出來，換個角度看問題，保持內心平靜。禪最大作用是自我管制。一些失敗管理，在於跳不開，陷入因果輪迴中，禪使你跳出因果輪迴，不必為個人愛恨糾纏，另一方面，禪吸收佛教文化，中國文化吸收佛學，融合儒學、道家。西方理性管理機制同樣能為中國融合，產生所謂理性中國化，也有可能成為活潑生機開放系統。掌握西方管理也很重要，C 理論本身是以西方

理性主義作為結構發展起來的。作為現代管理形式，作為行為方式，
行為是自己經營權利的發揮，尋求社會目標的達到。西方自工業革命
後，在企業組織、組織行為、組織結構上有很好的體驗，我們是以對
企業組織、企業功利的分析為基礎，來掌握企業精神運作方法。在組
織方面、結構方面可以以西方為起點，起點是一個企業硬件，硬件來
源是比較客觀掌握現實。西方盡量掌握客觀現實的東西，變成知識和
資訊。所以新的組織作為一個開發知識去吸取、掌握資訊，把資訊轉
化為一套功利，企業組織運行作用掌握事實，才能達到功利、能力的
需要、利益的需要，需要分層次，有吃飯需要、安全需要、秩序需要、
滿足需要、發展需要，需要是樹形結構。需要決定功利，當然也反映
在市場裡，市場最能反映需要，功利決定市場如何反映和滿足需要。
創造出功利、利潤，需要企業硬件、是要把客觀知識、資訊轉化為功
利。知識、資訊是科技，加上歷史的因素，資源如地理、人口等，一
定要組織好，這是企業硬件，現代硬件。西方管理有兩點：硬件除組
織外，最主要是金融、財政、市場，企業硬件掌握財政 ⟶ 掌握市場
⟶ 再變成功利。財政結構是硬件結構一部分。比較不太重視人的資
源。企業硬件之上還有一些企業軟件，同一個企業機構可有不同軟件
來配合。C理論假設一些基本的企業硬件，來發揮企業軟件。硬件可
把西方那個當作必要考慮，然後再加上軟件，即歷史資源與思想資源
的競爭，歷史文化是資源也是主體性，是自己可以發動的。在這一點
上，美國與日本競爭，美國必須承認日本有長處，美國人可以學，但
不一定成功。而中國人可以用得很好，西方人不一定用得好，因為他
沒有這個思想，同時老是會回到他的思想方式上，只有經過很多次超
越摸索，才能用好。C理論代表中國的歷史資源、思想資源的開發，
這個優勢不掌握，而去掌握西方的來與它競爭，是不夠的，應當知己
知彼。掌握西方的不難，它沒有自己的軟件，競爭力就不高，缺了獨
立性，C理論不是講單純用中國資源，而在有西方硬件下發展中國的，

所以它有主體性的管理軟件系統。

一般做的預測是以知識為基礎，知識為已知。合理的預測需以知識為基礎作合理推廣，不以知識為基礎或知識不是真正的知識，預測就是揣測。可能對，但不一定合理。合理不一定成功，但是再發展的基礎，不合理可能成功，但只是碰巧。從企業目標講是追求合理，不是不可以用好的思想資源，不是不可以在不同層次上透視一個問題。你作出什麼決定，層次給你什麼樣選擇，你隨時要做選擇，管理是相互作用的。市場與企業的關係，主管與下屬、同事之間的關係都是如此，相互作用。影響到整個管理過程。沒有絕對普遍有效的管理模式，美國式管理可以理性化，作為一般性的管理形式也許可以走純粹理性管理模式，但在現實中不可能。C 理論是建立在宇宙變化認識基礎上的，人在變動，有內在規則，變動因素多。C 理論是開放系統，包含理性的創造系統，不是純粹形式的系統。

諸子百家是相互競爭的，看法是矛盾的，如何把它們融合在一起？矛盾是相對的、有條件的，在某一條件下矛盾，在另一條件下也許就不矛盾。思想本身的進展在於找尋一個更廣闊、更高的層次，把矛盾的方面消除，展現相互配合、補充的方面。使個別思想成為更美好體系，即《易經》思想方式特點，在矛盾中看出矛盾的消除。在更高層次上，相對更高的目標，這種消除在任何辯證方法裡都有。馬克思主義辯證法基本上用新的形式拋掉舊的形式。而《周易》是給舊的東西以新的面貌，保留在原來體系中，是一種保存的、融合的、綜合的。黑格爾、馬克思的辯證法是超越的、完全進化，要以新的形式代替舊的形式。《易經》包括了黑格爾和馬克思的辯證法，變成一種超越的形式，禪的形式。矛盾可以消除，具體看，道家之所長正是儒家之所短，儒家的長處是道家的短處，這兩者長短互見，可以統一在一起，管理是多種作用，整體性的企業行為，它要結合的資源不只一個，決策要兼容並包。任何思想都有局限性，過分用某個思想方法都會遇到難題。

宇宙不斷變化，宇宙存在不可限制，人的思維、人的概念是有限的，不可能定在一點上，有各種可能性表達方式。局限性可在整體性能中獲得解決。局限性是有，但可把局限性縮小，與其他配合，可作新的延伸。儒家只講人，什麼都靠人性、人情也不夠，可是在理性法制領導下，在市場競爭相求下，也許人性、人情的考慮有恰如其分的需要和作用。如此，局限性消除，在適當範圍內發揮作用。另外，局限性在整體性中獲得新的解釋。人的經驗不斷增長，通過經驗，西方的、中國的、別人的、自己的，來給一些思想新的詮釋，給它不同解釋。不一定要定在一個人說話的意義上，根據自己的需要，加以說明。不管孔子、孟子、老子等等，不妨用新的整體觀念給其解釋，給他新的內涵，消除局限性。

㈣人性與東西方管理的分野

所謂人之為人，從經驗上看，人是多種多樣的，從最好到最壞都有這個共同點，共有素質是很重要的考慮。界定人，中國人盡量找人與其他動物種種不同的地方，再看是否每個人都能感通同樣性質，即使人成為人的性質，是否可以產生一種要求，發揮那個東西。這也是相當科學的。界定人完全就現代人的通性講，是暫時性的。就人的某個跟其他動物比較不同的地方而不是徹底不同的地方，也是個問題。西方亞里士多德曾把人界定為「人是有理性的動物」，理性即不是主觀，而是針對客觀現實認識的能力，思考客觀現實作出相應客觀現實的結論。凡是理性都與人有關，但它對人性就無完全性把握，人不只追求理性，運用理性，人還有其他不同的地方，而那更有目的性。人與物差別中，人不是單純作工具性方面，而在於他的目的性。電腦更有理性、能力，但不能說電腦更有人性，西方哲學思考認為電腦、機器最終能取代人。單個人生命有限，經驗有限，不可能與第五代、第

六代電腦相比，電腦把很多代人的集體智慧、經驗結合起來，從工具性思考能力和推理能力講，人不如電腦。從目的性講，人追求的是德性完美，整體性的群體性的美好，電腦是沒有的。

人有這樣的體驗：一個人的快樂不如大家一起快樂，和親人一起分享，進一步和朋友一起享受。兩個人一塊聊天，什麼都不考慮，只考慮彼此溝通、分享，而這是人所追求的終極價值。中國人講求人的發展，人性的自覺是個重要發展，這是中國人的特點，這是種倫理、道德，它瞭解單純個人主觀性認定，有本體宇宙論基礎。人有一種追求自我發展、整體發展的共同要求，說明宇宙有向上發展的能力，有內在目的性，通過人而不是上帝來實現。中國人不講外在的上帝，天瞭解外在的，而是內外溝通的，這是中國人哲學特殊性質，今天看也很有價值。價值有無靠比較，在哲學市場裡，看到別人思想各有所長，但作為競爭來說，中國有自己的特點，有貢獻於世界的地方，即所說的目的性、整體性、人性的自覺。中國人有傳統，寫出來也可欣賞。一般人也有內在體驗，儒家講人不是抽象、空洞地講，而是具體、經驗、體念上講，有無良知、人性，對人的理想追求不是單純的習慣，而是基於長期經驗，體驗出來的，基於歷史、人物、事件的思考，反思得來的。不能否定其他思潮有很多價值。西方 18、19 世紀，工業革命後工業價值很重要，工業主義是在 19 世紀發展的。人們掌握很多工具解決很多人的問題，創造更多的成果讓更多人欣賞，「絕大多數人的最大幸福」原則提出來。工業主義，中國的墨家就是。中國很早就經過市場經濟，春秋戰國時期。今天的世界也是「春秋戰國」，美國相當於當初的齊國，中國相當於魯，前蘇聯相當於秦。競爭中產生不同價值，功利是重要的，犧牲小體成全大我。

此外還有人權，只有在人性自覺中，人權才有價值。西方人權通過奮鬥、鬥爭獲得的，受到政府保障。中國是種道德人權，中國人缺點是人性自覺和專制體制結合在一起，成為專制體制統治人民的工具。

在這個結合過程中，人性自覺消失、減少了。從漢到宋明，宋明又稍有不同，宋明思想重新造就人的自覺，理的哲學。但又為專制利用，變成科舉工具，總是哲學思想與政治體制結合在一起，成為政治專制的工具，到五四運動後，才慢慢瞭解分開的重要，專制不能在現代世界中競爭，產生不了競爭價值，使民主社會生存繁榮。還造成危亡、毀滅，推翻專制後，也想推翻與專制結合起來的思想。所以鴉片戰爭後，日本很快推行明治維新，走向現代化。而中國人一直不願放棄傳統，當專制體制破壞後，甘受傳統思想奴隸，因為專制把人帶到封閉專制、愚昧無知、自以為是的體制，利用中國傳統為工具。同樣當它垮掉時，年輕人覺得生活沒什麼價值，應與專制一起埋葬。這是不現實的哲學立場，後來慢慢瞭解專制體制應與哲學思想分開，人性自覺與專制政權、政治要分開，這個分開有個過程。中國需要整體性指導原則，馬克思主義的興起代表中國要經歷洗刷，洗滌作用針對帝國主義和專制而言的，馬克思主義在現代中國看有雙重作用，扮演政治角色和思想角色。但是任何體制與政治結合，有失而窮的地方。思想應有相對獨立性，改革、開放的重要意義也慢慢瞭解到，把思想方法、文化資源與政體、權力結構分開，不能把權力結構、政治體制作為應用或壓制思想體制的辦法。分開，可以用，還是相對獨立性。這樣，文化才有更多競爭力。人開始瞭解很多事情分開、溝通，不能融合。如政府和企業應分開，國有企業，政治權力，所有權、自主權，使之面對市場，目標是賺錢。政企分開不是說政企不應溝通。臺灣、日本企業成功，是因為政府與企業協調，政府幫助、輔導，不是壓制、去掉活力，政企分離加上政企溝通才能解決問題。同樣，人性自覺的文化，思想資源如諸子百家，它假如與政治分離，工具性、目的性突出了，首先可以成為工具，要達到企業目標，就要人性管理。中國管理特色是實現人的社會、人的美好世界。不是為了神，不是為了某個特殊價值，而是為了全體人的社會。企業目標是社會目標、人的目標，

與西方不同，企業為了賺錢，錢賺越多越好。中國企業目標不是爭取更多權力，而是把權力分化，為社會、人類共享，這是人性自覺的一個重要方面，中國哲學更具社會主義特色。

此外還要瞭解人性有很多陰暗面，科學技術發展，為犯罪者所利用，為非作歹，介紹西方，引入其長處，西方人講究理性、法律，講究公平，這是理性的發展，需加強，但對人性尤其是協和力、人的情性、感性、悟性不重視，有好、壞兩方面。一個中國人可以很快超過一個西方人，但由於沒有組合力、理性基礎，沒有辦法做整體超越，這是浪費。若能把西方的組織結構融合、平衡，中國人趕上西方不是很難的。中國人也有自身缺點，需加批判。西方人對自己瞭解也有很大缺陷。所謂人性自覺內涵，中國人相對強些，這涉及人的群體社會的建立。

西方人是在很早的鬥爭、競爭中發展而來的民族。古希臘在小島上，面對海洋、貧窮，與海洋鬥爭，需要掌握天文、地理知識才能生存，不需太多情緒，很早就講自然哲學。經過羅馬帝國征服，各民族衝突激烈，17 世紀可以說是西班牙的世紀，18 世紀可以說是法國的世紀，19 世紀是英國人的世紀，20 世紀是美國人的世紀。美國是多民族大融合，種族複雜。西方永遠處在你爭我奪中。與西方歷史相比較，中國從夏商周以來，固定在中原地區，幾千年來，僅改朝換代而已，融合周圍少數民族，主觀性強，靠天吃飯，持勤持儉，養家糊口；沒有征服，掌握自然力的衝動。西方經過幾百年的鬥爭，鍛鍊出強性性格。從鴉片戰爭開始一百年中國遭受了幾乎是毀滅性的災難。日本人比中國人精明，他不相信西方人，與西方競爭。中國人不相信自己的人，對外國人卻很相信，日本人利用這一點騙得了中國獨有的宣紙製造技術，搶佔中國的宣紙市場。中國人沒有法律觀念，不知保護自己，太容易輕信，受騙上當。但另一方面與競爭者又勾心鬥角。中國人不瞭解西方、外面的世界，在生意場上經常受騙。中國人應該學習西方

求證，不能盲目冒險，冒險要有合理性，學會防衛、防範。國際上，中國人被認為變來變去，不承諾，日本人不容易也不大可能上當，什麼都搞得清清楚楚才做決定，決定就會願意承擔。而中國人答應快，許諾後又不能兌現。所以⑴在組織、財務上應有起碼的理性要求，中國人不喜歡理性化，不喜歡收條、檔案、記錄；⑵策略領導、市場生產方向、人際問題上建議、解決人的資源開發需靈活思考各種關係，思考涉及各種方法的利用。這一部分也可理性化，理性化即給他形成一個規律，規律不是死的東西。在人的問題上也是如此。規律是理性的表達，可分為四個階段：理論 ── 原則 ── 規律 ── 實例。理論方面理性的，是抽象的，慢慢具體化。規律是開放的，可以隨時有新規律。西方人把規律指定在一個層次上，如 X 理論把人假設為自私自利的。中國管理特色在於它有更多選擇性、發展性，把它理性化、規律化是可行的。西方新的管理建議只說規律不談理論，從規律角度可融合在理論中，而成為理論中原則的規定、主要說明。理論不是僅理性，而是合乎理性、包含理性，以理性為組織結構來擴充應用面，掌握系統靈活性。過去的管理，系統靈活性不夠。管理是自我管理。他律跟自律的關係，他律是別人來管理。自律是自我規範，也是內在和外在的關係，管理基本上從外面，管理就是別人管，好就聽，不好表面上聽從內心不服，基本上是以外在的規律加進一個企業中的過程。不聽從，就不能升遷。他律和自律是相互配合用的，在人的問題上，規律最好能符合人的基本需求，成為內在規律，從 C 理論講，儒家以關懷態度讓他去主動爭取人性管理，基本上讓你自覺為了感情，為集體性、整體性的利益奉獻自己。在某種意義上是交換，比強迫做好。用人的機制來發揮比強迫好。管理是基於他律以成就自律，由於自律往往不足，就需要有智慧的人，作為領導來提供規範與理論，從他律促進自律，這就是好的管理哲學的運用。例如，夏威夷，以前有人做照相生意，生意冷淡，後來有人基於思考人性發展的辦法，先提供免

費照相，然後掛出來，由於照得好，顧客雖是猶豫但最終還是買了去，生意很是興隆。這說明人有感情，不能單純利用理性，利用悟性、個性一面也可達到理想效果。

儒家講君子和小人，是道德上講的，認為每個人都能成為君子。若沒有人性的自覺、自我規範的話，就會成為小人。小人重利不重義，君子是重義不重利。好像義與利是分開的。利一定代表自私，義是沒有利的。這缺少對客觀現實的瞭解，事實上，人可以同時有義又有利。講義並非不能講利，講利並非就是小人。義與利實為公與私的問題、大和小的問題，儒家一切為公、從大，沒有瞭解到個人利益在一定條件下也是達到公眾利益的方法。對工具性瞭解不夠，如少數人先發展也能產生大多數人的好處。利益原則的提出，作為理性原則，對墨家是個好處，彼此交相利，有幫助，交相利不是說要損人利己或損己利人。目標是兼相愛，兼愛是交相利的基礎和目標，今天發展經濟，對經濟利益的追求，往往有人為利喪失人的其他目標，最後因小失大，大家追求利，有人成功，也有人失敗，而且有的成功瞭解永久成功。真正的利益持久、穩定增長，是正當的手段的利。一切向錢看，不擇手段，都是危險的。儒家把義與利截然分開，完全對立，是其缺陷。今天要作進一步轉化，把君子、小人作有社會理性和沒有社會理性的、合理和非合理的區別，傳統思想經過新的詮釋獲新的意義。

禪的特點以慧能為標準，基本上是不執著於象、心、某一定點。定是一種禪釋，澄心靜慮達到自我思想解脫。佛教最高境界是不執著，作為無所求、無所得境界，有超脫作用，情完全不受任何東西束縛，不帶任何成見，不帶任何情緒的空靈世界。這種禪在生活中不夠，生活中要有動作、現象，從動物講，《易經》提供好的原則，生生不息的生命感，使它具有生氣、生意，使更多人享受生的境界。那是個標準，從無空到深化、禪趣，宇宙有空靈，但也不完全空，空無化還要深化。因為這是根本經驗，人的經驗脫離一個處境，回到一個生命的原點，

那個原點還要產生新的宇宙。宇宙再出現、再變化出來是易的境界。禪是相當主觀性的，易是主、客相互結合起來的。有人說禪易，我們說易禪，把禪當作《易經》深化系統中的本體性的超越。而禪易認為易不過是宇宙變化的心靈狀態，變成相當主觀性。靜、定、悟、超越是深刻瞭解，沒有限制、障礙。純粹自由瞭解，自由到自然，這種自由基本上是心靈自由，深化的「易」是自然深化。

(五)中、美、日管理的比較

　　美國談管理革命，他們認為整個生產線組成有幾個階段，美國現在進入了新階段，這個階段可能在世界市場裡居新階段，管理發展到這個程度，代表市場一個特殊反映。同時也說明，C 理論作為管理哲學完全走在時代的前端。西方是從亞當・斯密開始講管理，他講財富論，如何增加財富，財富經過競爭、市場無情的手造成的。要在市場中競爭，要有產品，就要有勞力分工，製成成品，投入市場，追求利潤。從 200 年前到現在，這個理論越發精細，它是西方管理一個模式，西方模式即一種經過組織得來的能力，一種生產線來投入市場，在市場裡競爭，創造利潤。開始時，對市場認識單純，看重勞力組織生產，以生產為導向，而不以市場為導向。市場導向不需要更多的限制，自然形態的市場，本來就有很多因素出來，如避免非法活動，規劃生產的基本規格要求，這是政府職能。就生產者來說，第二階段為福特公司，福特公司管理是個革命，1910 年左右，最重要是掌握生產技能，除了分工，最主要強調財務管理，整個支出與收入平衡控制、合作等。財務比例平衡在生產、工資、開發、新的投資等上面。這些屬於第二步管理革命，是財務、財經的管制。第三個階段屬於 60 年代，公司發展越大，官僚機構出現，整個公司組織越來越細，層次多，這個代表是 60 年代福特公司的重新組織。當時美國所有大公司都成為財團，壟

斷出現，這個發展造成管理結構上的問題。西方管理是組織管理，組織管理膨大，效益降低，反應遲鈍，負擔沈重。西方的大公司都面臨這些問題。70、80 年代漸漸感到小公司競爭能力更強。小公司有兩個特點：

　　⑴應用高科技、新技術，生產的產品不比大公司差，小公司負擔少，資金周轉快。

　　⑵信息，掌握市場靠信息，市場是複雜的、多變的，市場受很多因素影響。

　　在此之下，大公司以生產為導向的產品往往積壓。例如電腦，當初需要大型電腦，後來經濟發展，偏向於需要小型靈活的電腦。IBM 最大的失敗是沒能及時掌握這一市場變化。王安電腦公司最早發展個人電腦、小型電腦，可是他反應也慢，慢在不能製造出更多應用軟件，他的電腦硬件要用他的軟件，很難與別的軟件相容。IBM 反敗為勝，開始發展個人電腦，開發軟件市場，對使用者市場掌握多。對市場和生產的關係，我們應先瞭解市場信息，再生產適銷對路的商品，而不能盲目生產，投入市場。而且即使現在掌握了市場，也還需要密切注意市場變化，維持和擴大市場。日本人在這方面做得好，注意售後服務，以信息為中心，加強市場管理；以知識為中心，不斷提高技術。大公司出現的種種問題在中國目前還沒出現，但許多國營企業存在這些問題。國營企業大、負擔重，對市場反應度不夠，技術轉化不靈活，像美國一些私人公司，只不過中國的為國營，中國國營企業還要受到政治干擾。黨政干擾不是企業性質，是政治性質。名譽上的當家人沒有辦法處理各種問題，沒有自由發揮、自由掌握的辦法，只能靠政府來增加特權，增加投資。政企不分。大公司面臨的不靈活、不能應變是普遍問題，這在美國相當嚴重。從而需要一場革命，即要掌握市場信息，要靈活應變，然後發展一些程序、過程製造出適應多變多樣的市場需要。管理方針即美國人所說的管理革命與 C 理論有很多相

同點。

　　要佔有市場，必須增加一些對顧客有吸引力的產品，要有顧客至上的原則，另外還要以信息作為一個中心的考慮，盡量應用信息技術，如電腦、傳真、電話等等。在美國電腦革命最重要是建立一套把信息輸入後能很快發出去，一個電腦控制幾部傳真機、打印機等。電腦──→ 打印──→ 發佈（傳真出去）──→ 接收回饋──→ 輸入電腦，控制電腦的中心決策者組合信息，中心決策收集情報包括市場、技術情報、商務情報。情報作為資料庫，信息庫有很多系統，它是開放的。這個過程在信息決定下，信息不足，決策就做不好。收集信息強調速度和準確，這是很科學的，這個系統叫相互作用系統 (Inter-active)。這是理性主義的作法，一切是科學的。電腦革命成為西方管理革命，利用信息科技達到信息的掌握。這個革命使企業能密切掌握知識、信息，並把它轉化為新產品，產品售出後賺錢。

　　管理方面革命性第三個方面是過程授權。在一定範圍，每個主管者就某事做決定，錯了，就要負責。不需要官僚過程，強調品質，管理者要有管理思想，有判斷力，靈敏度高。過程授權已假設智慧導向，回答問題是經過長期思考的，以不變應萬變為方向。管理者提供方向，其他自動化。過程授權的假設要求與管理思想智慧理論關係密切。是管理過程信息的革命，理性主義管理對管理內容沒有變革。公司、企業應走上以信息科技為基礎的公司形態，應強調資金靈活運轉，合理控制。過程授權者，決策者是方向提供者。他應是有頭腦的，這是個要求。所以西方管理革命抓住了問題，但沒呈現出其內涵。美國的管理革命可以為 C 理論接受，在它之外還要加上智慧的內涵，主動性思維方式。

　　《周易》的思想方式是重要的，《周易》提出的形式在語言上是一些卦，表現出來的是關於卦的判斷，可以歸納出基本原則。重點在作舉例，如自己的處境，處境的利弊等，幫助我們瞭解狀況，進一步作

出決策。為了瞭解，自己就要瞭解處界即自己的處境、地位。《易經》提供了一個整體系統作為瞭解的參考系統，它是經長遠觀察，檢測得來的宇宙形象。簡單說從用找到體系，用即行為決策，體是你作出決策的系統。從兩方面來掌握：(1)系統已經發展出來的一個形象系統，它已經是一個宇宙觀、圖象，如提供一個地圖，你找自己在圖中哪個位置，即可知道自己的處境和能否作出好的選擇。(2)這個系統是動態的，不是固定的。該系統讓你在不同層次、方向決定自己的地位，對它們間的關係也可以說明。為了瞭解外界層次間關係即《易經》體系，要考慮卦代表不同層次、性質、狀態，而且該系統不但是展現出來的動態的系統，還有發生學的深度。因為它有起點，由起點展開為現在的系統。孔子前後，該系統才有完全的說明。這個起點是太極，分化形成體系不但是空間展現體系，也是時間發生的體系。既是空間關係網，又是時間發生過程，任何一個途徑都有變動能力及與其他事件的關係。這樣可把《易經》看成一套動態的開放的發展體系，它在基本的宇宙現象上是切合實際的，與自然界配合。在說明人事上，分化成六十四卦，既可看作自然現象，也可給它人事意義，它具有客觀現實性。對中國人來說，它是一套瞭解事物的方法。既是宇宙觀，也是認識論、方法論。該系統對任何事物的看法都可以通過體系來瞭解，可變成這樣一個圖釋，任何事物通過這個眼光看它，假設自己在道的立場，瞭解外面事物，瞭解為什麼發生，如何發生等等。這樣思維模型，從《易經》說不必瞭解卦爻，而要瞭解體系、思維方式。《周易》是宇宙觀也是思維方式，這套思維方式可看成決策系統、管理系統。因為它可投射在任何事物上、決策上，產生決策系統，投射在管理上變成管理方法、管理系統，Ｃ 理論就是這樣提出的。當然要瞭解決策、瞭解管理，不能僅通過《易經》瞭解。我們不是把《周易》思想作為決策用，而是把《周易》方法用在決策上。對決策過程還要瞭解，決策涉及人判斷、知覺等各種因素。過去錯誤地認為掌握《易經》就掌握

世界上的地位一落千丈。日本在 1842 年聽說中國在鴉片戰爭中失敗，馬上決定不學習中國文化，改學西方文化，他的生存意識很強。中國作為一個大國一方面把自己保護太封閉，認為天下是自然會改變的。另外緊迫感也不夠，一些有識之士推動洋務運動，大聲疾呼，努力改變，但決策者愚昧、封閉，變革沒有成功，這也說明決策者的重要性。日本吸取中國的教訓，廣徵博採，甚至憲法也抄英國的，實行明治維新，朝廷不封閉，任用人才，掌握知識、信息，學習西方，但又有些過火。

西方列強入侵中國，日本也模仿西方侵略中國，並且發動二戰。失敗後被西方瓜分，但日本人很頑強，迅速在戰爭的廢墟上重建家園。日本人的成功是苦幹出來的，他的根源、力量部分借助中國，學習美國管理，提升品質，在管理上學習美國又超過美國，日本人用儒家、法家思想作工具，把人民統治起來，要他們講品質、講奉獻、講忠誠，並給適當報酬、鼓勵，日本人受到公司的讚揚，就會滿足。管理者善於調動人的積極性，忠誠為他服務，日本歷史上沒有漢奸，他們決不會犧牲日本人的利益來獲取個人利益。而中國人往往為個人利益，不惜引入外界力量損害本國利益，日本人內部也有競爭，但是劃分範圍，達成協議的，不會用外國人抵制本國利益。美國人也強調美國人的最大利益。中國人的不團結、意氣之爭，沒有中國人的利益至高一切，這是中國人管理上的大缺陷。C 理論是必要條件，但不是充足條件。

在品質方面，美國人認為好，就不再做，日本對品質要求高，精益求精，不斷改造、改良。如在廁所這樣的小事上，日本人都考慮很多，洗手水也留作沖馬桶的水。教育上也是如此，美國的新書，日本人在一兩個月內就翻譯出來，不斷吸取、瞭解、開發，怕落後，求改良。企業的發展離不開改良，改良就是掌握技術、信息，不斷製造新產品，哪怕是一點改進也好。

在今後的發展中，日本和美國將與中國關係密切。我們進行中、

日、美的比較，要發現別人的長處、自己的缺點，才能更好的發展。日本人成功是因為他們借助中國的文化資源，又能獨樹一幟，形成自己的特色。臺灣很多企業也以中國管理模式為標誌，但還未形成所謂功效性成果，原因就在於一些想法、制度、偏見影響中國人不能好好面對管理的問題，中國人性格上的長處卻變成短處，中國民族很純真，歷史上沒受過大打擊，與西方相比，沒有強烈災難感，中國人多、地廣，祖宗留下的東西多，形成一種不在乎、不在意、粗心的生活形態，在此情況下，當然要受到別人算計。中國人缺少危機感，即在《周易》中提到的憂患意識，《周易》講憂患意識，「作易者，其有憂患乎」。宇宙變化無常，天命變化無常，自己不抓緊、不警惕，就不能發展，「乾卦」作為君子，要不斷警惕自己，如履薄冰，如臨深淵，才會小心翼翼，不會受騙、不會迷惑。用卜卦作整體性定向、定位、預測，就是為找到比較合理的定向。後人取其技巧，而不是精神。《周易》作為一種占卜技術是應用在全國性利益的事業上，而不是個人，所以這種集體意識的喪失是很不幸的，每個人都追求自己的吉凶，禍福技巧。這是種失落、失誤。憂患意識不夠，容易陶醉在別人的恭維之中，這也是缺點，聽到好話，馬上跟人做朋友。其他民族很少有這種缺點，美國人就不喜歡你說他好話，認為你是諂媚。在美國，一些中國留學生帶禮物給導師，導師說是否為了賄賂他，其實中國學生只想搞好關係。中國人天真，往往事倍功半，得意易忘形，失意時不能自強，中國有漢唐盛世及相對短暫的天下太平，這種自滿導致自我封閉。而日本是島國，資源少，沒有安全感，也很敏感，危機感的產生是因為知道自己的缺點，知道自己發展中的危機，這叫做危機管理。

　　沒有理想，就沒有發展。雄心和野心兩者要統一，管理文化上，一方面強調危機是什麼，缺點是什麼，不要自以為是、自滿，然後才能服從管理。管理有外在性、規律、規則，在心理上讓大家知道團結的重要性。另一方面也要有幾種具體理想方案作為追求目標，如公司、

國家發展以什麼為基礎，達到什麼樣目標，中國在世界上的權力，把它們提出來，不是為了侵略別人，而是維護中國應有的權利，權利意識應加強，強調集體權利、憂患意識。C 理論要建立在自我批判、自我各種條件的應用上才能達到目標。

日本人把外國人看作同等的競爭者，派遣大量留學生，瞭解西方比中國瞭解更深刻。而中國人自認為老大，一直沒有平等互惠觀念，中國人危機感少，這與「中體西用」關係不大，「中體西用」缺點是它只是個提法，對體與用關係沒有搞清。只有先把中學與西學融合才能談，在融合前都是空談。C 理論就是融合，張之洞說的「中體西用」只是對比，沒有思想深度。這與中國人大而化之也有關，不求精密，不下功夫。新加坡的危機感也很強，地少，要維持團結獨立的社會，就要天天緊張、規劃，不能有紊亂，像一個家。日本人兼容並蓄，重點擺在建立科技上，沒有著意放棄傳統。中國人強調情性，感情特別豐富，不太容易接受改變。

中國人對國家忠、民族忠比較淡薄，可能與國家大、太分散有關。若不是抗戰，中國人民族感不會激發這麼高。鴉片戰爭、中法戰爭等對民族感情很難說有多少增加，因為具體對象不夠，民間對政府的希望是少給自己麻煩，不敢希望政府幫助，主動給福利。一個政府如能主動給老百姓好處，忠誠觀念就會增強。公司、企業也如此，多關心員工，員工就會更效忠。儒家「仁政」就要愛民，老百姓要安定、養家糊口。在中國孝比忠具體，講忠是對於工業集團，但企業需國家保護，間接對國家忠也很需要。日本天皇做了許多有利於老百姓的改革，1887 年把國有企業拍賣給百姓，三菱、三井等大企業都是從那時發展來的。

中國人現實感、客觀性不夠，只是欣賞、觀望，往往大而化之，不能準確描述。西方基於實用目的，對現實、客觀的東西有非常強烈的掌握願望，掌握方法是邏輯的，再發展為分析的、數學、經驗科學，

這些可成為工具，如用一套語音、詞彙和規則重新描述中國人的對象，如「道」，中國人感覺到確實有這種東西，但不盡力去說明，用西方人分析工具、分析方法描述中國語言，人感受到的客觀現實和主觀現實是可以的，要瞭解中國語言特徵，先瞭解西方的語言。日本語與中國組織方式不同，只有瞭解另外東西才能更好瞭解自己特點，才能進一步說明對方，這對整個說明、思考、認知都有很大幫助。

　　C 理論講的基本是相生關係，從管理中講決策一定要從全面性講，考慮各方面關係，因為《易經》是整體性思考方式，要考慮相對定位，即把幾個重要機能發展出來，即領導應變市場、生產服務改造、人事協調，每個部門爭取關照到，找尋相對關係，即一種內部凝聚力，相生作用是在整體定位後產生的一種凝聚力的思維，有擴展性，是良性循環。這種關係在一般管理中有：(1)向內凝聚；(2)向外擴展。用凝聚使之持久、持續，擴展是某種轉化，在管理上有兩個重要功能，即「一陰一陽之為道」，凝聚是向內，能長久下去，維持企業的發展。另一功能，企業、財團要發展，包括能夠生產、投資的分支機構，兼併擴展後成大集團。擴展若忘記凝聚就會分裂，如沒有擴展，只有凝聚就會變成保守、孤立。如何平衡二者，要個別考慮，凝聚是陰，擴展是陽，擴展要凝聚，凝聚再擴展，中國民族、國家也如此，凝聚是文治，擴展是武功。產業兼併如希爾頓酒店的發展史，本世紀 30 年代，希爾頓借款買下三十個房間，在事業上不斷擴展，50 年代，他已成為美國最大酒店財團，60 年代買下當時全世界最大的單獨酒店，紐約的「華爾道夫」酒店，後又買下芝加哥的大酒店，並把它送給當初的忠實追隨者，報答他們的努力，70 年代發展為全世界酒店財團。希爾頓有句名言：「任何企業發展沒有邊，只有天空和時間。」他很懂陰陽配合關係，他對部下很好，設法為他們解決難題，部下對他也很忠誠。有關凝聚力的是人事和領導，有關擴展的是市場和生產。決策應考慮平衡問題，服務項目、生產項目、改造項目與擴展有關，假設在這方面加強，他

的擴展力就加強，擴展力基本是瞭解能力、發展能力。凝聚性是領導性，是人事關係，凝聚上的加強就是這兩方面的加強。

相剋代表制衡。決策不能過分干涉市場的客觀的靈敏度，市場導向在決策上就是承認市場自身的運動。不能完全因為決策來作主觀決定，不作市場調查，不考慮市場，就把市場機能消失掉造成損害，即土剋水的問題。決策可適當干擾市場。相生造成一定環境，使它進一步發展，甚至量化，量化通過管理科學模型來進行的。美國的三家公司蘋果、IBM 萬國商業以及 Microsoft 軟件公司，他們之間為了利益結成了錯綜複雜的關係，像春秋戰國的合縱連橫。

人有人性，從它的最基層慢慢形成現實情況，由於受一些因素影響，有時設計推出一個產品不一定像最初調查的達到預期市場效果。很多時候，在不知道的情況下做出決策，雖不知道具體特殊規則，但應知道一個宇宙原理。根據個人主觀情況，不考慮市場因素，盲目決策，可能會把市場葬送掉，這是水剋火問題。市場本身沒有任何活動，內部機能不行沒有外面刺激，人事方面變成死水一潭，水過分擴大會澆滅了火。而市場太大，擴展太大又會導致人事的損害。作為制衡，則很好，如在軍事原則上，一個國家多災多難，可利用外部矛盾澆滅內部矛盾。有的國家用對外打仗來制止國內衝突。美國總統柯林頓聲望低，就找藉口打伊拉克，以此提高自己的聲望。火可以剋金，火熔金，這指人事不好，有不穩定因素會影響領導，用適當的火維持適當的領導，不然會造成領導的傷害。金剋木問題指錯誤的自以為是的領導影響生產、改造、服務。領導很重要，領導以身作則會創造更好的服務。以生產作為目標，會影響到整體決策。一個大公司如何推銷，滿足既定方針，若把注意力過分擺在生產項目上，則會妨礙整體決策能力，漸漸影響到其他方面，即木剋土。以上對相生相剋簡單說明一下。在適當情況下，我們還可把天干地支反映到管理中。在《周易》決策中，它的循環是一種內部循環，是在時間過程中進行的，往既定

目標行進。給天干地支以現代內涵，從道理上是有可能的。時間上劃分，從出生的時、日、月、年，找到相關點。一個人命運不純粹與時間有關係，而是與時間中其他因素相關，不能迷信時間。同一時間有很多因素：人的、物的、地理因素等，這些因素要從經驗來瞭解。人的命運不是不可改變，人同樣受地理、生活、人文影響。今天人的生命延長，不是命該如此，而是人的努力造成的，原因不只是時間，還有其他很多因素，是否能把天干地支加進去，不受傳統命學影響，從解釋看可以，但不能受它約束面對外面的世界。C 理論是開放、辯證的發展。

　　中、日、美比較歸納起來，基本上有個架構。四種血型 A、O、AB、B 本身代表某些性質，這些性質在一般條件下反應有些不同，血型與人的生活環境、反應感受有關。從遺傳學上講是一種差別，這些對生活、行為、感情有影響。同件事，每個人反應不完全一致，有些後天因素，很難說準，人心作為一個知覺功能，心與身聯繫在一起。基督教說心是靈魂，靈魂能獨立身體之外，心變成神祕狀態。中國人不談心身分離，心分為魂、魄，心有初步知覺，沒有知覺，就說沒有心，說人沒有心時是說他沒有感情。假如把心當作廣泛的感知功能，心需要培養的，有口無心，用不用心與腦有關，理性、語言上心包含了很多。西方人心有 Heart 和 Mind 之分，Mind 指感性，Heart 指感覺器官，而中國人把二者合在一起，「心」統合了各種不同的心的功能：思想功能、感受功能、感情功能，有這些功能是因為它有先天條件，馬心不同於人心，因為人有人性，有使人成為人的那種條件，它是經過長期演化發展，逐漸主觀出來的。比較發展哪個，受後天影響。血型由染色體決定，什麼民族有感性、理性是後天因素幫助選擇，也許在某些情況下是任意的，日本人多 A 型，中國人多 B 型，歐洲人多 B 型，美國人多 O 型，但沒中國人多。美國代表西方文化，強調理性，日本人從原始文化講，強調感性，中國人就一般古代傳統講是情性。

西方人也有感情，只是偏重於理性。日本也如此，比較自然地流露更多感性。中國人比較主動自覺表現出情性，這是由文化上的選擇和歷史上的發展造成的。管理也受此影響，從自然傾向和自覺自然選擇講，西方管理強調理性處理和理性領導。日本人感性很強，學了西方後，感性加上了理性，理性算計、計劃，感性處理事情。尤其在個人與群體事情上，個人事情講理，集體事情講情。美國人在個人上講理，在群體上也講理。但在理的背後有很大程度不講理，理的表面，不講理的裡面。什麼都理由化，佔便宜，搞征服、統治。與美國人談判，一方面講理，同時又要指出他背後的動機。中國人一般講情，群體靠個體關係，有關係就有情，不講理，不推斷，輕信，易受騙。中國人講誠，一個人誠不誠，以前看眼睛，而現在有些連測謊機都查不出，一方面很難知道一個人是否誠，另一方面，誠於一時，但不一定誠於另外一時，要合乎理，以理為制，要有大局觀念，個人講情，群體一定要講理。過去中國人事無大小一律講情，可以講情，但不能影響國家和集體的利益。美國人應學習中國文化，多一點感情。

對日本人，應掌握他，給他好處。你強，他怕你；你弱，他欺你。中國與美國應加強合作，這對雙方都有好處。今天的狀態對美也沒好處，柯林頓對中國瞭解不夠，美國人很難改變對中國的偏見，1989 年後，美國人老是認為中國有問題，不講人權，對中國現狀瞭解不多，而且假設中國會像蘇聯一樣瓦解，現在還在觀望中國，中國垮了他就插入撈取好處。不垮，他就會慢慢發展與中國的各種關係，他也有這個需要。中美個性接近，應有最好的合作。從長遠策略看，美國應和中國合作，像 89 年以前，美國經濟改善，中國也穩定發展，太平洋地區更穩定。假如一切平穩的話，五年後中美關係會好轉，穩定下來，但日本人就會不高興。中國還可反投資到美國。在不好的情況下，中美關係不好，中國發生動亂，日本漁翁得利，美國以中國為假想敵，中國也以美國為假想敵。

目前在中國大陸，少數人富裕，大多數人貧窮，個體企業發展好，國營企業陷入困境，外國人認為中央權威失掉，這些的確會產生些問題，但我認為，經濟分權、政企分明，會減少中央權威，減少控制權和計劃權，這也不一定壞，壞在地方濫用權，謀取個人利益。中央應對此有所管制。溝通也很重要，政府真正目標應讓各級幹部知道，盡量減少不滿。讓所有人都有經濟發展機會。有識之士都不願看到中國亂，中國不能分裂，搞內亂，只有這樣才能維持香港的穩定和繁榮，才能有臺灣將來可能的回歸，維持西藏不受西方侵略，中國是一條在大海中航行的船，風浪很大，必須齊心協力。不能一切向錢看，很多問題不是單純的錢的問題。政企要分明要溝通。

㈥「C 理論」的實際應用

C 理論可用在國家行政上，但需說明，企業管理理論是用在私人主權假設下，目標為求得私營企業利潤和利益。公共行政團體、機構與企業不同，但二者也有關係，在開放的政府格局中，企業管理與國家管理越來越靠近。美國很多城市有管理市長 (Manager, Director) 來管理，相當於公司管理人。中國城市有副市長（第一、第二等），在功能上，副市長有很多事務要處理，市長等於董事長，股東是有投票權的人民，市長任命副市長相當於董事長授權總經理管理交通、市容等問題，有相當的授權，作出某種決定，在大的決策方面，由市議會決定，市議會相當於執行董事會。因此完全可以從企業管理眼光看城市，城市好壞的評估也像企業評估，錢是重要因素，最重要是把品質提高，得到人民讚賞、支持。國家也是如此，日本是個大公司，首相是總經理，天皇是名譽董事長，他不能干政，養尊處優，日本國力充分，是個民族國家，日本人錢用得恰當，也是一套管理方法。美國憲法規定政府不做生意，但通過稅，也可以賺到錢。政府生產的東西是規範，

政府的服務項目，也有一些軍轉民產品。中國不但是個公司，還代表中國人的價值方向，中國政府不但是企業首領同時也是個家長。中國人有革命傳統，傾向於講自己既是主權所有者，又是可以指導德性的師。師要權威感，尤其在計劃經濟下加強政治權威。中國人對為君者有道德上要求，道德上權威感，是中國文化特點，並不是先做聖後成王，而往往是先做王，然後認為自己是聖。規定管理從好的角度講，把人民當作子女，什麼都管，動機也許是好的，但管的方法也要講究。管理不但應講企業國家，也應講家庭和個人管理等等。C 理論純粹作為管理，除了師和君，可解釋為管理，除了道德這一方面，也可用在國家上。一個決策者、政策制定者最主要的是這個職能是否能發揮其決策作用。今天的國家是在市場中求生存，市場有經濟市場和政治市場等，中國要具有真正舉足輕重地位，還需要長時間努力。此外還有文化市場，中國人的生活方式、思想方式、文化方式能否為更多人喜歡和尊重，這很重要。美國人認為自己的方式最好，並強加於人。中國講究以德服人，一個小民族或國家也可有自己的一套，這是個文化市場的競爭。從文化角度生產的東西在經濟上、政治上是什麼？日本人想在政治上大有所為，如參加聯合國維持和平部隊，想進入聯合國常務理事會。文化上的創造很重要，文化是長遠的事，文化需要改良和創造，應該承認我們的改良能力比日本差，創造能力比美國差。

　　在人事上協同上下和左右，做出的決策能取得大家一般性的支持，是政治改革的發展方向，多黨制、協商制等要加強，這涉及所謂民主化的問題，基本上是五方面循環，功能能密切配合，能與公共行動結合在一起，因為公共行動與企業管理在結構上基本相同。只是國家涉及很大主權，企業涉及有限主權。中國改革開放，在政治上，該放的權則要放，這不等於沒有主權、不講究效率、不要規律。C 理論是個科學理論，提供中國人在改革開放這樣決定下一套新的意識形態。中國不是非走儒家一套不可，儒家有長處，但也有缺點，有太多的權威

主義，君和師就是儒家的，好為人師，管理者不一定是老師。另外民主有很多層次，選票不一定是民主，要講中國現代化，並不一定要西方化，講中國特色不一定非要走向儒家，但又不是推到一邊，不談孔夫子，它完全可以成為整個綜合的思想中一部分。把功能定位出來，只要不妨礙其他思維，儒家還可恰到好處地運用。從管理中講處理人事，但人也離不開市場、決策，所以儒家只好在道家、法家、墨家、兵家的整體考慮的策略下佔一席之地，從儒家與封建制度容易結合的傾向心態下解放出來，把儒家真正作用發揚出去。秦漢產生第一代儒家，宋明產生第二代儒家，現代有第三代儒家。中國回到儒家倫理，與經濟發展有關係，但很多中國人特性不是儒家。如儒家喜歡排場，不像墨家克勤克儉，克勤克儉是農民的特性。相對而言，C 理論是較好的選擇，因為它更完整，可以評估、檢驗、發揮、充實，人從心理上感受它，成為內在價值觀念。

　　中國經濟發展改革開放是在沒有經驗又不太瞭解資本主義的情況下進行的。20 世紀初到 70、80 年代，中國對西方經濟瞭解不夠，但有一個基本信條即開放好，要發展生產力，制定理論、策略的人以自己最好的想法做出規範，好在他們瞭解中國實情。由於對整個改革開放策略沒有詳細的可行性計劃，體改委等人士考察西方時間短，中國改革基本是摸石子過河，憑直覺，走一步算一步，天真想船到橋頭自然直，這些都是中國人基本信仰。整個講，中央政策出發點好，但詳細度和可行性需理性整頓，在時間、空間、量度、人事方面調整往往不能拿來最好，不是太遲，就是太早，不是太多，就是太少，很難恰到好處。在不知的情況下決策最易，但有知識不用是愚蠢的，不知情況下決策風險最大，應考慮防範活動，安排退路，即所謂整體調控，實際上是《易經》思考方式。時間、工作、危機感三者關係密切。趕時間，工作多，人事多，危機感強；不趕時間，投入少，工作少，危機感少。這瞭解絕對的，還要視具體情況而定。在今天經濟發展中出

現的受騙、開發區太多、地方濫權等問題，此外還有外在因素如農民問題和地區性問題等需分析。整個宏觀認定、投入、堅定力、堅持力很重要，這是理性，不能代替人的意志。大躍進造成的決策損害很大，因為人的意志代替不了理性。理性以知識為基礎，意志以理想為基礎，理性不足的地方，以意志補充。意志要以理性為決策基礎，但太過分理性常造成畏首畏尾。還需有眼光、有心計的人推動，尤其在調整上、經濟上批評是有的，經濟過熱應有所防範。有的是無法防範，最怕的是明知要防範而不防範。現代中國經濟發展需有防範，由於中國經濟缺少細緻完善的規劃，開發區過多過濫，物價失控等。中國人真正要把經濟搞好，會一次比一次好，人總能從經驗得到教訓。

　　日本人勤奮是由於當初是農業社會，勤奮是自然生活習慣。對老闆有特殊服從性，中國人需以德服人，而日本人只要你在其位，就絕對服從，而中國人性格中有自由放任一面，有獨立判斷力，好不好，心裡有數。日本人不平等，內在權威感強，他看重美國人，因為美國人曾打敗他。他說中國人內奸多而日本沒有，又說美國人粗魯，還認為中國人愚昧、自私等，有部分是事實，也有部分是抬高自己。由於儒家關係，中國人以道德為基礎，中國比日本更平等，中國走日本路是行不通的。

　　中國在大公有制下，宏觀公有制要加上微觀私有制，包括自由市場、個人產業。另外像英美等國，在私有制裡找公有制即社會福利。公有制和私有制是你接近我，我接近你，相互靠攏，這是陰陽的道理。為了平等、社會正義，當初馬克思研究西方經濟體制和社會發展，關心為什麼資本主義剝削人，從人的理想追求（即正義、公平、分享）考慮。歷史的積澱，有人差，有人好，就要找平等，公有制是平等、正義，私有制要求自由創造。人類選擇在私有制缺陷下革命，找公有制，但完全採用公有制，計劃經濟，就沒有生產力，缺乏創造力，一團黑。平等是靜，自由是動，在動之下才有活力，動靜之道是陰與陽。

個體需要發展空間，但完全在私有制下，問題多，有些人聰明，機會好，賺大錢，有的人雖努力，但由於其他原因，還受別人剝削。荀子說過人的最大缺點是貪，錢越多就越貪，所謂私有制貪得無厭。沒有理性規範，沒有宏觀是不行的。為求得正義和創造、平等和自由平衡，一定要有公與私的結合。中國以公為起點，結果向私發展，如何維持平衡，很值得研究，公有制表現在社會福利、健康保險、人民教育等。公有制另一個特點是宏觀調控，日本發展國家資本主義，國力至高論，強調控制。自民黨、財務部和大企業狼狽為奸，彼此勾結，一致對外。美國是私有制但也講究社會福利如社會保險、教育等。中國以公為本，以私為用，憲法規定公有制。美國是以私為本，以公為用。公與私結合即平等自由的結合，可稱為社會資本主義或資本社會主義。

　　C 理論與公有制是不衝突的，中國人主體性很重要，要站在中國文化立場上，同時以中國人最佳利益為標準，發展一套管理。中國管理接收採納美國和日本管理的長處，棄其壞處，站在中國人立場上發展而來的，將來要超越日本和美國。C 理論還可不斷改進。《易經》本身是宏觀，也有微觀一面，它所謂消長、對立是相對決定的。在整體裡決定，掌握整體內的相關關係才能看出中國消長因素是什麼。消長只是種自然趨勢。趨勢有其限度，從辯證思想講，沒有真正客觀規律，只有大趨向。毛澤東思想包含的辯證性比馬克思主義更多。

　　《易經》本身有種變動，有三個原則：**相對性、擺動性、參與性**。自然規律無法掌握，宇宙具有開放性、創造性，人只能不斷創造、參與，作最好瞭解，掌握大的傾向，使它實現。不要相信命運絕對，要相信相對命運，有些路沒有選擇或選擇錯了，只有死路一條，就變成命運。人的作用很大，如早點選擇，空間就大。若不做好的選擇，沒有知識，別人或你自己就把你推上死路。

　　C 理論包含：

　⑴**市場導向即水生木問題；**

⑵**決策導向**即所謂土生金問題。

宇宙萬物之間的關係、聯繫應該反映在人的思想活動中。西方最大的管理缺陷是沒有統一理論，是片面的，缺少管理哲學，西方有管理科學、管理模型技術、假設中的管理哲學，假設人是自私的、理性的等。從長遠觀念看，C 理論比它要強。日本管理模式在很多方面超過美國，因為它結合的文化因素多些。C 理論宏觀上補充、解決、吸收西方管理理論，它是開放的理論。

我們不能希望 C 理論每個放入都能用，需要一個中介，介體就是你自己。管理基於我們瞭解現狀因素。文化和歷史的；由瞭解到解釋，我們預測未來因素如何發展；再加入人的因素，幫助它達到一個主要境地。C 理論可作解釋用、預測用、改變用，打破經濟上許多人為不必要的關卡，世界經濟問題很多在於關卡林立。將來發展方向是：誰有能力，誰有權威，誰就可以制定規則，現在美國政策制定者，關貿總協定就是這類規則，但每個國家都有權制定本國的規則。國際之間是現代原始、野蠻的，有很多沒有規劃，C 理論幫助由沒有規劃到規劃，解決決策與領導關係，外交與生產關係等，C 理論是宇宙論，世界一分為二，即西方的長處是領導市場發展，東方的長處是人多，西方通過領導市場爭取決策權掌握東方市場、生產力。東方希望通過決策權進入世界領導地位，建立更多市場，擁有更多發言權，長處是以人為基礎發展決策能力，這兩者之間造成矛盾，C 理論提供一個戰略方向。

西方人講策略，反策略，有人提出「中國，下一個超強」，從某種意義上指出潛在可能性，將來中國經濟強大，武力擴張，中國成為強國，但這種說法多少有點中國人強，要小心點。中國人認為受西方人欺侮，強了也應該，強大可以多作貢獻，擺脫欺壓。而西方人認為中國人強大但不能超過他們。威脅論可以說是種策略，一方面把中國當作假想敵，另外也是本身需要，可以產生積極競爭力，美國經濟上要

發展，與日本友好，但也要平衡，美國有些霸道，達不到就要威脅別人。中國和美國在生活方式和價值觀念上不同，而且美國價值有很多問題，要中國全盤西化也行不通，世界應是平等，多元公平競爭，不應該把自己的觀念強加給別人。美國人好自以為是，中國人要懂得談判，以他的方式比他談得更好，談判是理性行為，也可用計略，C 理論要掌握資訊、對方心理、法律等來提出有利保護自己利益，進一步發展自己利益的公平方式，內部用策略是你內部哲學思考，內部思考沒法轉化，但形式可以是理性形式，所謂現代又是個層面、表面。美國有其一套，有其內部文化，中國有中國的一套，每個國家都有其一套。如何加強自己部分，銜接這個公共層面，即每人都要遵守的公共規則。現在英文是公共表面，當中國強大時，也許中文也可為公共表層。C 理論不是沒有現代面，現代只是表層，其他全是文化價值，沒有表層是不行的，沒有表層就沒有制度、表達方式、格式，表層是互換面。

　　用科技來管理，把管理決策作為不斷發展過程，與傳統不同，沒有變成一種理論，不能叫管理革命。C 理論相對西方具有管理革命的意義，C 理論的重點不把儒家作中心，給儒家定位是其特點。其他方面如市場、科技方面上只是在中國文化立場上接納它，沒有衝突，從人類方面講與儒家沒有衝突。

　　人有個原則，原則靠理想決定，理想不是空想，是歷史從人生經驗中提煉出來的。古代西方人一般想做英雄，中國人想做文士，理想不能不有。中國人作為一個整體文化，也有理想，要使理想在社會裡生存，合乎現代人的心理，在競爭中有說服力、有生產力。談儒家不是把它作管理哲學中心而是給它定位。儒家就有其管理哲學，但不是什麼都是儒家。人的功能、社會的功能和人的欲望是多層次的，人有理智，有內在價值如德性，德性不能代表一切，但它有相對定位。倫理與管理相互為用。西方倫理中講責任、義務，點不在德行。權利、

義務是現代人尤其是在與西方人接觸，遇到公共事務時，不是一切德行在責任、倫理之上的更好的發展，即製造一切好的人的品質，是儒家理想，他不一定講聖賢，但講什麼是合品質的人。懂得責任，在企業上有企業道德、商業道德，假使有更好哲學的話，還可進一步想。怕儒家是怕把儒家與封建制度結合。把儒家單獨看，把儒家與其他組合看，儒家外表對人的品質要求。再發展一種哲學，把它看作發展企業更高的手段，中國在這方面正是它所長。

《易經》的思考方式就是要有個目標、理想、想法，這叫太極，是要自己去思考決定的。道是純粹的符號，實際上是目標、理想，是你公司經營的最高方針。就中國社會來講，是建立一個社會主義國家，社會主義就是能分享、公平、各取所需、各盡所能的社會，這就是目標。當然目標也不必是宏偉的，也可以把辦公司賺錢作為目標，要考慮如何辦公司，應做些什麼事情，首先要有錢去投資，有確定項目，然後再分析賺錢要找什麼人等等，一直分析下去，這是種推演、演繹。再如有很多錢，有朋友，要確定做什麼，就把二合為一，找到要做的項目，朝這個方向推進，這叫歸納。《易經》思考既是歸納又是演繹，演繹是陰，歸納是陽，這也是陰陽的配合。這兩者方法，一個以實際為基點，一個以理想為基點。在各種現實條件下，把各種條件聯繫起來，找實行的相關點，先達到次要目的，再達到主要目的。這個方向是能力的培養、潛力的培養，另一方面，要擴大眼界，有目標，如何決定目標挖掘潛力。從現實的某一點開始，從《易經》講，即從哪個卦開始。從卜講，歸納出或看到哪些可能性，然後定位，可行的計劃往上走也可往下走。哪個點都是決策點，要有一個全面的網狀的思考。決策包括目標、能力、行為、計劃，《易經》裡包含了很多，基本上是一種思維方式。這個決策從個人講是決策，就兩個人說是談判，決策實為一種談判的思維方式，理想的決策形狀是網狀的推演。例如我們要買車，第一步決定買不買車，是買車還是留學、渡假；第二步對車

的價格、顏色、品質、速度等進行考慮。面對車本身的要求就是一種
網狀組織，如何安排選擇的優先程序，這種安排是分析的，要首先在
自己內部做好分析的決策，這是第一步，叫分析決策程序，這個程序
只有自己決定，理性決策把決定程序化。決策就是選擇，任何決策分
析起來都是方向選擇，如何做，是由個人價值決定的，中國人價值選
擇目標與外國人不同，每個人都有自己的選擇權，不能說誰好誰壞。
我們以《周易》為理論基礎，選擇要有個架構出來，它是自己提供的，
架構是歸納推理。預測即決策，由《周易》看，有的預測是客觀的、
獨立於人的意志之外，如中英談判與香港股市關係，談判破裂，股票
就跌，決策是預測。沒有純客觀的預測，不要相信命運，而要相信人
的努力。有的事不以人的意志為支配，有些完全可受意志為轉移。談
判就是要對方的目標與你的目標統一，或你的駕馭他的，決策是個人
的，談判至少牽涉兩人，二者基本思維方式一樣。不但談判是決策思
維，衝突的解決也是決策思維，衝突解決是管理中重要理論。談判、
決策、衝突解決是三位一體的，決策是自我談判的過程，也是解決自
身衝突。談判是因為衝突才進行的。C 理論作為決策學包含許多辯證
性思維方式，它不只用在決策上，還可用於談判和衝突解決。

上海講演與答問錄（1994 年 3 月）

　　中國的管理有一個開始很早的文化基礎，即《周易》體系。構成中國管理哲學的，除了《周易》的「變化」哲學之外，還有現代的決策科學，這是理性的、知識的。它與《周易》智慧的體驗、整體的掌握不一樣，是客觀性的、邏輯性的、動態性的。管理哲學以管理科學為基礎，但不局限於此，具有知識基礎和文化基礎才能構成管理哲學。

(一)關於管理層次問題

　　「管理」Management，來自希臘文「Mana」一詞，意為「手」。管理可理解為手的動作、技巧的管理，而手要操作機器，這些都是硬的，是管理的基礎、必要條件。對手的管理、機器的管理屬於管理的最下層。手由腦指揮，腦代表知識，知識指揮手的技巧，這屬於科學管理範疇，是管理的中間層。腦之上是心，什麼是心？這裡有文化上的差異。在英文中，「心」有兩個詞：Mind 和 Heart。在中國，對心的理解，具有 Mind 和 Heart 的綜合意義，兩者不分開。西方人把它們分開，Mind 是頭腦，Heart 是情緒，中國對情緒與思想是不分的。心的管理是一種價值觀念，是對整個管理目的的決定，有什麼樣的價值觀

念，就會選擇什麼樣的知識來管理。這是管理的高層次。管理最終是人的決定，是人自己對自己的要求。因此不能把管理只看作客觀的知識性的東西。掌握了自己的、別人的心，才能作出決策。控制心的是道。道是整體性的認識、瞭解，是智慧，是在自己學識中、反思中、體驗中慢慢體現出來的看法、認識。智慧能開啟我們的心，使我們的心能作出正確的決定。道是一個系統，是一個生命系統，一個複雜的、群體性的、機動的、感應很強的系統。《周易》就是這樣一個系統，是道的一個說明。借助《周易》來發展對道的認識，借助道來開啟對心的掌握，借助心來帶動腦，借助腦帶動手，借助手開動機器，這是一個管理層次問題。腦、手、機器的管理屬於管理科學範疇，心與道屬於管理哲學範疇。今天的時代不只需要科學管理，而且需要哲學管理，即智慧管理。企業能否贏得競爭，經濟能否發展，就在能否從管理科學上升到管理哲學。

美式管理屬於對腦、手、機器的管理。美國人喜歡擺弄機器，從小就訓練手的動作，做實驗。用機器來代替人的手、腦、心，甚至道，是美國人的追求。用機器的自動性取代人的自由性，是機器化的理想。用下層的東西代替上層的東西，沒有道的觀念，這是美式管理的特點，也是它的缺點。因為美國是個移民文化，各種不同的民族聚在一起，最好的約束工具就是機器。

日式管理是心的管理。對心的管理主要體現在群體的安全感上，所以強調終身雇傭制，對企業效忠，群體的一致，不要有太多的個性。1865 年後，日本竭力模仿西方，與西方競爭，對外是理智型的，對內加強凝聚。所以日本人的管理比美式管理更勝一籌。日本人很有心機，特別強調精巧，做的東西精細、可愛、小巧，善於改造，吸收別人的長處。松下、豐田、西屋都有自己的格言、信條，他們發揮員工的才華，但不是讓員工成為專家，只是讓他們參與。主管對員工的家庭背景瞭如指掌。美國的公與私分得很清楚。日本人對心的掌握是封閉的、

不開放的。他們不信任外面的東西，內銷產品比外銷產品做得更好，中國人則相反。日本是個 A 型社會，中國介於 B 型與 O 型之間，美國人 O 型較多，歐洲人 B 型多。所以，日本人內向、狹窄、自私，以自己利益為主，不會貿然作出有損自身利益的決定。小心、謹慎、精細是 A 式管理的最大特點，也可能是致命傷。

管理層次如下圖示：

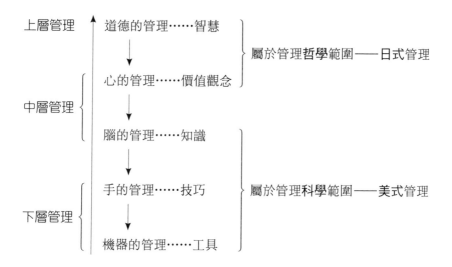

中國管理只是心的管理，沒有別的管理，這是一種土式管理，要把土式管理與現代化管理分開。臺灣人的心態是：人人都想做生意，當老闆。老闆不把夥計當自己人，對夥計，包括對總經理心存戒心。所以董事長與總經理永遠處在矛盾之中，老闆擔心夥計對自己的背叛，夥計總是設法另起爐灶自己當老闆。這與中國的小農經濟、傳統心態有關。日本人沒有這種心態，日本人進了企業，以老闆的姓為自己的姓，回到家裡才叫自己的姓名。所以，日本的家族企業是包含式的，中國的家族企業是排斥式的。在這種傳統心態下，臺灣人表現為勤勞、胼手胝足、苦幹。中國人相信自己的靈感，不太相信腦、手、機器。

這是中國人的缺點，是不完全的道。成功後不能繼續下去，財不過三代，至今沒有發現一個中國人在美國開的餐館成連鎖店的。賺了錢圖享受，企業成為實現個人人生安樂的手段，不是把企業當作長久成功的事業。西方人是為企業而企業，日本人也如此，個人可退休，企業不能退休，個人與企業要分開。這說明中國人理性化不夠。我們應展開站在美日管理長處之上的摒棄自己短處的現代化管理，在這個層次上掌握道，不能僅滿足於美式管理或日本的群體性管理，要開拓自己的文化特色，以自己的文化智慧充實我們的豪情，運用於不同層次的管理，以達到個人、社會的榮耀。這就是我講的現代化的中國管理哲學的必要。

日本管理有五個特點：⑴重計劃；⑵重品質；對發明、創造不重視，但注重改良；⑶服務周到；⑷內部團結；⑸注意協作。政府與企業、企業之間、人與機器之間都協作得很好。一分鐘能生產十八輛汽車，一分鐘能達九十六個焊接。日本人很注重人的主動性、參與性。美國過分相信機器，認為只要有機器，成本就可降低，不怕中國勞動力便宜。殊不知，機器的使用 ⟶ 失業率增加 ⟶ 社會負擔加重 ⟶ 稅率提高 ⟶ 薪水提高 ⟶ 成本上升。戴明有遠見，他發現一個系統的作用在於能提高品質，他提出了提高品質不一定增加成本的觀點，糾正了以往的成見。因為品質提高 ⟶ 增加購買力 ⟶ 收入提高 ⟶ 成本下降。這一理論被日本人採用，但是美國人至今仍未認識到。

㈡管理的功能

管理有兩種解釋：一是管之理；二是管且理。管且理又有兩種含義：一是管而且有秩序；二是管而且有道理。好的管理應是既管且理。僅靠權力、地位來實施管理，不是好的管理。

管理有五種功能：**決策、領導、應變、創造、協調。**

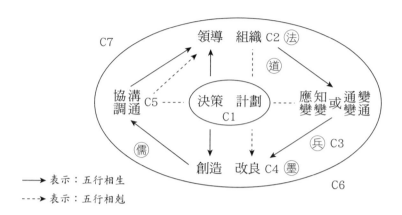

→ 表示：五行相生
---→ 表示：五行相剋

　　決策是企業活動的開始。決策是對目標的認定、選定，以及對達到目標的方法的選擇。要使決策有理性，就要有計劃。計劃是把決策理性化、知識化。決策是決定目標，計劃是實現目標的方案，兩者一靜一動。

　　實現決策計劃需要領導。領導的基礎是組織。組織是結構性、整體性的安排。美式管理講究組織管理，不同的工作，給予一定的安排，確定它們的關係，如右圖。這是工作架子，稱為 Job Description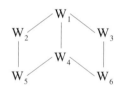「工作描述」。有組織，還要有人去推動它，所以需要領導。

　　生產產品，提供服務是達到長期目標的工具。產品可以創造或改良。改良創造的動力源是市場，掌握市場的功能就是應變。瞭解市場、適應市場，產品適應外界的需要。應變就要知變，知道如何去變。變的因素很多：科技、人口、人口結構等。

　　要應變得好，就要有人的因素，把人的各種才能結合一起發揮出來。做到這點，首先人之間要溝通，這是人力資源的開發，人事管理。

　　這是一個動態的系統，是自然的循環方式，需要慢慢體驗。首先，

計劃決策是核心，有了好的計劃決策才能構成良好的組織，才能領導有方。有了良好的領導、組織，面對市場，施展應變能力。有了對市場的認識，才能進一步掌握產品品質，對產品加以改良。有了改良，才能進一步挖掘人才資源，發揮人的才華。然後，掌握了大眾的智慧，群策群力，又產生了更好的決策。周而復始，實現新的循環。

㈢ C 理論及其特點

上述管理的功能可以 C 理論來說明。中國決策的文化基礎是《周易》的「變化」，Change，所以上述功能都可以以 C 開頭。

C1：Centrality，中心。決策就是要找到一個中心思想，即道，體系，這是一個智慧的開放的體系。

C2：Control，控制。對中心思想的控制、發展。

C3：Contingency，應變。

C4：Creativity，創造性。既要發明創造又要改良改進。

C5：Coordination，協調。然而周而復始，形成動態循環，成為動態的管理體系。這就是 C 理論。

整個 C 理論有三個圈，故也稱之圈理論。核心圈是決策計劃。第二圈是從決策到領導、到應變、到創造、到協調的循環。第三圈在最外層，即 C6、C7。C6：即「易」，參與之意，Comprehension，包含。C7：超越、切入之意，Cessation，恢復到靜止、原始狀態，跳出原來的圈子靜下來反思一下。C6 為動，C7 為靜。

C 理論有兩個特點。第一，具有**一陰一陽**之道。計劃與決策、組織與領導、知變與應變、改良與創造、協調與溝通、停止與包含都為一靜一動關係。第二，具有**五行相生**的特點。C1——土：計劃決策為中心點，如同中央土，能包含一切，具有生長力，能容忍，有無窮的生機。決策者應如土。C2——金：金剛毅，不易腐爛。好的領導應似

金，不貪污腐敗，剛中有柔。C3——水：水變幻莫測，水能載舟亦能覆舟。市場如水，變化無窮，可使人發財，也能使人破產。C4——木：木是生長點，生命的表現。改良、創造要像木一樣不斷生長茂盛。C5——火：人的士氣如火，協調好如熊熊之火。沒有火，沒有生氣，企業就無希望。五行相生：土生金、金生水、水生木、木生火、火又生土，周而復始，最後實現企業目標。以上是 C 理論的架構。

五行也相剋。剋不是壞事，剋，平衡之意。金剋木：領導直接指揮生產，會產生不好的效果。土剋水：決策者直接指導市場，有戰略無戰術，不具推動力。水剋火：以市場關係處理人的關係不行。人事結構不能完全建立在市場關係上，而應建立在生產力發展基礎上。火剋金：人的關係要與組織的貫徹分開，人事關係講感情，但法的貫徹要避開感情、關係。

五種管理功能也可看作是企業組織中的五個相關的管理部門：

①決策——董事會、決策部門；
②領導——總經理；
③應變——市場管理部門；
④創造——生產部門；
⑤協調——人事行政部門。

《周易》與管理功能的關係：

要用「道」的精神作決策。「道」最具有廣闊性、包含性。道又最具變化，能掌握各種變向，能屈能伸，能進能退。決策者要像道那樣，具有包含、廣闊的胸襟，必須達到公正、沒有私欲的心境，拋開自我，達到純淨的境界，如實地看世界。這樣才能決策。決策人要以靜制動，以柔制剛，做到無為而無不為。

以「法家」思想作為領導的參考系統。法家追求公私分明，講法

制，判斷嚴明，領導應具備法家精神。

以「兵家」作為管理的參考系統。兵家是講打仗的，打仗要掌握客觀形勢，能運用各種戰術，能出奇制勝。用「計」是兵家中重要的用兵之道，三十六計可用在商場上。

以「墨家」作為創造、生產的參考系統。過去很少注意墨家。墨家的特點是：

①主張勤勞、節儉、自主、簡略：臺灣的企業基本上是從勤儉起家的，加上道義，可省下很大一筆開辦企業用的契約費。

②追求功利：重功利不是壞事，墨子具有功利主義。

③強調生產、科技、發明、創造：墨子自己就注重發明。中國人的創造、改良精神、能力早在墨子時代就具備，是中國文化本身具有的內容。

以墨子精神管理生產，生產力可大大提高。

以「儒家」為溝通的參考系統。儒家講人的關係，以開發人性為基礎，可稱為人力開發工程。把道德看作人的目標，甚至是政治的目標，這是儒家的特點。過去封建帝王利用儒家作為鞏固自己統治的工具，因此儒家被認為是為封建帝王服務的，是封建的工具。而儒家原來是想改變帝王，實現人性的社會。我們今天應認識到這一點，要把儒家與權力分開，它是獨立的系統，不是政治的工具。以儒家思想組織企業，使人有仁義、有道義，就能實現企業目標。人有很多目標：生存目標、社交目標、追求成就的目標以及實現自我價值的目標。掌握人力資源不能平面化，要立體化，知人善任，要瞭解人的各方面，給他一個活動空間，調動他的積極性。吸引人才、保留人才是人事管理中的重要內容。在企業是要創造一種向心力，在企業如同在家裡，人之間要溝通、協調，能安住人心，安和樂利，真正把人才留住。

綜上所述，C 理論是把中國最重要的不同的思想資源、文化資源、概念組合起來，運用於管理之中，真正為企業創造長遠的利益。

實現 C 理論的四個層次：

C 理論是個複雜系統，每個功能都是一套系統。子系統之間要相互銜接，發揮合力作用。這個系統立足於中國文化資源之上，發揮管理功能。C 理論運作的四個層次是：

第一個層次是道，是智慧，Understanding（上）。

第二個層次是知識經驗的掌握，Knowledge，規定領導，瞭解市場信息需要相關的知識。從智慧轉化為相關知識是個過程（中上）。

第三個層次是條件，Information，知識發生作用需要條件，即要掌握當時的訊息、情報（中下）。

第四個層次是規則化。領導、生產、市場、人事等方面的管理都要有規則，決策就是要制定出好的規則（下）。

最高層的管理要有智慧，中上層的管理人員必須知識豐富，中下層是運行系統，管理人員要掌握各種訊息，最下層，勞動者要掌握各種規則，要通過教育讓他們瞭解、掌握規則。

擴展和穩定的關係：

兩者要平衡，要能做到在穩定中求擴展，在擴展中求穩定，這才是最好的管理。

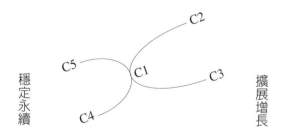

　　在擴展方面，強調的是市場因素，以市場為基礎，即 C3。在穩定方面，以人事為主，人事安定，企業則穩定，即 C5。但太強調穩定，市場就會萎縮。兩者問題是動靜的關係，穩定為了發展，發展中求穩定，發展太快，人事就會出問題。

問與答

學員提問： C 理論在臺灣情況如何？能否在大陸選幾個企業試行一下 C 理論？

答： 89 年時在臺灣中華民國管理學會上談過 C 理論。有的公司對我講，我們早就這樣做了，你這樣講深得我心，給了我們一個系統的觀點。有的公司用 C 理論作為企業的評估系統。我曾讓人選了近 20 家臺灣公司作調查，有很多公司表示願意採用。但我們沒有有組織地加以推行 C 理論。最近在深圳上課，有學生提出能否在深圳公司企業中推行 C 理論。我總的看法是，企業要有自己的風格，不能跟在別人後面學，模仿是不夠的。中國人的智力不低於西方人，但中國人往往只點到為止，沒有形成規則和系統化。我們要為世界普遍性的問題提出自己的看法。西方人只強調自己的標準，以自己的利益訂出各種規定，西風要壓倒東風，而東西方應該是平等的，因而我們要有自己的標準。日本人是絕對肯定自己，同時好的東西也吸收。中國人這點做得不夠。好的企業一定要有自己的風格、自己的品質，在結構上要理性化、組織化。C 理論如果受到企業家認同，被採用的話，它對中國現代管理哲學、管理體系是有參考價值的。

問： C 理論在工業企業和商業企業運用中有哪些差異？

答： 當前的企業面臨的問題可從兩個方面去看。一是認識上（認知）的差距，二是推動上（實踐）的差距。改革開放給企業帶來很好的前提條件，但同時也面臨很多問題、阻力。某些特殊環節，代

表既得利益的權勢需要更新，在這種情況下，如何掌握一個時，這裡有一個認知。有些知識性的東西、智慧要擴大。意識形態的道與非意識形態的道的矛盾可以解決。意識形態是一種規定，規定要有依據。當把整體系統考慮進去，規定的獨斷性、閉塞性就會打開。政策、方向問題要作系統的認知的審定。從目前對市場、對世界、對中國人的全體利益來看，有些東西是否已過時了，有些制度是否應更新？這是政策制定者應深思的問題。意識形態的道要慢慢地轉變為非意識形態的道。現在危機在於，許多意識形態的道已喪失了權威性，但表面上還要去做。另一方面，有人已從根本上把意識形態打破，已無道可言。這是從短期的、個人利益的角度看事情，這樣很危險，是謀求初級的發展，而不是長期的發展。應該在管理教育中強調建立一種非意識形態的道，即我們這裡發展的 MBA。今天企業所欠缺的是管理、心的管理。企業往往以為政府認為好就是好的，以政府的標準判斷它的價值；要以企業內在的自主性、獨立性去取代政府企業之間的牽制作用。政府與企業間應互相促進，不能單向作用。

問：　五家之學相互排斥，C 理論如何解釋統一？

答：　五家之言在後期發展中好像互相排斥，《周易》對中國古代思維方式、宇宙觀、方法論作了總結。在《周易》思維上，可以找到五家理論的共同性。道家與儒家在本體論、宇宙論上沒什麼差別，差別只在人事方面，社會、政治、文化方面。儒家與墨家也有相同點。法家更是諸子百家的總結，具有法家、儒家、道家的成分。兵家則是道家的一個應用。中國要融合古今，把握中外，才能成為泱泱大國。在功能上它們有區別，作戰只能用兵家，領導要有法家氣度。

問：　所謂「道」是否指老子所講的道？

答：　道是一個參考體系，我們不是要回到老子那裡去，道是宇宙變化

的認知，是開放的、全思的複雜系統，是理想的獨立的世界秩序
的認識，是世界觀。

問：在企業管理上，我們受到的教育是，人是第一因素。不知成教授
　　對此看法如何？

答：人是穩定的因素，但過分強調人事就不能發展，穩定後要盡快發
　　展。很多人事問題不能僅從人事方面求解決，要從決策、領導、
　　市場、整個生產力發展方面求得解決，就人事搞人事，問題更多。
　　擴展開來，很多人事問題容易解決，過去的問題可在未來解決。
　　人事的穩定性與市場的擴展相聯。日本人事很簡單，因為日本企
　　業駐外人員很多，企業內部有很多空間，不需要待在一個地方相
　　互爭鬥。

㈣《周易》中的決策問題

這個系統講的是陰陽的配合。什麼是陰陽？陽是看得見的東西，
陰是看不見的東西。陰暗的東西不是壞東西，是未成形的東西，是一
種力量，即柔。陰陽即剛柔。相互之間都是配合的，明的東西是剛的，
暗的東西是柔的。但暗的東西也可以是剛的，明的東西也可以是柔的，
可以交叉。明暗、剛柔、動靜是相對的、對立統一的，是互動的。世
界是個整體，裡面可分陰陽，陰陽裡面又可分陰陽。如下圖所示。陰
陽是天之道，剛柔是地之道。決策是動態的宇宙觀、方法論。整個世
界就是太極，是原始的起點。但在太極那裡，功能不顯著，所以要從
太極慢慢走向陰陽，要把剛柔、動靜分開，這樣才能瞭解什麼是目標，
什麼是方法。陰是目標，陽是方法，用方法去實現目標，也可以倒過
來講。企業組織有不同層次，一人公司、一個人就是太極。二人公司
就要做規則。到第三層次再分陰陽，再劃分下去就是八卦。八卦放在
一起說明其本身就是個整體。八卦的原點是太極，即動力，動力就是

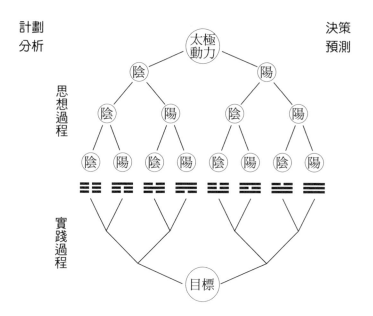

目標，兩者一樣。動機是內在的，是起點，目標是未來，突出在外面，是一陰一陽的關係。動機要實現為目標，中間要經過組織過程。決策是分析計劃，綜合實踐。決策有兩部分，一是分析計劃部分，另一是實現完成部分，兩部分對稱。八卦是最起碼的決策定位，必要的話可以繼續展開。八卦可表示八個衡量公司的現代化的指標。

陰：暗　柔　靜
陽：明　剛　動

第一，財富 Wealth (W)；第二，正義 Rectitude (R)；第三，關懷 Affection (A)；第四，權力 Power (P)；第五，技術 Skill (S)；第六，福利 Well Being (W)；第七，知識 Enlightenment (E)；第八，自尊心 Respect (R)。

八個要素與八卦的關係如下：

財富——風；正義——雷；關懷——地；權力——天；技術——水；福利——澤；知識——火；自尊心——山。

決策者一定要有分析的頭腦，要有整體性觀念，即太極。完全靠

數字來決策是不夠的，要把不同的數字歸納在體系中，才能明瞭它們的意義。其次決策還要瞭解相關的各個系統的背景，最後實施目標，把不同的資源結合在一起。所以決策要靠兩方面，一是思想方面要清晰，二是實踐方面要把握時間性，不要空決策，要把思想投入實踐，什麼時候發展什麼，都要有時間表。

關於決策與預測的關係。宇宙是變化的，人應具有應變的能力，用什麼方法掌握變化，於是產生了預測。古代的預測即占卜。占卜的產生有基礎。若已知的知識是完全的，則不需要推測未來，只要加以演繹就行。問題在於我們掌握的知識是不可能完整的，我們不是萬能的上帝。決策系統可以做得很完整，但決策要去實施，就不完整了。因為我們缺乏足夠的知識，很多環節，未來的事、物都不能掌握，這是第一點。第二點，未來不是命定的。如果未來已命定，也不需要預測。第三點，人的因素加入，人可以改變、創造未來，也需要預測。預測告訴你方向，啟發你的行動，預測是為了作決策，是決策的參考依據。預測不是決定一切東西。如何處理問題，還取決於人的能力。小事不要占卜，因為小事一般都能把握、分析。已知的事情也不需占卜。只有當知識不足、時間緊迫、無法掌握未來時，才要作預測。預測是為決策服務的。預測後，還要求自己作判斷、選擇。當初《周易》發展不是為了要占卜，占卜需要一個整體性的圖象作依據，有了圖象，占卜才更清楚，才能定位。

㈤關於人性問題

西方理解人性的出發點是二元的：⑴人是理性的；⑵人是貪婪自私的，所以對人要加以控制，要有法律、制度，西方用法規定一切。但法不可能完全。在人的關係上，表現為契約關係，契約也是法，權利與義務統一。

組織＼人性	X（貪婪自私）	Y（理性）
A	AX（美式）	AY
Z	ZX	ZY（日式）

　　X 表示自私、貪婪，A 表示組織，AX 表示以制度、法律來管理、控制、教育人的管理方式。另外，人也有好的一面，人是理性的，能判斷是非。AY 是未加以說明的組織管理方式，因為美國人更強調人性自私的一面，所以對 AY 的管理方式未作很好的說明。日本人強調人的理性一面，注意籠絡人的感情，於是產生 ZY 日式管理。除上述美式與日式兩種管理以外，我們應該考慮到另外兩方面。一方面人是理性的，追求知識、信仰上帝，但為了提高人的質量，仍需要對人加以管理、控制，這就是 AY。另一方面，人有壞的一面，但人可感化，用模範事例加以教育，讓他心服口服，於是就產生 ZX。中國的管理長於變通，中國應吸收美式與日式管理的長處，要掌握人性的不同層次，形成多層次的管理目標。從策略上講，情與法要配合，但首先要以情感人，情理說不通，才訴諸於法。用人配合法，應注意人，法是僵化的。只要達到目標，情與法都可用。人性有四種：一是理性，人會思考問題，講道理；二是欲性（感性），人需要滿足；三是情性，人會感激；四是悟性，能超越自我。中國人偏重情性，西方人偏重理性，日本人偏重感性，印度人偏重悟性。瞭解四性，對解決人的問題很重要。人的問題不外乎這四個方面。善與惡：利人不利己是善，犧牲他人滿足自己是惡。但利己又利人也是善，害人又害己也是惡。

問與答

學員提問： 新加坡推崇儒家文化，但新加坡罰款很嚴，這兩者之間的關係如何理解？

答: 新加坡地方小，有一點差錯就會亂，李光耀想走儒家之路，但走不通，最後選擇了法家道路。但新加坡福利也很好，所以是法儒結合，以法為主。法律又受英國影響，行政機構效率很高。中國人可以以新加坡模式為參考，但不能生搬硬套。因為新加坡有其特殊性：地方小，人少，教育程度高，是完全制度化基礎上的法家式管理。

問: 中國管理最大的問題是什麼?

答: 沒有整體性的思考，帶有盲目性，只知不擇手段賺錢。

問: 對企業的約束是以法還是以道為手段?

答: 在道裡講法。對整體管理的人應有道的觀念，但具體在領導上應講法，要融合儒家的方法，還要講策略、方法、技巧。沒有策略又無道的觀念，就會造成法時鬆時緊的不良狀況。

問: 香港與韓國的管理模式怎樣? 中國大陸可從中借鑑什麼?

答: 對香港、韓國的具體情況瞭解不深。香港人很講利，但也守法。香港人很靈巧，大企業的管理是走西方的道路，但內部的爭鬥也很厲害。香港、臺灣從家族倫理式的管理轉到公司理性的管理尚未成功。

問: 如果從生物學的角度評價一個生物體，則人性是善的，因為他要保存基因的存在。如果從道德觀念方面評價，則人性是惡的。成教授是如何評價人性的善與惡的，這關係到管理的出發點。

答: 人是有層次的，人與禽獸有區別，而那個區別點很容易被掩蓋。人之所以成為人的那個東西，在西方被稱為理性，在中國被稱為道德性，說的都是一個組織的整體性、長遠性的人的利益和發展、提升。整體性的個人的發展如果得到滿足就是善，涉及到的人越多善就越大。每個人都有這種知覺，因而從這一點講人是善的。但人性被很多因素扭曲，環境、政策、人事關係、知識的誤導等，人不能達到最高境界。基因與人性有關，但真正使人成為人的樣

子還是人自身。我們對基因瞭解還不夠，需要瞭解基因的結構、內部因素。所以，對人性的探求應基於兩種方法：一是觀察歷史和事實；二是反省自我。總之，人有走向善良的潛能，但要採取各種方法去實現善。

問： 目前中國教育中很少講五家理論，大多數人也只知法和儒兩家，因此，A 理論、Z 理論、C 理論三種理論哪一種更能為中國企業所接受？

答： 不管是 A，還是 Z 理論，都只是一個參考系統，關鍵在於自己要創造新的一套東西，所以要以 C 理論作為創造的參考依據。如果要實踐 C，還需要進一步探討，也許會在今後的實踐中產生第二、三代 C 理論。學得完全一樣不一定好。做得不一樣需要一套系統。

問： 戴明理論為什麼要在日本而不在美國推行？

答： 人與系統的結合很重要。美國人把兩者分開，資本家把工人看作機器，加以規範，於是產生了管理，管理非常死板。戴明作為統計學家看到了人的因素，由於日本也看到了這一點，於是他的理論發揮了作用。今天戴明理論開始被美國人接受。

問： C 理論的優點在於變通，能否說這一優點也是它的缺點。包容一切是否會失去其本質？

答： 這裡有兩個問題，組織結構和判斷。組織結構存在但不嚴謹，因此在管理的五個功能上，在結構上要把它們區分清楚。例如，領導與決策，一人可兼兩者，但功能必須分清，分而後活。人事也要和其他問題分開。在判斷方面，首先要作好決策。

臺北答問錄（1994 年 6 月）

問：請先談一下如何瞭解臺灣人的悲哀？

答：臺灣事實上是經過一段艱苦日子，現在可說是走過來了，臺灣可
看到最大的突破是經濟上的突破，自 60 年代以來一天比一天好，
從這個角度來看，臺灣的悲哀可說是一種艱苦的過程。這個艱苦
的過程，我認為它有涵義，它帶來一種奮發，奮發又帶來一種成
功，所以我認為臺灣的悲哀，由我自己經過的艱苦過程來看，臺
灣三、四十年的發展具有正面的意義。今天去瞭解悲哀的真正內
涵，應該是臺灣人的奮發精神，臺灣人可取的成功的驕傲，尤其
在經濟發展上可以看出來。

臺灣的政治則有辛酸的一面，但臺灣的政治、社會、文化教育，
是由於經濟的發展，這給我們的啟示是，它由艱苦走向成功、由
成功走向喜悅和驕傲的成就。

今天談臺灣的悲哀，臺灣已是相當富有，GDP 已超過一萬美金，
談悲哀的意思是我們不要忘記困苦，不要因目前物質上的滿足或
富有的經濟生活，忘記過去走過的灰暗，不要把悲哀定位在悲哀
這一點上，而要把悲哀所代表的正面意義彰顯出來，這樣才能更
往前奮鬥，創造更好的成果，達到更高的成就。

問：臺灣歷史經驗所代表的深層意義何在？

答：剛由臺灣悲哀談到最近幾十年的經濟成就，臺灣的歷史經驗很重要，我要強調臺灣的經驗要從臺灣的歷史發展過程來看。臺灣經驗一般是由經濟發展成功經驗來看，臺灣成為四小龍之首，主要從經濟來講，而經濟能夠成功，當然有其歷史過程。

臺灣經驗能夠成功，包含了臺灣的經濟、社會、政治、文化，都各有成功的一面，困難問題，同時也展現發展機會，換句話說可由臺灣經驗中去掌握臺灣歷史意識、臺灣現況及對未來的盼望。我認為要從三、四十年歷史再走遠來看，可看出臺灣的悲哀，過去有二點可以提出來，一點就是反清復明，臺灣沒有成功。第二點就是馬關條約，在清末被日本打敗時，把臺灣割讓，這就讓臺灣民間心理上產生一種沈痛。就一個民族心理來說，我認為這種沈痛可表現出一種悲哀，因為它具有失敗、挫折，但也不要忘記由於這種沈痛，產生一種堅忍不拔的精神，一種悲壯的氣概，就是所謂的悲情。

真正臺灣的悲哀，我認為一方面從歷史挫折的經驗來瞭解，另一方面也要由挫折中體驗出來的堅忍不拔，悲歌慷慨去瞭解，因為由於這些才產生一種孤軍奮鬥，才能有生生不息的創造精神，甚至於苦幹精神。這個我認為是反映中華民族的特色，因為以臺灣民族本身來說，就是一個閩南精神和客家精神。

問：談到這些，請分別說明閩南、客家精神。

答：閩南精神就是媽祖精神，因為媽祖在海洋中跟風浪奮鬥，散發愛心與關懷。媽祖在風浪中有信心、愛心。客家精神我認為是關帝精神，就是一種義氣，朋友要講義氣，在困難中互相幫助，不要做一種唯利是圖、出賣朋友的人。在臺灣民間奮鬥中有一種道義力量，最後能做出一番事業。

關帝講求信義，媽祖講求仁愛，這二種是臺灣早期的文化，臺灣

悲哀的內涵，就是在悲痛、沈痛中，發揮創造精神，這種就是媽
祖精神、或關帝精神，以此來重建家園、重建文化。這是我認為
臺灣經驗的深層文化。今天看臺灣的悲哀，不只是說不要忘記沈
痛、艱苦，還要找尋深層文化，才能說明臺灣已經有的成就和將
來可有的成就。

問：接下來請解釋什麼是 C 理論，在臺灣如何發展成 T 理論的整個過
程。

答：從臺灣民間文化找到一個中原文化的根，代表中華文化的形成。
如何去表達呢？文化可由藝術、宗教等方面來表達，我們從中華
文化一般性來講，它表現是在哲學上，我從中國人所強調的五行
來談中華文化五個哲學層面，這就構成 C 理論，由中國文化作為
管理基礎。

中國還有一個傳統就是儒家傳統 (Coordination)，講求人的作用，
人就講求人和，人和從倫理來講，過去談到五倫關係，君臣、父
子、夫婦、兄弟、朋友，這五種關係，是最根本的關係，人應該
要尊重。沒有倫理、道德就不可能有社會，沒有道德的社會，就
不可能真正持久去發展，臺灣經濟發展是因為保存了倫理精神，
表現在家庭上，一個家庭要創業，全部的人都會幫忙發動，初期
投資省下大批費用。中國人以信用為主，中國經濟發展有二種，
初期投資為信用，早期臺灣是這樣，後來慢慢發展出企業化，變
成金融運作。早期是為儒家的人際關係。

再來是法家 (Control)，法家在中國先期是一個主流，法就是要管，
中國人講公私分明、平等主義、公正、公平，也是歷史的一部分，
做事不能假公濟私、知法犯法，這就是追求管理。

第四個就是兵家策略精神 (Contingency)，中國人講策略計謀，從
《戰國策》古代春秋戰國時到諸葛亮，甚至民間講到三十六計，
中國人很喜歡用計，《孫子兵法》有名，不但中國人看，現在美

國、歐洲所有戰爭學院都在唸《孫子兵法》，因為講策略，臺灣商業發展快，也是講策略，臺灣策略也是發展到很高層次。

C 理論的第五個要素就要講到胼手胝足、苦幹實幹的墨子精神 (Creativity)，當初墨子是一個公職人員，強調技術，是一個勞動家，中國人勤儉持家、刻苦耐勞就是墨子，且墨子強調科技的發明創造。這是五大要素。

這五大要素中間都有些循環關係，在管理方面我認為中國管理就是把這些融合在一起。這些融合基本上以整體性的思考做中心，從制度上建立起權威的領導，這是法家，全面性決策是道家，然後再進步到思考的開發、推廣，這是兵家，最後開拓新產品及人際關係的再加強，這是儒家。儒家是代表管理中五個部門從董事會到經理部門，由決策單位到領導部門，然後到市場開拓、生產部門、人事部門，這幾個部門包含五家思想，是中國管理的科學。西方的管理強調市場，對人際關係、群體性發揮不夠。日本管理重人際、科技，西方重領導階層和科技，美、日各有所長，一個理想的中國模式包含五個，中國管理過去沒做好，大陸也沒做好，就是說未好好調和，變成一個問題，最大的問題就是董事會與總經理關係處不好，臺灣企業現在面臨這個問題。

問：如何由 T 理論運用到臺灣經濟與管理的發展，甚至於 T 理論對臺灣經濟、管理、社會文化能夠如何定位。

答：T 理論有了初步瞭解後，可以進一步去探討，希望有心的企業界、社會人士都能進一步探討，我們現在可說是處在臺灣發展的過渡期，提出 T 理論就是提供一種思考、參考的文化，尤其是管理文化、管理思考的方向。

接下來可以回到經濟上面來談，現在經濟發展評估，臺灣經濟發展成功經驗，現在又面臨新的問題及未來發展。我認為，臺灣經濟發展有三種構想，可以來評估一下，以管理基礎作評估，找出

問題所在，管理理論能提供評估及對未來發展的決策指導。

臺灣經濟發展主要有三個構想：第一個是臺灣能成為**金融中心**，第二個是**亞太營運中心**，另外就是培植科技人才，使臺灣成為**科技中心**。

關於金融中心問題，最近美國評估認為臺灣有很多限制，但我認為事在人為，相對意義來講，在南中國、東亞地區將來形成一個南中國經濟共同體的話，臺灣或許能扮演一個金融角色，另外在1997 年後，臺灣能取代部分香港的金融功能，能跟新加坡競爭，這需要由各方面來作決策。這種情況下，是否能從 T 理論中，找出一些需要製造金融中心的條件，假如條件不成熟，我們就說還不可能，若條件能做到，臺灣也可以成為金融中心。今天方向是確定了，這是一種創業精神，形成主導力量，是不是有一套法規、遊戲制度來幫助完成，應從這方面去做好準備。假如從打拚精神上來講，是否可從金融服務上具有競爭能力，現不知道相對於1997 年後的香港，或新加坡、上海等地區，如何比較、增加競爭力，我認為不能光講理想，不看實際評估過程及著眼程序。從臺灣經驗來講，金融中心並不是不可能。現在是處在一個轉振點上，美國人說不可以，我們說可以，希望我們的官員真正指出來怎麼可以，那些條件可以幫助我們做到，幫忙配合。金融中心還包括像香港一樣是免稅區、自由港口，臺灣那些地方在法令上能帶來穩定性、國際化。

與其說是金融中心，倒不如說是金融訊息中心，讓臺灣能成為更好的訊息交換網，把訊息用最快方式傳播，在金融訊息上成為一個中心，這是我認為非常值得去參考的。T 理論中，有所長要盡量發揮、打拚、策略、技術本位、全方位創業，如果不能突破，放進去也變成問題。

第二是營運中心，我認為比金融中心成功機會大一點，因為臺灣

已有技術本位，再加上策略運用掌握各種關係，加上臺灣靈活性、主動開發精神，是可能的。另外一個重點是如何在臺灣和大陸間形成一種互補、互動的關係，因為營運中心要掌握大陸市場、資源，及掌握西方科技跟技術、關係，事實上要超過日本，日本成功在於掌握很多行銷管道，我們應深入瞭解日本管理、行銷的整體性，怎麼從代理的管道來聯繫，形成整體性行銷管道，這樣才能營運，但必須把兩岸關係搞好，兩岸沒有互動的話，就會面臨更多的挫折感。

所以我覺得營運中心要整體來看，用全方位意識，不應該僅定位一項，從現在講，當初輿論提到我們不要只是西向，而要南進，我覺得這也對，可分散風險，但造成很多人誤解我們只要南向，西向不要了，這恐怕不好，因為這樣會讓我們失掉很多機會，再強調一點，我們要四個方位同時進軍，從平等理論來講，西要以東做基礎，南就要以北，臺灣要成為營運中心，不但要南向也要北向，不但要西進也要東進。

這句話我要說明一下，東進是美國，今天美國經濟不景氣，臺灣要國際化，眼光不要看得太短，要像日本人一樣，找機會到新大陸發展，那是掌握科技最好的地方，臺灣不做，大陸也會做，今天要跟大陸競爭，開始要在北美洲建立基地，由華人掌握各方面，臺灣資本要到美國投資，我主張東進。北向也是一樣，當初我們希望跟蘇聯、外蒙古建立關係，現在該地區還是需要發展的地方，因此臺灣必須加強去參與。尤其蘇聯解體之後，需開拓的很多，其中風險多大，我不知道，但大陸在這裡發了很多財，臺灣為什麼不能參與，除了俄羅斯之外，還有很多國家可以去談，不能忽視。所以我認為要全方位的發展，作戰要全部部署，我覺得臺灣有全方位創業精神，不妨鼓勵多面發展。

最後說到科技方面，臺灣已經有基礎，新竹園區，進一步發展成

功機率很大，這方面要進一步參考日本經驗，從改良、改善中精益求精，參考別人的成功，創造自己的品牌，科技也是一樣，臺灣將來可從科技發展，成為東南亞科技中心，成功率是非常大的。

問：請再由 C 理論談到 T 理論的發展。

答：T 理論也是從五個方面來看，就是由五個要素和 C 理論五個要素配合一下。

首先是**悲情的奮鬥**，為什麼叫悲情奮鬥呢？因為臺灣人悲哀，但不要光看到表面，要看到深層、積極面，看它所帶的正面、成功的一面，所以我覺得臺灣有一種悲情的奮鬥，就是 Tragic Struggle，以 T 來代表悲情，因為這樣更要去奮鬥，就變成臺灣打拚主義。打拚是很重要的，今天我很難過、悲憤、有挫折感、心理痛苦、環境艱苦，所以更要激出打拚精神，去奮鬥。這就是從臺灣經驗到臺灣管理的基礎。

第二個我認為是在打拚中具**全方位的創業精神**，臺灣雖小，但什麼東西都可以做，只要能做的都做，叫做 Total Talent 全方位的創業精神，有全面的才華，這是第二個 T。

第三個我認為臺灣是**技術本位**，就是 Technique Technology，講求技術，基本上靠技術賺錢。

第四個 T 則是**策略應用** (Tactics)，臺灣人腦筋靈活，這是海洋文化的特點，重策略，所以臺灣人能掌握時機，但有時候又因為太過運用策略，反而受到傷害。因為整個思考沒有 C 理論做基礎的話，喪失全面感，會因考慮不深刻，在策略方面會有忽略。重視策略、權謀，我認為是臺灣管理。

第五點就是**鬼神（民間）的信仰** (Transbelief)，這是我認為高級管理運用一種信仰，一種需要，重視因果報應，重視宗教信仰，或者最後必須以宗教作為訴求。尤其在臺灣中小企業中，包括媽祖、關帝，都是很流行的，宗教變成一種推動力量，這是臺灣管理的

經驗，所形成的管理特色。

組合來說，沒有悲情的奮鬥，沒有全方位創業精神，沒有技術本位，沒有策略運用，沒有廣泛的宗教信仰作為支持的話，臺灣今天不會創造經濟奇蹟及形成特色。就管理理論來看，這五個管理要素，首先以創業精神為重，為起跑點，臺灣很敏感，有時候會變成一窩蜂，經過選擇後就是悲情的奮鬥，去帶領目標選擇，再由技術本位、策略性開拓市場，最後再用信仰來融合關係。構成五樣一體，創造出臺灣的經濟，也代表臺灣的管理文化、管理基礎。

問：談到這邊，是否請成教授下一個總結，臺灣人的悲哀到中國人在臺灣的驕傲，臺灣人是如何走過這一段歷程？

答：剛從歷史的經驗談到臺灣人的悲哀，或是說在臺灣中國人的悲哀，我認為應去找尋由悲哀啟發出來悲情的奮鬥及創業精神，它在經濟上的成果，歷史明顯的展露出來。至少在過去二十、三十年已有一具體成果，因為臺灣從一個貧乏社會，成為富裕的發展國家，這一點我們要加以肯定。在這裡我們要說，我們有我們的驕傲，這不是空的驕傲，是從痛苦經驗中，所體驗出來的驕傲，不是虛浮的狂傲。

我們今天再來談悲哀的另一面，是我們還有很多困難，不應該因已有的富裕，忘記了困苦的過程。

但是進一層發揮臺灣的驕傲時，要從管理的理論來分析，因為臺灣經濟、政治上的成功，還是從苦難中走向秩序、規則的過程，從失敗走向成功的過程。這過程中間有一層內在的法則、精神在作用，才能達成。那麼這個內在的作用是什麼，我認為是一種管理，所以就要找出臺灣深入的經驗，比臺灣經濟經驗更深厚的文化經驗，來透視臺灣經驗的文化基礎，這時就談到 T 理論，從五點來說明臺灣經濟成功的一面，同時這五點也說明了臺灣的特長。

這是第一點，臺灣的確有特長，的確也發揮了這個特殊性，現在就是怎麼把這個特殊性品質提高，效果彰顯出來，這是當前的挑戰。

談到高品質的發揮和效果的彰顯，我們要瞭解 T 理論本身所包含的 C 理論，因為中國人具有《易經》的思考能力，具有能夠知變、通變、應變及治變的能力，這是中國人最原始的民族精神。這種精神能從哲學上帶來一種智慧，能把悲哀轉化成奮鬥的力量，能成為生生不息的創造力。所以我認為，應該走向驕傲，要經過一個轉化過程，就是說，能夠轉痛苦為悲憤，凝聚艱苦為智慧，最後取得成功，這就是驕傲，由悲哀失落轉化成為一種成就，再轉化成奮鬥，奮鬥帶來成功。這個在經濟發展已證明了，在民族發展也證明了，最後就是如何把它提升，因應現在大時代，更進一步的展現。我認為悲哀就變成了驕傲，它變成一個轉換。我認為由深入的臺灣管理理論來探討，使我們可以掌握特色，可幫助我們真正自覺的，更整體性的去追求更高品質、更全面性的成功，這就是臺灣人的驕傲，也就是中國人真正的驕傲。

本書參考文獻

一、中文部分

《易經》　　　　　　　　《孫臏兵法》

《書經》　　　　　　　　《晏子》

《詩經》　　　　　　　　《中子》

《禮記》　　　　　　　　《商君書》

《春秋》　　　　　　　　《韓非子》

《論語》　　　　　　　　《新語》

《孟子》　　　　　　　　《孔子家語》

《大學》　　　　　　　　《孔子集語》

《中庸》　　　　　　　　《春秋繁露》

《道德經》　　　　　　　《說苑》

《莊子》　　　　　　　　《六祖壇經》

《墨子》　　　　　　　　《人天眼目》

《荀子》　　　　　　　　《朱熹近思錄》

《孫子兵法》　　　　　　《王陽明傳習錄》

梁啟超：《先秦政治思想史》，中華書局，1936 年版。

蒲堅：《中國古代行政立法》，北京大學出版社，1990 年版。

〔美〕克勞德・小喬治：《管理思想史》，孫耀君譯，商務印書館，1985 年版。

〔美〕彼得・杜拉克：《管理未來》，王嘉源譯，時報文化，1993 年版。

〔美〕玫琳凱・艾施：《玫琳凱談「人的管理」》，陳淑琴、范麗娟合譯，長河，
　　　1992 年版。

〔美〕約翰・奈思比：《全球弔詭——小而強的時代》，顧淑馨譯，天下文化，
　　　1994 年版。

〔美〕羅勃・舒克：《本田之道》，江榮國譯，長河，1993 年版。

張隆高：《西方企業管理思想的發展》，人民出版社，1985 年版。

〔英〕皮尤等：《組織管理學名家思想薈萃》，唐亮等譯，中國社會科學出版社，
　　　1986 年版。

張尚仁：《管理、管理學與管理哲學》，雲南人民出版社，1987 年版。

楊國樞、曾仕強主編：《中國人的管理觀》，桂冠圖書公司，1988 年版。

曾仕強：《中國管理哲學》，東大圖書公司，1981 年版。

蔡麟筆：《我國管理哲學與藝術之演進和發展》，中華企業管理發展中心，1984
　　　年版。

蔣一葦、閔建蜀等著：《中國式企業管理的探討》，經濟管理出版社，1985 年版。

何奇、楊道南、伍子杰主編：《中國古代管理思想》，企業管理出版社，1985 年
　　　版。

國家經委經濟管理研究所編：《中國古代思想與管理現代化》，雲南人民出版社，
　　　1985 年版。

中國古代思想研究會編：《中國傳統管理思想的新探索》，企業管理出版社，
　　　1988 年版。

〔日〕澀澤榮一：《論語與算盤》，允晨文化事業公司，1987 年版。

〔日〕松下幸之助：《實踐經營哲學》，滕穎編譯，中國社會科學出版社，1989
　　　年版。

〔日〕佐佐克明：《企業帝王學》，鐘文訓譯，大展出版社，1984 年版。

〔日〕鈴木典比古：《日本企業之人的資源開發》，文真堂，1993 年版。

〔日〕伊藤正則：《日本的企業管理》，中國經濟出版社，1986 年版。

廖慶洲：《日本企管的儒家精神》，聯經出版公司，1984 年版。

張順江：《本元論》，中國環境科學出版社，1988 年版。

姜聖階、張順江：《法元論》，中國環境科學出版社，1988 年版。

姜聖階、張順江、王玉民：《積分決策學》（上、下兩冊），中國環境科學出版
　　　社，1988 年版。

宋毅、張紅：《發展戰略學引論》，海洋出版社，1993 年版。

葛景春：《中國縱橫術大全》（《長短經》譯解），三環出版社，1991 年版。

蔣緯國：《決策管理資訊系統》，黎明文化，1986 年版。

成中英：《中國文化的現代化與世界化》，中國和平出版社，1988 年版。

黎紅雷：《儒家管理哲學》，廣東高等教育出版社，1993 年版。

段長山主編：《周易與現代管理科學》，鄭州中州古籍出版社，1991 年版。

二、英文部分

Mayo, Elton, *The Human Problems of an Industrial Civilization*, New York: Macmillan, 1933.

Weber, Max, *The Theory of Social and Economic Organization*, New York: The Free Press, 1947.

Lasswell, Harold D., *Power and Personality*, New York: The Viking Press, 1948.

Fayol, Henri, *General and Industrial Management*, London: Pitman, 1949.

Drucker, Peter F., *The Practice of Management*, New York: Harper & Row, 1954.

Tannebaum, R. and Schimidt, W. H., "How to Choose a Leadership Pattern," *Harvard Business Review*, March-April, 1958.

McGregor, Douglas, *The Human Side of Enterprise*, New York: McGraw-Hill, 1960.

Likert, P., *The Human Organization: Its Management and Value*, New York: McGraw-Hill, 1967.

Taylor, F. W., *Principles of Scientific Management*, New York: W. W. Norton & Company, 1967.

Morse, J. and Lorsch, J. W., "Beyond Theory Y," *Harvard Business Review*, May-June, 1970.

Luthans, Fred, *Contemporary Readings in Organizational Behavior*, New York: McGraw-Hill, 1972.

Thomas, John M. and Warren G. Bennis, editors, *The Management of Change and Conflict*, New York: Penguin, 1972.

Thiesaub, Robert J. and Klekamp, Robert C., *Decision Making Through Operation Research*, New York: Willy, 1975.

Dermer, Jerry, *Management Planning and Control Systems*, London: Richard D. Irwin, Inc., 1977.

Sagles, Leonard R., *Managerial Behavior Administration in Complex Organizations*, New York: Robert E. Krieger Publishing Co., 1980.

Pascale, R. T. and Athos, A. G., *The Art of Japanese Management*, New York: Simon and Shuster, 1981.

Peter, T. J. and Waterman, Jr., R. H., *In Search of Excellence*, New York: Harper & Row, 1982.

Ouchi, William G., *Theory Z*, New York: Avon Books, 1982.

Hanke, John, Arthur Reitsch and John P. Dickson, *Statistical Decision Models for Management*, Mass.: Allyn & Bacon, Newton, 1984.

Kanter, Jerome, *Management Information Systems*, New Jersey: Prentice-Hall, Inc., 1984.

Drucker, Peter F., *The Effective Executive*, New York: Harper & Row, 1985.

Deming, W. Edwards, "Out of the Crisis," *Studies*, Center for Advanced Engineering, Cambridge: MIT Press, 1982, 1986.

Schiller, Herbert I., *Information and the Crisis Economy*, New York: Oxford University Press, 1986.

Hosmer, LaRue Tone, *The Ethics of Management*, Illinois: Irwin, 1987.

Konosuke Matsushita, *Quest for Prosperity*, Tokyo: PHP Institute, Inc., 1988.

Morimasa Ogana, *Pana. Management*, Tokyo: PHP Institute, Inc., 1991.

Scherkenbach, William W., *The Deming Route to Quality and Productivity*, Washington, D.C.: CEE Press, 1991.

Deming, W. Edwards, "The New Economics," *Studies*, Center for Advanced Engineering, Cambridge: MIT Press, 1993.

Hampden-Turner, Charles and Alfons Trompenaars, *The Seven Cultures of Capitalism*, New York: Double, 1993.

Piper, Thomas R., May C. Gentile and Sharon Daloz Parks, *Can Ethics Be Taught? Perspectives, Challenges, and Approaches at Harvard Business School*, Cambridge: Harvard Business Press, 1993.

Sagles, Leonard R., *The Working Leader*, New York: The Free Press, 1993.

Drucker, Peter F., "Network Society," *Wall Street Journal*, March 29, 1995, p. 14A.

新譯易經讀本　郭建勳／注譯　黃俊郎／校閱

　　《易經》是中國最古老的典籍之一，對中國古代的哲學思想、倫理道德、文學藝術乃至於自然科學等許多領域，都產生巨大而深遠的影響。《易經》也是一部特殊的著作，它由卦形符號和多種文辭所組成，並用取物象徵的手法來揭示義理，形式簡約，意涵卻無比豐富，因此閱讀與理解都有一定的難度。本書有詳盡的導讀，在每卦之前有「卦旨」提示全卦大義，每段文辭後有「章旨」簡要解說，注譯淺顯易懂，是您研究《易經》的最佳入門讀本。

新譯易經繫辭傳解義（二版）　吳怡／著

　　〈繫辭傳〉是《易經·十翼》中最純粹、最有系統的一篇，可說是易經哲學的靈魂。沒有它，我們幾乎無法突破包圍在《易經》外面的許多占卜的濃霧，直探義理。歷來學者對〈繫辭傳〉的詮釋，很少注意到它的文字脈絡，和思路的發展。吳怡教授在本書中，便是用現代人的思辨方法，藉儒道佛三家思想的印證，把《易經·繫辭傳》的義理，有系統的開展出來，深入而淺出的介紹給一般讀者。

新譯周易參同契（平）　劉國樑／注譯　黃沛榮／校閱

　　《周易參同契》一書的名稱的涵義有不同的解釋：一、參即雜，同即通，契即合。謂與諸丹經理通而義合。二、參即三，指黃帝、老子、《周易》的學說。同即「同一」之意。契即契合。就是說將黃帝、老子、《周易》三家學說融合為一。三、同即相，契即類。謂此書藉《大意》以言黃帝之學，而又與爐火之事相類。就是說，這是一部用《周易》、黃老與爐火三者參合的煉丹著作。

中國管理哲學　　曾仕強／著

　　本書又名《管理中國化的途徑》，旨在尋求中西管理思想的融合：一方面使我國的道德理想和藝術精神，能充分溶化於現代管理之中；一方面使西方的管理工具及制度，能在我國走出一條嶄新的道路，表現出真正中國化的特色。作者從事行政管理多年，依據有關哲學理念，評判各種管理理論及實際，條理清晰、深入淺出，即使未習哲學者亦容易領悟。對於當前管理者的共同難題，尤能顧及我國實際情況，提供正當之解決方案。